| 改定承認年月日 | 平成17年1月17日 |
|---|---|
| 訓練の種類 | 普通職業訓練 |
| 訓練課程名 | 普通課程・短期課程 |
| 教材認定番号 | 第58735号 |

# 改訂
# 配 管 [Ⅰ]
## 給排水設備・空調設備

独立行政法人　高齢・障害・求職者雇用支援機構
職業能力開発総合大学校　基盤整備センター　編

# は　し　が　き

　本書は、職業能力開発促進法に定める普通職業訓練に関する基準に準拠し、設備施工系の訓練を受ける人々のために、給排水設備及び空調設備の教科書として作成したものです。
　作成に当たっては、内容の記述をできるだけ平易にし、専門知識を系統的に学習できるように構成してあります。
　このため、本書は職業能力開発施設で使用するのに適切であるばかりでなく、さらに広く知識・技能の習得を志す人々にも十分活用できるものです。
　なお、本書は次の方々のご協力により作成したもので、その労に対して深く謝意を表します。


　〈改定委員〉　　（五十音順）
　　小　泉　康　夫　　　財団法人　配管技術研究協会
　　田　中　悦　郎　　　東京ガス株式会社
　　　　　　　　（委員の所属は執筆当時のものです）


　〈監修委員〉　　（五十音順）
　　西　野　悠　司　　　財団法人　配管技術研究協会
　　橋　本　幸　博　　　職業能力開発総合大学校
　　　　　　　　（委員の所属は監修当時のものです）


　平成17年3月

　　　　　　　　　　　　　　独立行政法人　高齢・障害・求職者雇用支援機構
　　　　　　　　　　　　　　職業能力開発総合大学校　基盤整備センター

## ［配管〔Ⅰ〕給排水設備・空調設備］─作成委員一覧

〈作成委員〉　（平成8年12月　五十音順）

大　岩　明　雄　　東電設計株式会社

小　泉　康　夫　　株式会社　電業社機械製作所

（作成委員の所属は執筆当時のものです）

# 目　　次

## 第1章　給水設備 ………………………………………………………………… 1
### 第1節　給水装置及び専用水道 …………………………………………… 1
　　1.1　給水装置（1）　1.2　専用水道及び簡易専用水道（4）
### 第2節　給水方式 …………………………………………………………… 7
　　2.1　水道直結方式（7）　2.2　高置水槽方式（8）
　　2.3　圧力タンク方式（13）　2.4　ポンプ直送方式（16）
　　2.5　水道直結増圧方式（18）
### 第3節　使用水量 …………………………………………………………… 18
　　3.1　使用水量の変動（18）　3.2　建物別の使用水量（19）
　　3.3　予想給水量（21）
### 第4節　給水管の管径 ……………………………………………………… 22
　　4.1　各種器具の必要圧力・流量・管径（22）　4.2　均等表及び給水管径（23）
　　4.3　器具給水負荷単位及び使用水量（26）
### 第5節　給水ポンプ ………………………………………………………… 31
　　5.1　ポンプの種類（31）　5.2　吸上げ高さと大気圧（31）
　　5.3　渦巻ポンプとディフューザポンプの構造（32）
　　5.4　渦（か）流ポンプの構造（33）　5.5　ポンプの揚程及び動力（34）
　　5.6　ポンプの付属品（37）

## 第2章　排水設備 ………………………………………………………………… 39
### 第1節　屋内排水設備 ……………………………………………………… 39
　　1.1　排水の種類（39）　1.2　トラップと排水管径（40）
　　1.3　通気管の目的と種類（44）　1.4　排水・通気系統の名称（46）
　　1.5　排水管のこう配（47）　1.6　排水管内の水の流れ（48）
　　1.7　間接排水（49）　1.8　機械式排水（50）
### 第2節　衛生器具設備 ……………………………………………………… 52
　　2.1　衛生器具の条件（52）　2.2　衛生陶器（53）　2.3　便器の洗浄方式（57）
### 第3節　屋外排水設備 ……………………………………………………… 61
　　3.1　排水設備と下水道との関連（61）　3.2　排水方式（61）

3.3　屋外排水設備工事と指定下水道工事店制度 (62)

　第4節　浄化槽設備 ……………………………………………………………… 63
　　4.1　浄化槽と水質 (63)　4.2　小規模浄化槽の機能と構造 (64)
　　4.3　その他の処理方法 (68)

## 第3章　消火設備 ……………………………………………………………… 70
　第1節　消火設備の概要 ………………………………………………………… 70
　　1.1　防災システムの中の消火設備 (70)　1.2　火災と消火 (71)
　　1.3　消火設備の種類 (72)　1.4　消火設備と維持管理 (73)
　第2節　屋内消火栓設備 ………………………………………………………… 76
　　2.1　屋内消火栓設備の構成 (76)　2.2　各機器の構造 (76)
　第3節　スプリンクラ設備 ……………………………………………………… 79
　　3.1　スプリンクラ設備の種類 (79)　3.2　各方式の特徴 (79)
　　3.3　スプリンクラヘッドの種類と数量 (84)
　第4節　その他の消火設備 ……………………………………………………… 86
　　4.1　水噴霧消火設備 (86)　4.2　泡消火設備 (87)
　　4.3　不活性ガス消火設備 (88)　4.4　ハロゲン化物消火設備 (90)
　　4.5　粉末消火設備 (91)
　第5節　屋外消火栓設備 ………………………………………………………… 92
　第6節　自動火災報知設備 ……………………………………………………… 94
　　6.1　感知器 (95)　6.2　火災受信機 (97)

## 第4章　給湯設備 ……………………………………………………………… 100
　第1節　給湯設備 ………………………………………………………………… 100
　　1.1　給湯方式 (100)　1.2　給湯量の算定 (100)
　　1.3　加熱装置 (104)　1.4　中央給湯方式 (107)

## 第5章　上下水道設備 ………………………………………………………… 109
　第1節　上水道設備 ……………………………………………………………… 109
　　1.1　浄水方式 (109)　1.2　上水道設備 (110)
　第2節　取水・浄水施設 ………………………………………………………… 112
　　2.1　取水施設 (113)　2.2　沈砂池 (115)
　　2.3　導水管・導水きょ（渠）(116)　2.4　着水井 (116)

  2.5 沈殿池（117）  2.6 ろ過池（121）  2.7 消毒設備（123）

  2.8 浄水設備のレイアウト（123）  2.9 特殊浄水（125）

 第3節 配水施設 ……………………………………………………………… 126

  3.1 配水池（126）  3.2 配水管（126）

 第4節 下水道 ………………………………………………………………… 126

  4.1 下水道（126）  4.2 都市下水路，公共下水道及び流域下水道（127）

  4.3 合流式と分流式（128）  4.4 計画排水量（130）

 第5節 管路・管きょ及びポンプ場 ………………………………………… 132

  5.1 管路・管きょ（132）  5.2 ポンプ場（134）

 第6節 下水処理場 …………………………………………………………… 136

  6.1 下水処理の方式（136）  6.2 標準活性汚泥法（137）

  6.3 オキシディションディッチ法（144）

 第7節 圧力式下水道と真空式下水道 ……………………………………… 146

# 第6章 ガス設備 ……………………………………………………………… 148

 第1節 都市ガス設備 ………………………………………………………… 148

  1.1 都市ガスの種類（148）  1.2 供給方式と供給圧力（151）

  1.3 ガスの熱量及び消費量（153）  1.4 導管の管径の求め方（155）

  1.5 ガスメータ（157）  1.6 ガスの燃焼と換気（159）

 第2節 LPガス設備 …………………………………………………………… 161

  2.1 LPガスの性状（161）  2.2 容器，容器用バルブの構造及び機能（163）

  2.3 調整器（165）  2.4 気化装置（ベーパライザ）（167）

  2.5 集団供給方式の設備（168）

# 第7章 空気調和設備 ………………………………………………………… 176

 第1節 空気調和の概要 ……………………………………………………… 176

  1.1 空気調和の目的（176）  1.2 室内環境（177）

 第2節 空調負荷 ……………………………………………………………… 179

  2.1 空調負荷の分類（179）  2.2 空調負荷計算（180）

 第3節 空気調和機器の選定 ………………………………………………… 193

  3.1 空気調和機の種類（193）  3.2 エアハンドリングユニット（194）

  3.3 ファンコイルユニット（202）  3.4 ルームエアコンディショナ（203）

  3.5 パッケージ型エアコンディショナ（204）

3.6 マルチパッケージ型エアコンディショナ (205)

【練習問題の解答】 ................................................................................. 209

# 第1章 給 水 設 備

　給水設備は，生活に必要な水を供給する機器や装置，例えば給水栓，給湯器，洗浄弁などに，機能を満足する水量を，適正な水圧で供給できる設備でなければならない。さらに飲用，炊事用，洗面用，浴用など水質が直接保健衛生に係わる用途については，常に水質汚染の防止に留意しなければならない。

　本章では，給水設備の給水装置，給水方式の概要と，使用水量，給水管の管径，給水ポンプの選定など，計画に当たっての選定法について述べる。

## 第1節　給水装置及び専用水道

### 1.1　給水装置

#### (1)　給水装置の概要

　平成13年現在，我が国の水道の普及率は全国平均で96.6％であり，4大都市圏ではほぼ98.4％が水道水にたよって生活をしている。この水道水を利用する場合，安全，かつ衛生的に使用できる水道施設の末端が"給水装置"である。図1—1に水道法による水道施設の系統を示す。

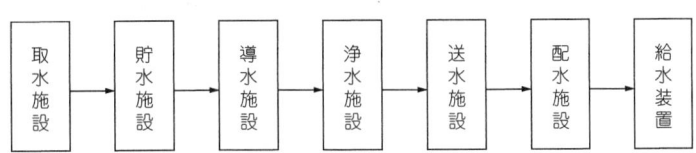

図1—1　水道施設の系統

　給水装置は，水道法第3条第9項により，「この法律において「給水装置」とは，需要者に水を供給するために水道事業者の施設した配水管から分岐して設けられた給水管及びこれに直結する給水用具をいう。」と定義されている。

　図1—2に給水装置の2形態を示す。図(a)は一般住宅の場合で，配水管から水栓まですべて給水装置である。図(b)はビルのような場合で，受水槽を設置すると，給水装置は配水管から受水槽入り口のボールタップまでとなり，それ以後は給水装置とはならない。

　なお，ボールタップとは，受水槽が満水になると自動閉鎖する構造の弁のことである。

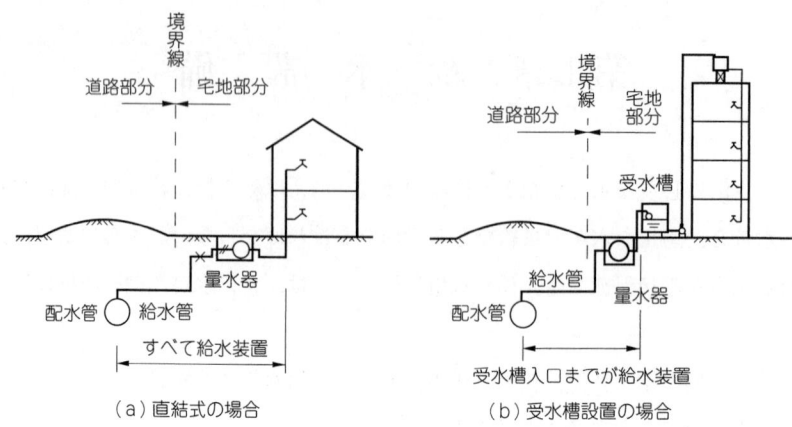

図1−2　給水装置の2形態

　この給水装置の定義にある水道事業者，配水管，給水管及び給水用具とは次のようなものである。

　**水道事業者**　水道事業を行っている事業者をいう。水道事業とは，「一般の需要に応じて，水道により水を供給する事業をいう。ただし，給水人口が100人以下である水道によるものを除く。」（水道法第3条第2項）となっている。

　また，水道事業のうち「給水人口が5000人以下である水道により，水を供給する水道事業」（水道法第3条第3項）を「簡易水道事業」といい，小規模な水道事業を呼んでいる。

　給水人口によって水道事業は図1−3（a）のように分類できる。

　また，図1−3（b）に，水道事業の行政上の指導監督権の分類を示す。

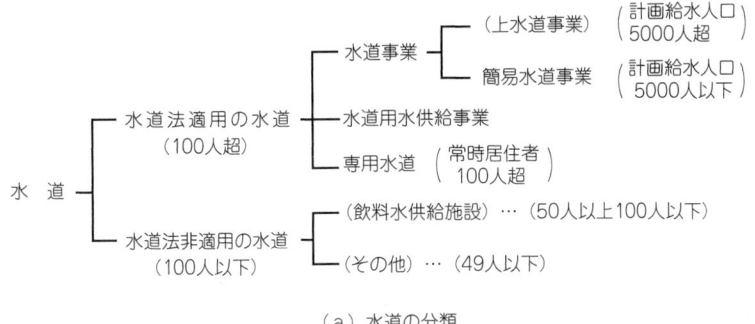

（a）水道の分類

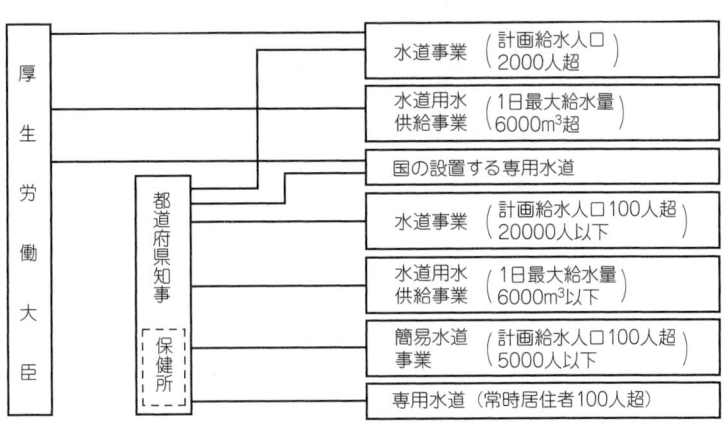

（b）水道と行政上の指導監督権限

図1－3　水道事業の分類

　全国で水道事業者の数は，簡易水道事業者を含めると平成8年度末で4000弱となっている。

　**配水管**　水道施設の中の配水施設の一部で水圧は最低でも0.2MPa程度を有している。管種として，水道用鋳鉄管，ライニング鋼管などが使用されている。

　**給水管**　配水管から分岐して，宅地や家屋内に引き込まれる管をいう。

　**給水用具**　給水装置で使用する用具である。量水器の上流側では，分水栓，止水栓，管継手類などがあり，量水器の下流側では，給水栓，湯沸器，ボールタップ，洗浄弁，ウォータークーラ，継手類，自動販売機，太陽熱温水器など沢山の種類があり，これらはすべて給水用具となる。

（2）　給水装置の取出し

　図1－4は，一般家庭用給水装置の一例である。

　水道水を建築物へ給水するには，敷地が接する公道に敷設してある配水管から給水管を分水栓などによって分岐工事をする。この分岐工事は，所轄の水道事業者の定めた次の規定に従って設計しなければならない。

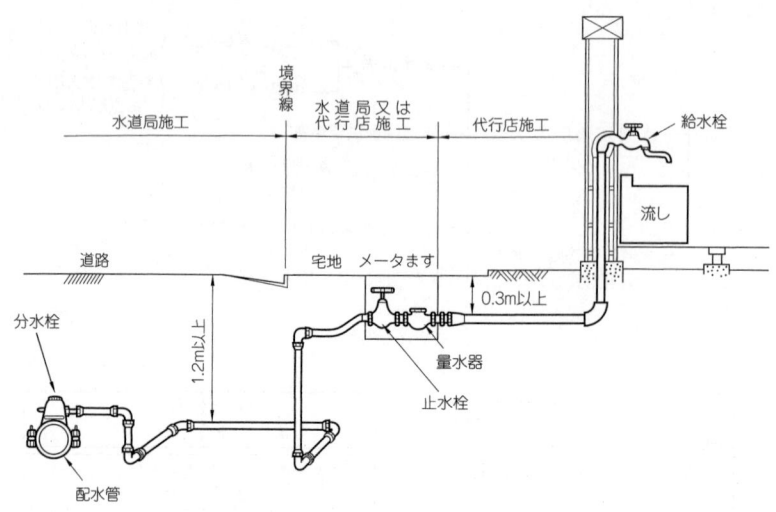

図1-4 一般家庭用給水装置の一例

① 水道施設の給水能力
② 給水管を取り出す配水管の口径，材質，水圧
③ 地面下の土質，道路の舗装の種類及び交通量
④ 配水管の位置

(3) 給水装置及び給水装置工事事業者制度

宅地内配管は，給水装置工事主任技術者を置いた給水装置工事事業者が，水道事業者（市町村など）に代行して工事を行うことになっている。給水装置工事事業者になるためには，次の3条件を備えていることが必要である。

① 事業所ごとに給水装置工事主任技術者を置くこと。
② 厚生労働省令で定める機械器具等を保有すること。
③ 成年被後見人である等の一定の欠格条件に該当しないこと。

また，給水装置に使用される管材料や継手類も指定されたものを用いることになっている。特に管材料は，水道水の残留塩素などによる管内面の腐食，また，埋設する土壌による管外面の腐食と漏水の防止のため，硬質塩化ビニルライニング鋼管（SGP-VAなど），ポリエチレン粉体ライニング鋼管（SGP-PAなど）などの防食処理鋼管やステンレス鋼管（SUS304TPなど），硬質塩化ビニル管（VP）などが使用されている。

## 1.2 専用水道及び簡易専用水道

### (1) 専用水道

水道法第3条第6項の定義によると，「この法律において「専用水道」とは，寄宿舎，社宅，療養所等における自家用の水道，その他水道事業の用に供する水道以外の水道であって，100人を超

える者にその居住に必要な水を供給するもの又はその水道施設の1日最大給水量が20m³を超えるものをいう。ただし、他の水道から供給を受ける水のみを水源とし、かつ、その水道施設のうち、地中又は地表に施設されている部分の規模が政令で定める基準以下である水道を除く。」とされ、それを図示すると図1－5 (a), (b) のように2とおりが考えられる。

したがって、100人を超える者が入る事務所ビルや病院であっても、常時居住していない場合は、専用水道には含まれない。

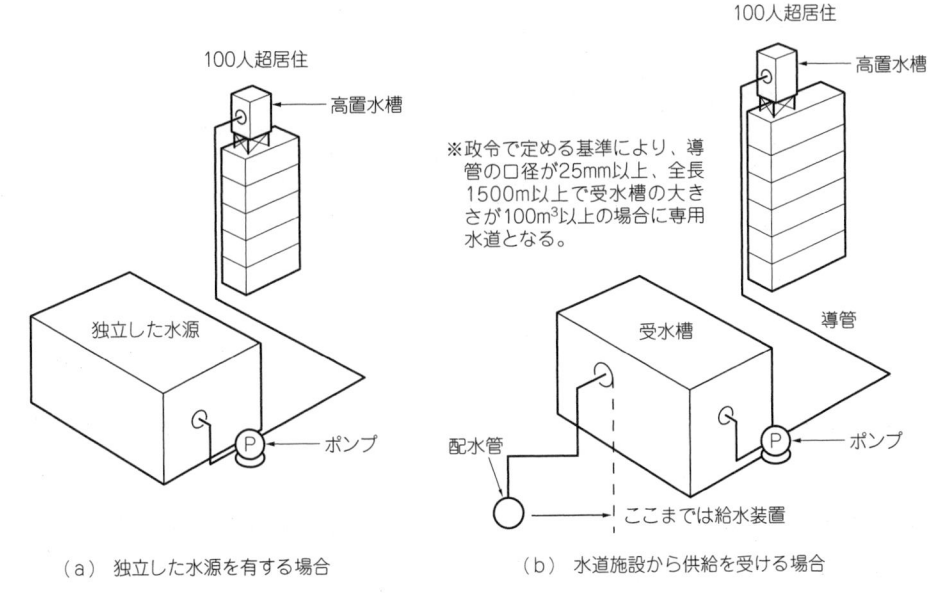

図1－5 専 用 水 道

### (2) 簡易専用水道

簡易専用水道は、昭和52年の水道法の改正で追加されたものである。

水道法第3条第7項において「この法律において「簡易専用水道」とは、水道事業の用に供する水道及び専用水道以外の水道であって、水道事業の用に供する水道から供給を受ける水のみを水源とするものをいう。ただし、その用に供する施設の規模が政令で定める基準以下のものを除く。」となっている。

図1－6に簡易専用水道を示す。

簡易専用水道の設置者は、厚生労働省令で定める次の基準に従い、その水道を管理しなければならない。

6 配管 [I]

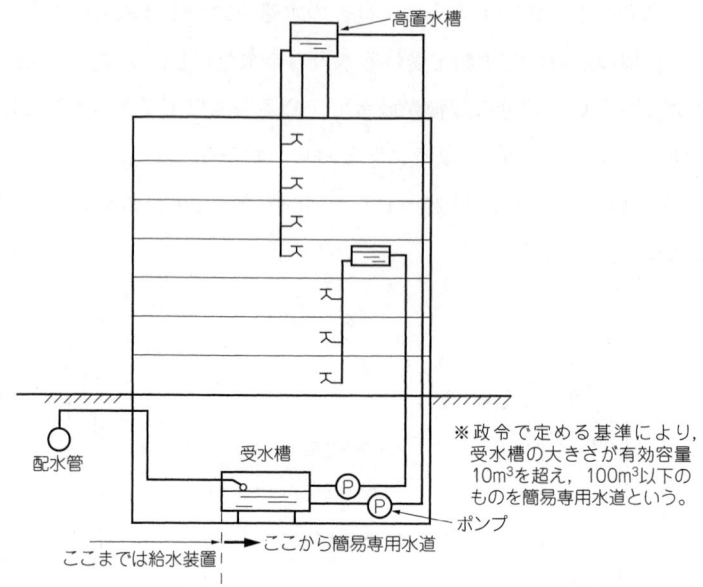

図1-6 簡易専用水道

① 水槽の掃除を1年以内ごとに1回，定期に行うこと。
② 水槽の点検等有害物，汚水等によって水が汚染されるのを防止するため必要な措置を講ずること。
③ 給水栓における水の色，濁り，臭い，味その他の状態により供給する水に異常を認めたときは，水質基準に関する省令の表に掲げる事項のうち必要なものについて検査を行うこと。
④ 供給する水が人の健康を害するおそれがあることを知ったときは，直ちに給水を停止し，かつ，その水を使用することが危険である旨を関係者に周知させる措置を講ずること。

維持管理については，水道法の簡易専用水道の規定のほか，延べ面積3000m²以上のビルについては，「建築物における衛生的環境の確保に関する法律」（通称ビル管理法）の適用も受ける。

簡易専用水道の設置者は，これらの規定に基づいて水槽などの掃除をしなければならないが，その清掃業者は，ビル管理法によって管轄の都道府県知事に登録をした業者が行うことになっている。

# 第2節　給水方式

給水方式には，次の種類がある。

(a)　水道直結方式
(b)　高置水槽方式
(c)　圧力タンク方式
(d)　ポンプ直送方式
(e)　水道直結増圧方式

## 2．1　水道直結方式

図1－7に示すように，配水管から分岐した給水管を直接建物内に引き込む方法である。

水道直結式は，一般家庭の工事で，しかも，経済的であるが，水道法上の給水装置となるから，公衆衛生上の面からも，工事は水道局又は指定給水装置工事事業者によらなければならず，水道法や条例などの施設基準を満たすものでなければならない。

直結方式ができる場合は，

①　配水管の給水能力（水圧など）が十分であるとき。

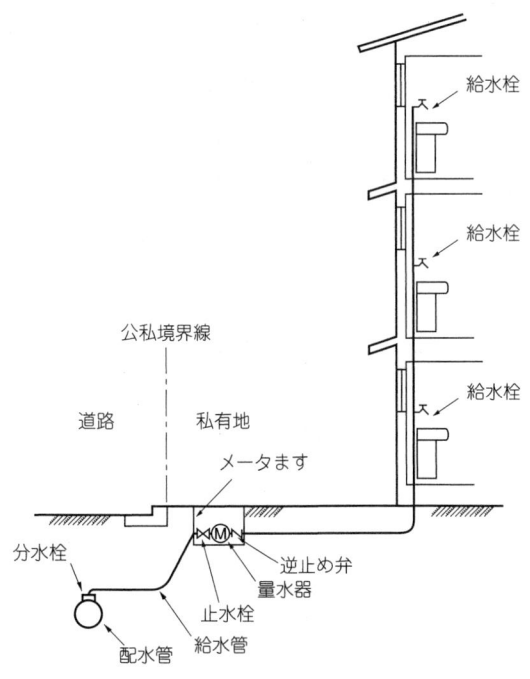

図1－7　直結給水の例

② 常時円滑に給水することが可能なとき。
③ 配水管及び給水装置に，支障を及ぼす恐れのないとき。
④ 3階建て以下の建物であるとき（但し3階建ての場合は条件付きなので注意）。

などのように限られていて，次のような場合は，他の方式にしなければならない。

① 4階以上の建物に給水するとき。
② 水圧が不足しているとき。
③ 一時に多量の水を使用し，他の使用者に影響を及ぼす恐れのあるとき。
④ 常時一定の水圧，水量を必要とするとき。
⑤ 配水が減水，断水したとき，直ちに支障が生じるとき。

## 2．2　高置水槽方式

水道水をいったん受水槽に貯水し，ポンプで建物の最高地点にある高置水槽に揚水し，重力によって各室へ給水する方式で（図1－8），3階建以上の建物に使用されることが多い。受水槽，高置水槽は常に衛生的に保守・点検が行われる必要があり，技術上の基準が定められている。従来，ビルの多くに使用されていたが，最近の新築建造物では保守点検の簡略化のため採用例が少なくなりつつある。

図1－8に高置水槽方式を示す。

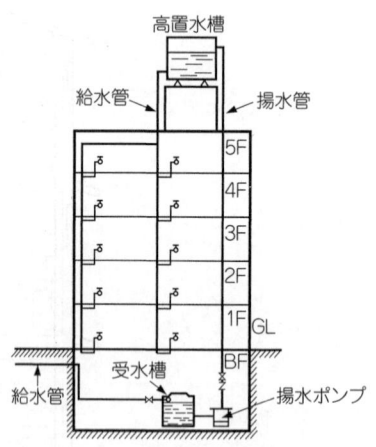

図1－8　高置水槽方式

### （1）　受　水　槽

図1－9に受水槽の設置基準を示す。

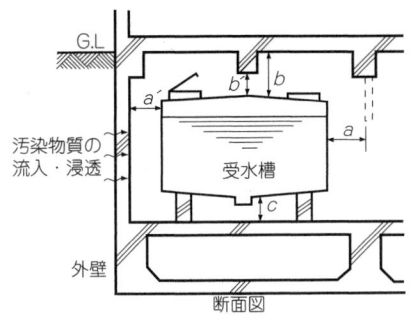

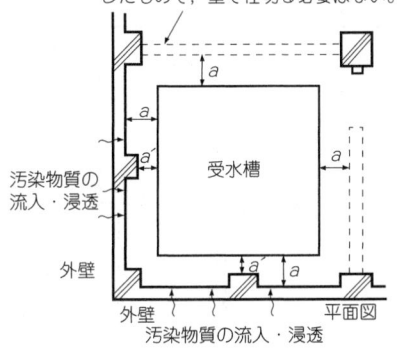

$a, a', b, b', c$ のいずれも保守点検を容易に行い得る距離とする。
($a, c \geq 60cm, b \geq 100cm, a': b' \geq 45cm$)。マンホールは作業員が出入りできる程度とし、はりが出入りに支障となる位置を避ける。

図1-9 受水槽回り保守点検空間（給排水設備技術基準・同解説）

図1-10に受水槽回りの配管図を示す。

10 配 管 [I]

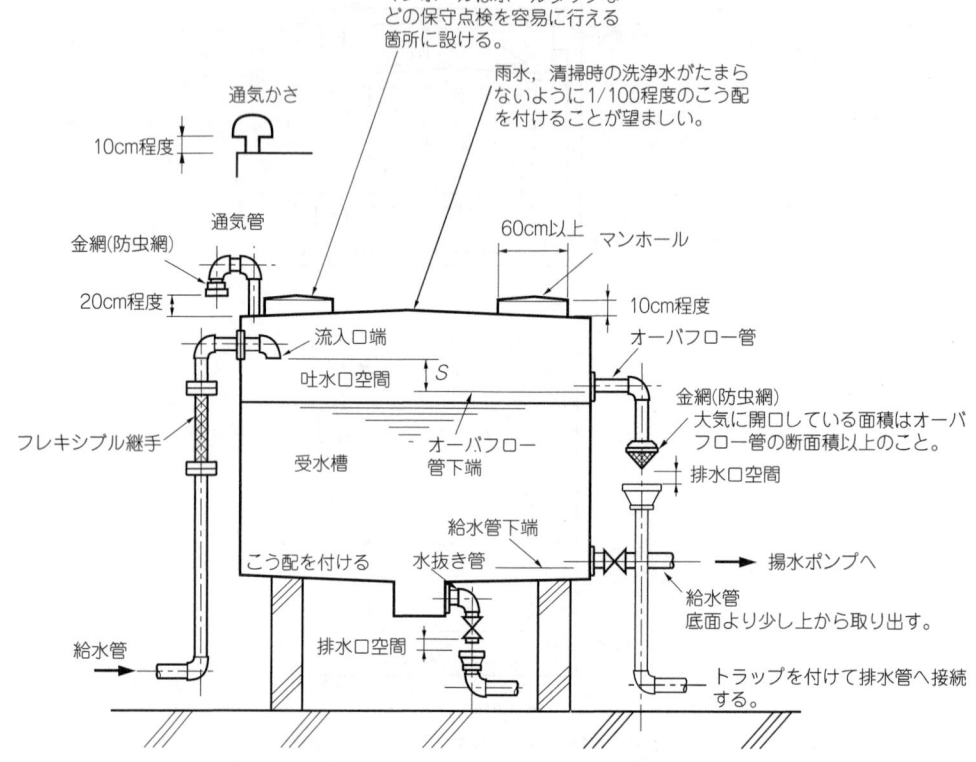

図1—10 受水槽回り配管図

図1—11は受水槽据付け例である。

受水槽は，簡易専用水道又はビル管理法の適用を受けると年1回の清掃規定があるために，清掃中でも給水できるよう，水槽に中仕切りを設けたり，水槽を2台設置するほうがよい。

また，水槽回り管には，フレキシブル継手を設け，地震などの場合やポンプ，配管の振動を吸収する。

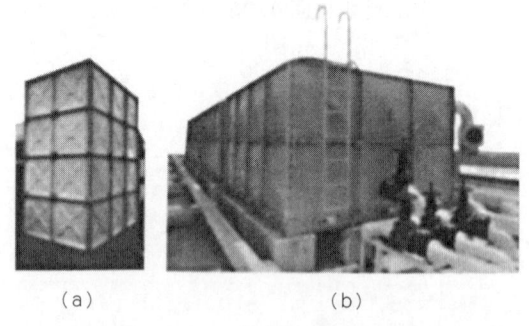

図1—11 受水槽据付け例

受水槽の材料は，FRP一体成形型や，FRP板，ステンレス鋼板などのパネル水槽型が多く使用されている。また，受水槽容量は，1日使用水量の40～60％を標準としている。

表1—1，表1—2に受水槽の維持，管理に関する適用法令及び点検項目を示す。

表1-1 受水槽の点検，管理についての適用法令

| 水道法 | ビル管理法 |
|---|---|
| 受水槽の有効容量*¹が10m³を超えるものが適用を受ける。<br>　*¹適正に利用可能な容量をいい，最高水位と最低水位の間に貯留されるもの | 特定建築物*²が適用を受ける。<br>　*²特定用途に用いられる一定延べ面積以上の建築物 |

| 特定用途 | 延べ面積 |
|---|---|
| 興行場，百貨店，集会場，図書館，博物館，美術館，遊技場，店舗，事務所，旅館 | 3,000m²以上 |
| 学校(研修所を含む) | 8,000m²以上 |

注) ビル管理法の適用が優先される。

表1-2 受水槽の点検，管理

| 項目 | 期間，方法など | 水道法 | ビル管理法 |
|---|---|---|---|
| (1) 水槽の掃除 | 1年以内ごとに1回 | ○ | ○ |
| (2) 水質検査 | 6箇月以内ごとに1回 |  | ○ |
| (3) 遊離残留塩素の検査 | 7日以内ごとに1回<br>　一般の場合 → ・給水栓においては0.1mg/ℓ以上<br>　　　　　　　　・結合残留塩素の場合は0.4mg/ℓ以上<br>　汚染の恐れ，疑いがある場合<br>　　　　→ ・給水栓においては0.2mg/ℓ以上<br>　　　　　・結合残留塩素の場合は1.5mg/ℓ以上 |  | ○ |
| (4) 外観検査<br>（五感による異常） | 給水栓における色，濁り，臭い，味，その他の状態により異常を認めたとき。<br>→水質基準に関する省令（平成4年厚生省令第69条）の表の中欄に掲げる事項のうち必要なものについて検査を行う。 | ○ | ○ |
| (5) 給水停止と関係者への周知 | 供給水が健康を害する恐れがあることを知ったとき。<br>→・直ちに給水を停止<br>　・水使用が危険である旨を関係者に周知 | ○ | ○ |
| (6) 汚染防止措置 | 点検により有害物，異物などによる水質汚染を防止する措置を講じる。 | ○ | ○ |

(注) ○印は実施が義務づけられている項目を示す。

### (2) 高置水槽

高置水槽容量は，揚水ポンプを小形にするなどの経済的な面や，衛生的な面を考え，建物で使用する時間最大給水量の0.5～1.0時間分の貯水量をもたせる。

水圧は高置水槽からの自然流下によって得るので，最上階の最も遠い場所の器具に30kPa以上の圧力を確保するために屋上に鉄骨架台などを作り，その上に設置する。高置水槽の材質や構造は，受水槽の場合とほぼ同じであるが，FRP製とする場合は，FRPが紫外線を通し，水槽内にも（藻）が発生する事例もあるから，注意が必要である。

### (3) ポンプ

図1—12に受水槽とポンプの設置例を示す。

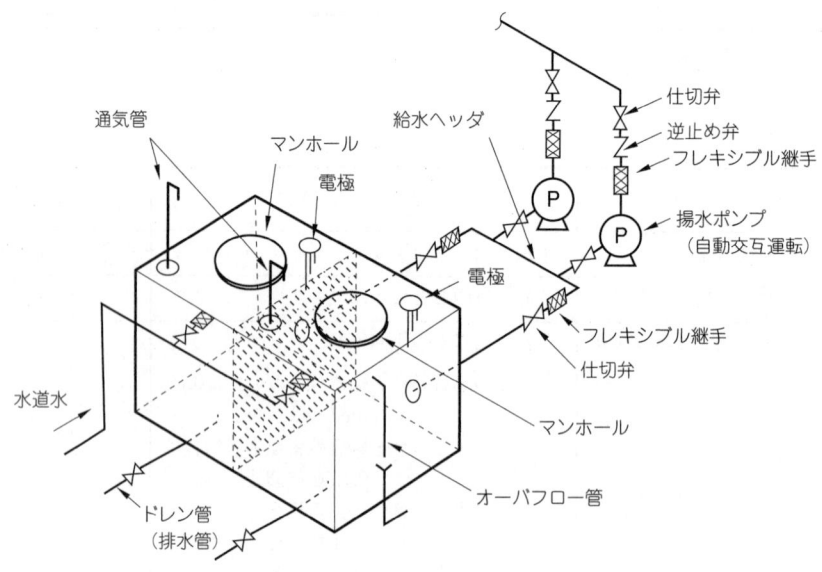

図1—12 受水槽とポンプの設置

高置水槽方式に用いる揚水ポンプは，受水槽にためた水を高置水槽へ補給する役目をする。これが故障するとその建物は断水するため，設置は予備とも2台を原則とし，運転は高置水槽に取り付けた電極（液面リレー）の低水位棒より下がったとき始動，高水位に達したとき停止させる。予備ポンプのさび付きを防止するため，通常自動交互運転とする。

揚水ポンプには，通常，遠心ポンプ又は水中モータポンプが用いられる。ポンプの吐出し側に取り付けられる仕切弁は，ポンプの修理や逆止め弁の取り替えなどに使われ，普通の場合は常時開いている。また，仕切弁の手前に取り付けられる逆止め弁は，ポンプ停止時の逆流を防止することと，ポンプが停止した瞬間，揚水管の中の水が高置水槽の高さからポンプに向かって落下してくるのを急閉して水を止める役目と，ウォーターハンマが起きた場合のポンプケーシング保護のために取り付けられる。

吐出し管や吸込み管に取り付けたフレキシブル継手は，ポンプの振動が配管に伝わるのを防止す

るとともに，地震時の配管損傷を防止するためのものである。さらに，ポンプの振動を建物自体に伝えないためには，ポンプベッドと基礎コンクリートの間に防振装置（防振ゴムなど）を用いるとよい。

　図1—13 (a)，(c) の場合はポンプ停止中にもポンプの内部に水が入っているので直ちに始動することができるが，図 (b) のようにポンプが受水槽より上にある吸込み式の場合は，ポンプ吸込み管の水が落下して，からにならないように吸込み側の先端にフート弁を取り付ける。

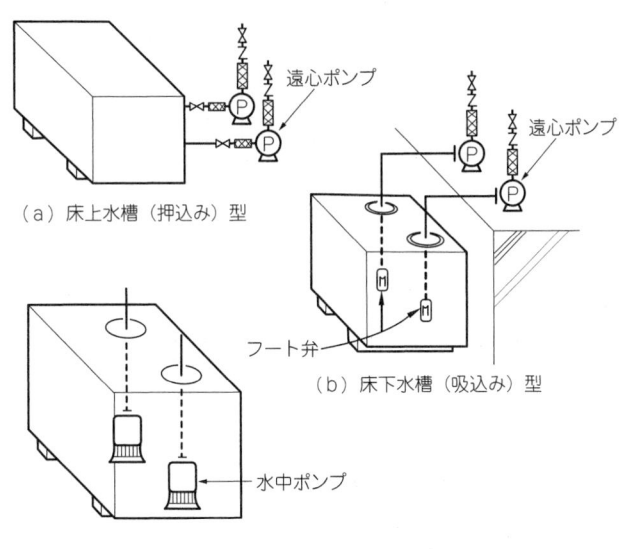

図1—13　受水槽と揚水ポンプの関係

　ポンプの運転状況を監視するため，吸込み側に連成計を，吐出し側に圧力計を取り付ける。

　高置水槽式の場合，各給水栓にかかる水圧は，高置水槽との落差によるため，下階になるほど圧力が大きくなるという欠点があるが，各階ごとの圧力は常時一定という特徴がある。下階で圧力が大きい場合は，水用減圧弁を取り付けるか，高置水槽を中間階にも1台設置して調整する必要がある。

## 2．3　圧力タンク方式

　図1—14に圧力タンク式給水方式を示す。この方法は，高置水槽や揚水管が必要なく高置水槽方式に比べ工事費が経済的で，建物の屋上スペースをとらない利点があり，中・小規模のビル，マンションなどに多く用いられる。

　揚水ポンプは自動運転で，圧力が設定圧（始動圧力）まで下がると圧力スイッチが入り，始動する。また，最低必要圧力より0.1〜0.15MPa高い圧力に達すると，圧力スイッチが切れて停止する。始動圧力は通常0.15〜0.2MPa，停止圧力は0.25〜0.35MPa程度である。水は非圧縮性の流体であるから，もし圧力タンクに水だけしかないと，給水栓を一つ開いても圧力が急降下しポンプが始動す

14 配管 [I]

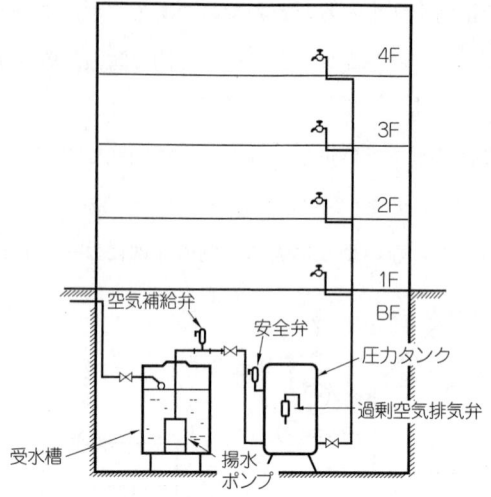

図1—14 圧力タンク方式

る。ポンプ流量は，給水栓1個の数十倍もあるため，圧力は急上昇し，ポンプは停止する。ポンプ停止中も吐水が続けば，圧力は再び急降下し，1〜2秒ごとにポンプは，始動，停止を繰り返す。そこで，ポンプの始動と停止の間隔を延ばす方法として，圧縮性のある空気を圧力タンクに入れることが考えられた。

図1—15に圧力タンク内の圧力と水量の関係を示す。

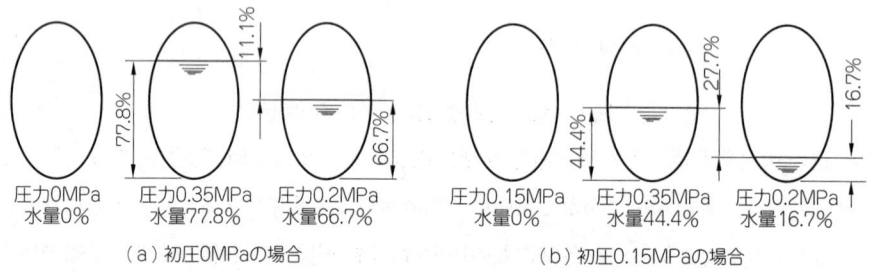

図1—15 圧力タンク内の圧力と水量の関係

圧力タンクでポンプが始動する圧力を初圧，ポンプが停止する圧力を終圧と呼ぶ。今，図1—15(a)のように，初圧0 MPa，つまり大気圧の空気だけが満たされているとき，ポンプで送水してタンク内に水が増加し，圧力が0.35MPaになったときのタンク内の水量は，表1—3からタンク全容量の77.8%になる。いいかえると，大気圧の空気が入っているタンクに77.8%だけ水を入れると，タンクの圧力は0.35MPaになる。

表1-3 圧力タンクの初圧と運転圧力によるタンク内の水量割合（％）

| 初圧 $P_0$ MPa | タンク内圧力 $P_1$又は$P_2$ MPa | | | | | | | | | | | | | | |
|---|---|---|---|---|---|---|---|---|---|---|---|---|---|---|---|
| | 0.05 | 0.1 | 0.15 | 0.2 | 0.25 | 0.3 | 0.35 | 0.4 | 0.45 | 0.5 | 0.6 | 0.7 | 0.8 | 0.9 | 1.0 |
| 0 | 33.3 | 50.0 | 60.0 | 66.7 | 71.4 | 75.0 | 77.8 | 80.0 | 81.8 | 83.3 | 85.7 | 87.5 | 88.9 | 90.0 | 90.9 |
| 0.05 | 0 | 25.0 | 40.0 | 50.0 | 57.1 | 62.5 | 66.7 | 70.0 | 72.7 | 75.0 | 78.6 | 81.3 | 83.3 | 85.0 | 86.4 |
| 0.1 | | 0 | 20.0 | 33.3 | 42.9 | 50.0 | 55.6 | 60.0 | 63.6 | 66.7 | 71.4 | 75.0 | 77.8 | 80.0 | 81.8 |
| 0.15 | | | 0 | 16.7 | 28.6 | 37.5 | 44.4 | 50.0 | 54.5 | 58.3 | 64.3 | 68.8 | 72.2 | 75.0 | 77.3 |
| 0.2 | | | | 0 | 14.3 | 25.0 | 33.3 | 40.0 | 45.5 | 50.0 | 57.1 | 62.5 | 66.7 | 70.0 | 72.7 |
| 0.25 | | | | | 0 | 12.5 | 22.2 | 30.0 | 36.4 | 41.7 | 50.0 | 56.3 | 61.1 | 65.0 | 68.2 |
| 0.3 | | | | | | 0 | 11.1 | 20.0 | 27.3 | 33.3 | 42.9 | 50.0 | 55.6 | 60.0 | 63.6 |
| 0.35 | | | | | | | 0 | 10.0 | 18.2 | 25.0 | 35.7 | 43.8 | 50.0 | 55.0 | 59.1 |
| 0.4 | | | | | | | | 0 | 9.1 | 16.7 | 28.6 | 37.5 | 44.4 | 50.0 | 54.5 |
| 0.45 | | | | | | | | | 0 | 8.3 | 21.4 | 31.3 | 38.9 | 45.0 | 50.0 |
| 0.5 | | | | | | | | | | 0 | 14.3 | 25.0 | 33.3 | 40.0 | 45.5 |
| 0.6 | | | | | | | | | | | 0 | 12.5 | 22.2 | 30.0 | 36.4 |
| 0.7 | | | | | | | | | | | | 0 | 11.1 | 20.0 | 27.3 |
| 0.8 | | | | | | | | | | | | | 0 | 10.0 | 18.2 |
| 0.9 | | | | | | | | | | | | | | 0 | 9.1 |
| 1.0 | | | | | | | | | | | | | | | 0 |

注）①：$P_1$：圧力スイッチON時のタンク内圧力
　　　$P_2$：圧力スイッチOFF時のタンク内圧力
　　②：$P_0$，$P_1$，$P_2$はゲージ圧力
　　③：$PV^n$＝一定の，$n=1.0$とした。

　次に，このタンクに蓄えられた水を使用すると，水量が減少し同時に圧力はしだいに降下する。そしてタンク内の圧力が0.2MPaになったとき，タンクに残っている水量は66.7％である。したがって，このとき使用した水量は77.8－66.7＝11.1％，つまり初圧0MPaで，0.35MPaから0.2MPaの間の圧力の水を使用する場合は，圧力タンクの容積の11.1％だけの水が使用可能ということになる。

　次に，図1－15（b）のように，空気圧縮機を用いて，0.15MPaの圧縮空気をタンクに充てんして，同じように0.35MPaから0.2MPaに降下するまで水を使った場合，使用可能な水量は44.4－16.7＝27.7％となり，圧縮空気を用いた場合は，前に比べて，使用可能な水量は2倍以上も増加することになる。したがって，空気圧縮機を使用すれば，同じ使用水量に対して，タンクの容積は小さくてすむことになる。現在では大規模なものを除き，空気圧縮機がなくても自動的に空気が補給できるようなもの，ダイヤフラム又はプラダというゴム製の袋に圧縮空気（又は窒素ガス）を入れてふくらませ，それを圧力タンク内へ入れたものが普及している。

　図1－16は空気圧縮機を用いず，ポンプの始動・停止時に連結管内に残留した空気によりタンク内へ空気の自動補給を行う方法の原理を示す。

16　配管〔I〕

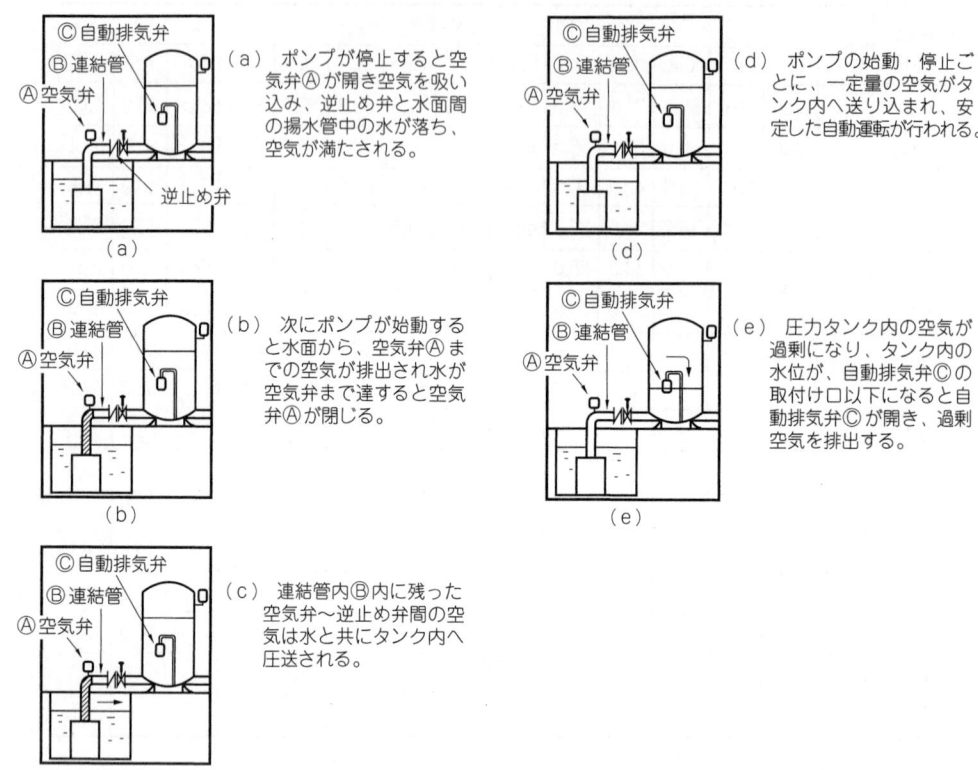

図1—16　圧力タンク内の自動空気補給原理（一例）

自動空気補給機能や制御用電気機器の信頼性の向上などによって圧力タンク式のよさが認識され，中小規模のビルでは図1—17に示すような大小のポンプユニット製品の使用が増えている。

図1—17　圧力タンク式給水ポンプユニット

## 2．4　ポンプ直送方式

別名をタンクレス方式といい，大規模集合住宅などに多く用いられる。図1—18にポンプ直送方

式の概念を示す。この方式は，浄水場で滅菌した飲料水を高置水槽において大気にさらすことがないので水質が汚染されにくく，飲料水により適する。ただし，高置水槽がないため短時間の停電でも直接断水につながるので，予備電源が必要である。この方式のポンプの運転には台数制御方式とポンプ回転数制御方式とがあって，前者は複数台数のポンプを回転数は一定で，吐出し圧力又は流量をセンサで感知し，使用状態に応じてポンプの運転台数を変化させて受水槽の水を末端給水栓へ安定供給する。

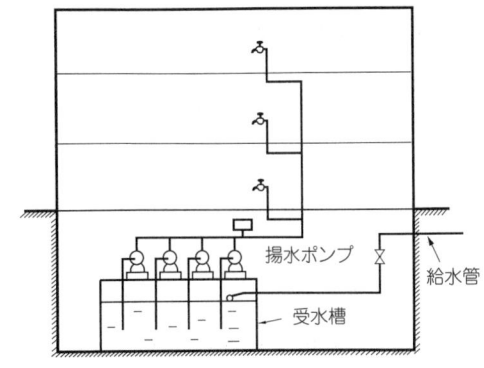

図1—18　ポンプ直送方式

後者は，過去には各種の変速装置が使用されたが，現在はインバータ方式にほぼ統一されている。これは，図1—19に示すような回路のことで，商用電源をコンバータ部でいったん直流に変換し，コンデンサで平滑化した後インバータ部で任意周波数，例えば38Hz，25Hzなどを作り出してポンプの電動機へ給電するものである。図中の制御回路の部分に，センサで検知した吐出し圧力，若しくは末端圧力を入力し，それが別に設定した適正圧力に対し，高すぎる場合は減速，低すぎる場合は増速して連続運転を行う。

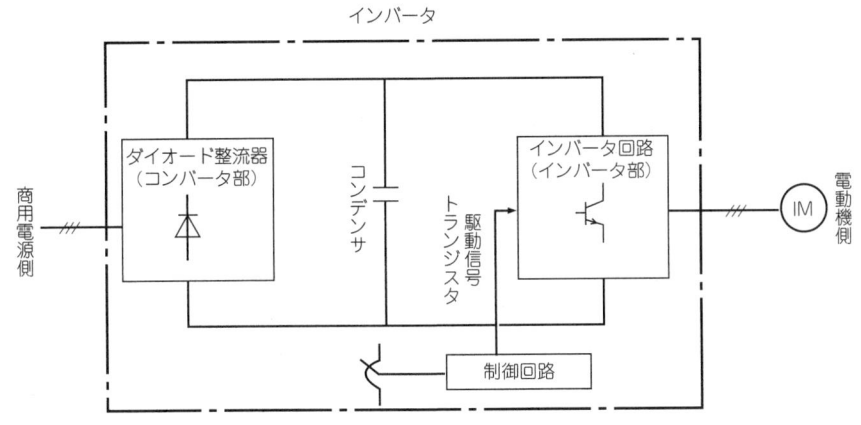

図1—19　インバータの基本回路構成図

本方式は，圧力タンク式，台数制御式に比べて配電盤の部分が大きく，かつ若干高価であるが，低速運転時は消費動力が小さいことから省エネルギー効果がある。図1—20に外観の例を示す。

図1—20　インバータ方式回転数制御ポンプ

## 2．5　水道直結増圧方式

　給水ポンプを給水管に直接接続し，給水管の水圧では給水できない高所へポンプの水圧で送水する方式で，水が逆流しないように逆流防止装置を設けること，給水管の供給能力を超えないことなどの条件がある。

　受水槽・高置水槽がないので，水が汚染されず常時新鮮な水道水が供給できるが，地域により使用できないことがあるので所轄の水道局に問い合わせる必要がある。

　図1-21に系統図を示す。

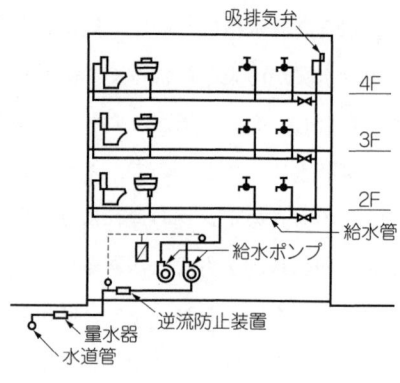

図1-21　水道直結増圧方式

# 第3節　使 用 水 量

## 3．1　使用水量の変動

　近年，住宅の台所，浴室，洗面所などの住宅設備機器の普及や生活水準の向上とともに水の使用量が増加している。そのほか，都市活動のための公共用，消火用及び工業用に多くの水量を消費している。

　使用水量は，国民の生活水準，習慣により相違があるが，一面において国民の文化程度を表しているといわれている。しかし，毎年のように水不足にみまわれたり，省エネルギーが叫ばれる今日において，水もまた無限の資源ではないことを理解し，節水を考慮することは重要な課題となっている。

　使用水量は，1年のうちでも月により，曜日により，またその1日の時間帯によっても異なる。

　図1-22に事務所，図1-23に共同住宅における1日の水の使用量の変化を示す。

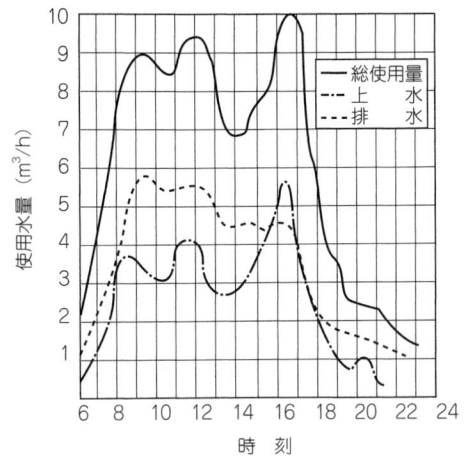
図1—22 事務所における水の使用量

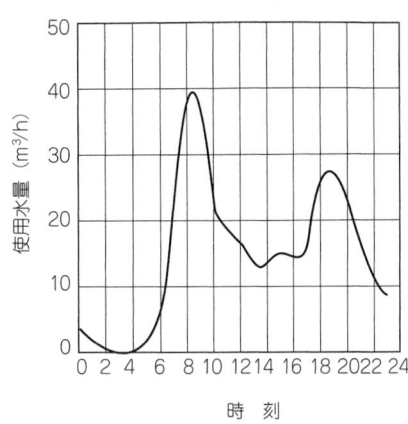
図1—23 共同住宅における水の使用量

## 3.2 建物別の使用水量

　給水設備に使われる水槽，ポンプなどの大きさや配管の管径を決める際には，建物の必要給水量をおおまかに把握し，建物の特殊性を考慮してその値を増減する。表1—4に建物種類別1人1日当たりの給水量，1日の平均使用時間及び使用人員算定基準の標準を示す。このほか，空調用冷凍機の冷却水，プール，池の補給水など建物の性質を検討して給水量を推定しなければならない。

表1-4 建物種類別単位給水量・使用時間・使用人員

| 建物種類 | 単位給水量（1日当たり） | 使用時間(h/d) | 注記 | 有効面積当たりの人員など | 備考 |
|---|---|---|---|---|---|
| 戸建住宅 | 300〜400ℓ/人 | 10 | 居住者1人当たり | 0.16人/m² | |
| 集合住宅 | 200〜350ℓ/人 | 15 | 居住者1人当たり | 0.16人/m² | |
| 独身寮 | 400〜600ℓ/人 | 10 | 居住者1人当たり | | |
| 官公庁・事務所 | 60〜100ℓ/人 | 9 | 在勤者1人当たり | 0.2人/m² | 男子50ℓ/人，女子100ℓ/人 社員食堂・テナント等は別途加算 |
| 工場 | 60〜100ℓ/人 | 操業時間+1 | 在勤者1人当たり | 座り作業 0.3人/m² 立ち作業 0.1人/m² | 男子50ℓ/人，女子100ℓ/人 社員食堂・シャワー等は別途加算 |
| 総合病院 | 1500〜3500ℓ/床 30〜60ℓ/m² | 16 | 延べ面積1m²当たり | | 設備内容などにより詳細に検討する。 |
| ホテル全体 | 500〜6000ℓ/床 | 12 | | | 設備内容などにより詳細に検討する。 |
| ホテル各室部 | 350〜450ℓ/床 | 12 | | | 各室部のみ |
| 保養所 | 500〜800ℓ/床 | 10 | | | |
| 喫茶店 | 20〜35ℓ/客 55〜130ℓ/店舗m² | 10 | | 店面積には厨房面積を含む。 | 厨房で使用される水量のみ 便所洗浄水などは別途加算 |
| 飲食店 | 55〜130ℓ/客 110〜530ℓ/店舗m² | 10 | | 同上 | 同上 定性的には，軽食・そば・和食・洋食・中華の順に多い。 |
| 社員食堂 | 25〜50ℓ/食 80〜140ℓ/食堂m² | 10 | | 食堂面積には厨房面積を含む。 | 同上 |
| 給食センター | 20〜30ℓ/食 | 10 | | | 同上 |
| デパート スーパーマーケット | 15〜30ℓ/m² | 10 | 延べ面積1m²当たり | | 従業員分・空調用水を含む。 |
| 小・中・普通高等学校 | 70〜100ℓ/人 | 9 | （生徒+職員）1人当たり | | 教師・従業員を含む。プール用水（40〜100ℓ/人）は別途加算 |
| 大学講義棟 | 2〜4ℓ/m² | 9 | 延べ面積1m²当たり | | 実験・研究用水は別途加算 |
| 劇場・映画館 | 25〜40ℓ/m² 0.2〜0.3ℓ/人 | 14 | 延べ面積1m²当たり 入場者1人当たり | | 従業員分・空調用水を含む。 |
| ターミナル駅 | 10ℓ/1000人 | 16 | 乗降客1000人当たり | | 列車給水・洗車用水は別途加算 |
| 普通駅 | 3ℓ/1000人 | 16 | 乗降客1000人当たり | | 従業員分・多少のテナント分を含む。 |
| 寺院・教会 | 10ℓ/人 | 2 | 参会者1人当たり | | 常住者・常勤者分は別途加算 |
| 図書館 | 25ℓ/人 | 6 | 閲覧者1人当たり | 0.4人/m² | 常勤者分は別途加算 |

(空気調和衛生工学便覧より)

注) 1 単位給水量は設計対象給水量であり，年間1日平均給水量ではない。
 2 備考欄に付記のない限り，空調用水，冷凍機冷却水，実験・研究用水，プロセス用水，プール，サウナ用水等は別途加算する。

## 3．3　予想給水量

給水用機器の大きさや給水管の管径を決める場合に用いられる予想給水量には，1日の使用水量を1日平均使用時間で割った「時間平均予想給水量」，1日のうち最も多く水が使用されると推定した1時間のうちに使用される「時間最大予想給水量」及び1日のうち最も水が多く流れると推定した瞬時に流れる「瞬間最大予想給水量」の三つの数値が用いられる。これらを式で表すと次のようになる。

時間平均予想給水量（ℓ/h）　　$Q_h = \dfrac{Q_d}{T}$ ……………………………………（1—1）

時間最大予想給水量（ℓ/h）　　$Q_m = (1.5 \sim 2) Q_h$ ………………………………（1—2）

瞬間最大予想給水量（ℓ/min）　$Q_p = \dfrac{(3 \sim 4) Q_h}{60}$ ……………………………（1—3）

ここに，$Q_d$：1日当たりの給水量の合計（ℓ/d）

　　　　$T$：1日平均使用時間（h/d）

学校，工場，映画館などでは，休憩時間などの特定の時間に水の使用が集中するので，$Q_m$，$Q_p$の値は，さらに大きく考えなければならない場合もある。

【例題】　延べ面積1500m²の貸事務所建築の1時間平均給水量，1時間最大給水量，瞬間最大給水量を推定しなさい（有効面積は延べ面積の60％とする）。

＜解＞

（1）　有効面積＝1500×0.6＝900m²

（2）　表1—4，官公庁・事務所の欄から，

　　　在勤者＝0.2×900＝180人

（3）　単位給水量60～100ℓ/人/日であるから，100ℓ/人/日と仮定する。

（4）　1日当たり給水量合計は，

　　　$Q_d$＝180×100＝18000ℓ/日

（5）　使用時間$T$が9時間であるから，

　　　$Q_h = \dfrac{18000}{9}$ ℓ/h＝2000ℓ/h

　　　$Q_m = (1.5 \sim 2) Q_h$＝3000～4000ℓ/h

　　　$Q_p = \dfrac{(3 \sim 4) Q_h}{60}$＝100～133ℓ/min

例題を図示すると図1—24のような予想給水量を推定したことになる。

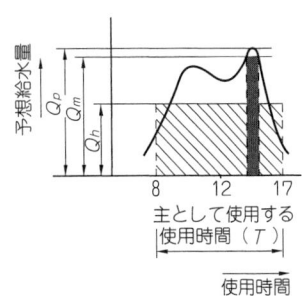

図1—24　例　題

# 第4節　給水管の管径

　給水管の管径を決める場合に大切なことは，建物のすべての部分に設置された衛生器具に常時適切な水を供給できるとともに，各種設備機器が適切な作動をする水圧と水量が得られ，しかも経済的な管径とすることである。

　給水管の管径を理論的な根拠に基づき決めるためには，給水立て管，枝管など給水系統のあらゆる部分の確実な使用水量をできる限り正確に求めることが必要であるが，器具の使用率，使用時間，水圧などの不確定要素が大きいので，過去のデータや経験により種々の管径の求め方が提案されている。

## 4.1　各種器具の必要圧力・流量・管径

　表1-5に各種器具の最低必要圧力を示す。水栓や器具は，所定の水圧が得られなければ完全な機能を果たすことができないものが多い。例えば，瞬間湯沸器のように，水圧によってガスの開閉を調節して水を加熱する機構になっているような場合，水圧が低下すると給湯不能になることがある。

　逆に水圧が高すぎると，騒音やウォーターハンマなどの障害が発生するため，洗浄弁の場合は最高0.4MPa，一般水栓で最高0.5MPaが望ましいとされている。

表1-5　器具の最低必要圧力

| 器　　具 | 必要圧力〔kPa〕 |
|---|---|
| 一　般　水　栓 | 30 |
| 大 便 器 洗 浄 弁 | 70 |
| 小 便 器 洗 浄 弁 | 70 |
| シ ャ ワ ー | 40～160 |
| ガス瞬間式湯沸器 | |
| 　4 ～ 5 号 | 40 |
| 　7 ～ 16 号 | 50 |
| 　22 ～ 30 号 | 80 |

　表1-6に各種器具の流量と給水管径を示す。流量（ℓ/min）は，それぞれの器具に必要な水量がたまるまでの待ち時間を使用者に長いと感じさせないくらいに，また，使用時の過大なはね水を防止するよう，器具の形状，深さなども考慮して決められている。したがって，給水管径もそれにみあった径にしなければならない。

　例えば，大便器の洗浄弁の場合と洗浄タンクの場合について比較してみると，一般に管径は25Aと15Aである。しかし，1回当たりの使用量はどちらも15ℓである。

　洗浄タンクは1回の使用水量に十分な容量の大きさになっているため，水量をためるだけの時間的な余裕があるのに対し，洗浄弁は短時間に15ℓを流さなければならない。1回の使用水量が同じであるにもかかわらず，管径が違うのはこのためである。

表1-6　各種器具の流量と給水管径

| 器具の種類 | 1回当たり使用量（ℓ） | 1時間当たり使用回数（回） | 瞬間最大流量（ℓ/min） | 給水管径 A | 給水管径 B |
|---|---|---|---|---|---|
| 大便器（洗浄弁） | 15 | 6～12 | 110～180 | 25 | 1 |
| 〃（洗浄タンク） | 15 | 6～12 | 10 | 15 | 1/2 |
| 小便器（洗浄弁） | 5 | 12～20 | 30～60 | 15 | 1/2 |
| 〃（洗浄タンク）（2～4人用） | 9～18 @4.5 | 12 | 8 | 15 | 1/2 |
| 〃（洗浄タンク）（5～7人用） | 22.5～31.5@4.5 | 12 | 10 | 15 | 1/2 |
| 手洗器 | 3 | 12～20 | 8 | 15 | 1/2 |
| 洗面器 | 10 | 6～12 | 10 | 15 | 1/2 |
| 流し類（15mm水栓） | 15 | 6～12 | 15 | 15 | 1/2 |
| 〃（20mm水栓） | 25 | 6～12 | 15～25 | 20 | 3/4 |
| 吹き上げ水飲器 | 0.2～0.5 | | 3 | 15 | 1/2 |
| 散水栓 | | | 20～50 | 15～20 | 1/2～3/4 |
| 和風浴槽 | 大きさによる | 3 | 25～30 | 20 | 3/4 |
| 洋風浴槽 | 125 | 3 | 25～30 | 20 | 3/4 |
| シャワー | 24～60 | 3 | 12～20 | 15～20 | 1/2～3/4 |

（「建築設備ハンドブック」より）

## 4．2　均等表及び給水管径

### （1）　均等表

　表1-7に各種管の均等表を示す。この表は，例えば（a）硬質塩化ビニルライニング鋼管において，25A管（左欄）は15A管（上欄）の5.2本分の水量を流す能力があることを意味する。いいかえれば15A管5.2本と25A管1本とは，流量関係において均等であるという意味である。例えば，15mmの給水栓3個に給水する主管は，25A管を使用すればよいことになる。

表1－7 均 等 表

(a) 硬質塩化ビニルライニング鋼管均等表

|    | 15   | 20   | 25  | 32  | 40  |
|----|------|------|-----|-----|-----|
| 15 | 1    |      |     |     |     |
| 20 | 2.5  | 1    |     |     |     |
| 25 | 5.2  | 2.1  | 1   |     |     |
| 32 | 11.1 | 4.4  | 2.1 | 1   |     |
| 40 | 17.2 | 6.8  | 3.3 | 1.5 | 1   |
| 50 | 33.7 | 13.9 | 6.4 | 3.0 | 2.0 |

(b) 硬質塩化ビニル管均等表

|    | 13   | 16   | 20   | 25  | 30  | 40  |
|----|------|------|------|-----|-----|-----|
| 13 | 1    |      |      |     |     |     |
| 16 | 1.7  | 1    |      |     |     |     |
| 20 | 3.1  | 1.8  | 1    |     |     |     |
| 25 | 5.6  | 3.2  | 1.8  | 1   |     |     |
| 30 | 9.8  | 5.7  | 3.2  | 1.8 | 1   |     |
| 40 | 19.2 | 11.1 | 6.2  | 3.4 | 2.0 | 1   |
| 50 | 36.4 | 21.1 | 11.7 | 6.5 | 3.7 | 1.9 |

(c) 一般配管用ステンレス鋼管均等表

|    | 13   | 20  | 25  | 30  | 40  |
|----|------|-----|-----|-----|-----|
| 13 | 1    |     |     |     |     |
| 20 | 2.5  | 1   |     |     |     |
| 25 | 5.1  | 2.1 | 1   |     |     |
| 30 | 8.1  | 3.2 | 1.6 | 1   |     |
| 40 | 15.3 | 6.1 | 3.0 | 1.9 | 1   |
| 50 | 21.9 | 8.8 | 4.3 | 2.7 | 1.4 |

(注) (a)はJWWA K-116によるSGP-YA,VB

（2） 同時使用率

建築物には，その建物の用途，使用状態に応じて，適当数の衛生器具類を設置することが必要である。特に便器の数は，その建物に在住する人数，外来者の数，建物の使用時間などを考慮し，それぞれ各人の生理的要求に応じて，常に自由に使えて，しかも経済的な数であることが望ましい。

しかし，器具の使用状況は，建物によって異なってくる。例えば，劇場，学校，競技場などは，休憩時間中が最も集中的に使用されがちであり，事務所建築の場合は，これに比較して分散的である。

1本の給水管から分岐して取り付けられている器具が2個同時に使用されることはあるが，5個，10個とたくさんある器具が全部同時に使用されるということはほとんどなく，同時に使用されるものは，その一部にすぎない。

この同時に使用される割合を同時使用率といい，表1－8に洗浄弁を使用する場合と一般水栓を使用する場合の同時使用率を示す。また，表1－9には異種器具が混在している事務所建築などの参考数値を示す。

器具数が表にない場合は，その前後の器具数の同時使用率を用いて補間する。

表1－8で，洗浄弁についての値が他の値より低いのは，洗浄弁の作動時間が他の水栓よりも短

いため，同時に使用する確率がより低くなるからである。

表1-8 標準同時使用率

| 器具種類＼器具数 | 1 | 2 | 4 | 8 | 12 | 16 | 24 | 32 | 40 | 50 | 70 | 100 |
|---|---|---|---|---|---|---|---|---|---|---|---|---|
| 大便器（洗浄弁）(%) | 100 | 50 | 50 | 40 | 30 | 27 | 23 | 19 | 17 | 15 | 12 | 10 |
| 一般水栓 (%) | 100 | 100 | 70 | 55 | 48 | 45 | 42 | 40 | 39 | 38 | 35 | 33 |

表1-9 事務所建築に対する同時使用率

| 器具数 | 2 | 3 | 4 | 5 | 10 | 15 | 20 | 33 | 50 | 100 |
|---|---|---|---|---|---|---|---|---|---|---|
| 同時使用率(%) | 100 | 80 | 75 | 70 | 53 | 48 | 44 | 40 | 36 | 33 |

（3） 均等表からの給水管径の求め方

【例題】 図1-25はある事務所ビルの$n$階の配管系統図である。図中の各部の管径を均等表によって求めなさい。

<解> 硬質塩化ビニルライニング鋼管を使用するものとし，各器具へ接続する給水枝管を表1-7（a）の均等表により，15mm管相当数に換算して下表の（a）列に記入し，配管の各部分を流れる水に対する15mm管相当数（b）×（c）を（d）列に記入して，これに均等する管径を均等表より求めると（e）列のようになる。

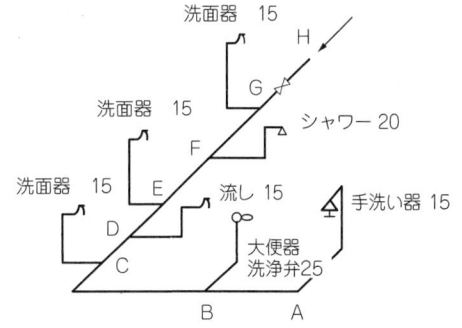

図1-25 例題

| 器具名 | 水栓の呼び | 左の径に相当する15mm管の本数 | 配管部分 | 15mm管相当数の累計 | 器具数 | 同時使用率(%) | (b)×(c) | 管径 mm |
|---|---|---|---|---|---|---|---|---|
|  |  | (a) |  | (b) |  | (c) | (d) | (e) |
| 手洗器 | 15 | 1 | AB | 1 | 1 | 100 | 1 | 15 |
| 大便器 | 25 | 5.2 | BC | 6.2 | 2 | 100 | 6.2 | 32 |
| 洗面器 | 15 | 1 | CD | 7.2 | 3 | 80 | 5.8 | 32 |
| 流し | 15 | 1 | DE | 8.2 | 4 | 75 | 6.2 | 32 |
| 洗面器 | 15 | 1 | EF | 9.2 | 5 | 70 | 6.4 | 32 |
| シャワー | 20 | 2.5 | FG | 11.7 | 6 | 70 | 8.2 | 32 |
| 洗面器 | 15 | 1 | GH | 12.7 | 7 | 65 | 8.3 | 32 |

この例題について考えると，図1-26のように，同時使用率を考慮しない場合は，GH間は15A管相当数で12.7本となり40Aになってしまうが，同時使用率65％を考えると15A管相当数は8.3となり32Aで十分の管径となる。

均等表と同時使用率による給水管径の求め方は，簡単に求めることができる特徴があり，各階の

分岐管，枝管などの小規模の給水管径の場合に適する。

## 4．3　器具給水負荷単位及び使用水量

衛生器具別の接続管径や，小規模の給水管径は前述の均等表により求めることができる。大規模建築物の給水立て管や横走り主管は，実際に使用しうる最大使用水量を求めて，次に，その器具に必要な最低水圧を満足するような許容摩擦損失水頭を求め，摩擦損失水頭線図から管径を決めるのが合理的な方法である。

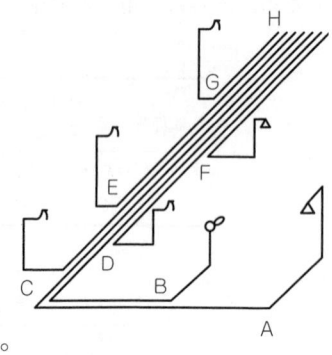

図1—26　例　題

### （1）　最大使用水量の求め方

最大使用水量を求めるには各種の方法があるが，最も簡単と思われる器具給水負荷単位による方法について述べる。

器具給水負荷単位は洗面器に0.1MPaで毎分14ℓを基準流量とし，これを給水単位1として，公衆用か私室用か，また，その衛生器具の種類による使用ひん度及び多数の器具の同時使用を考慮した負荷率を見込んで各種器具の数値を定めたものである。表1—10に各種器具の給水負荷単位を示す。

表1—10　器具給水負荷単位

| 器　具　名 | 水　　栓 | 器具給水負荷単位 公衆用 | 私室用 |
|---|---|---|---|
| 大　　便　　器 | 洗　浄　弁 | 10 | 6 |
| 大　　便　　器 | 洗浄タンク | 5 | 3 |
| 小　　便　　器 | 洗　浄　弁 | 5 | |
| 小　　便　　器 | 洗浄タンク | 3 | |
| 洗　　面　　器 | 給　水　栓 | 2 | 1 |
| 手　洗　い　器 | 給　水　栓 | 1 | 0.5 |
| 医療用洗面器 | 給　水　栓 | 3 | |
| 事務室用流し | 給　水　栓 | 3 | |
| 台　所　流　し | 給　水　栓 | | 3 |
| 料　理　場　流　し | 給　水　栓 | 4 | 2 |
| 食器洗い流し | 給　水　栓 | 5 | |
| 連　合　流　し | 給　水　栓 | | 3 |
| 洗　面　流　し（水洗1個につき） | 給　水　栓 | 2 | |
| 掃除用流し | 給　水　栓 | 4 | 3 |
| 浴　　　槽 | 給　水　栓 | 4 | 2 |
| シ　ャ　ワ　ー | 混　合　弁 | 4 | 2 |
| 浴室一そろい | 大便器が洗浄弁による場合 | | 8 |
| 浴室一そろい | 大便器が洗浄タンクによる場合 | | 6 |
| 水　飲　み　器 | 水飲み水栓 | 2 | 1 |
| 湯　沸　器 | ボールタップ | 2 | |
| 散水・車庫 | 給　水　栓 | 5 | |

（注）給湯栓併用の場合は，1個の水栓に対する器具給水負荷単位は上記の数値の3／4とする。

この器具給水負荷単位を使って，図1—27の同時使用流量曲線から，最大使用水量（ℓ/min）を求めることができる。図1—27のうち，①は洗浄弁が主体の場合の曲線であり，②は洗浄タンクが主体の場合の曲線である。

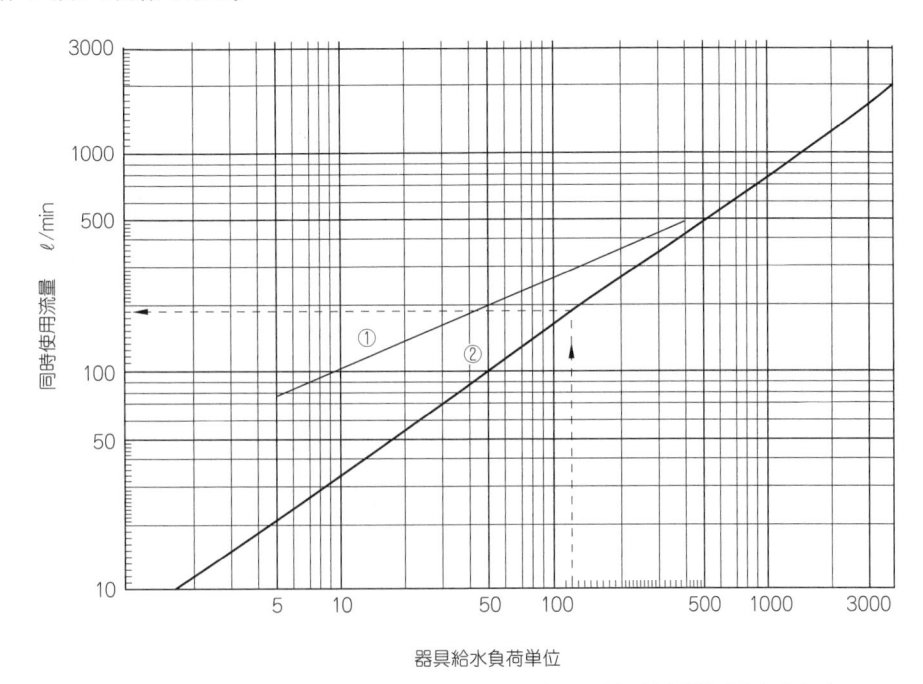

① 大便器洗浄弁使用の場合（小便器洗浄弁を除く。）
② 洗浄タンク使用の場合
　事務庁舎では，曲線②で同時使用流量を求めてよい。

図1—27　給水負荷単位同時使用流量線図（「建築設備設計要領」より）

【例題】　ある公衆用建物の手洗い所には，手洗い器10，大便器（洗浄タンク）10，小便器（洗浄タンク）16，掃除用流し3の器具が設置されている。最大使用水量（ℓ/min）を求めなさい。

<解>　表1—10より器具給水負荷単位を求めると次の表のようになる。

| 器　具　名 | 個　数 (a) | 器具給水負荷単位 (b) | (a)×(b) |
|---|---|---|---|
| 手洗い器 | 10 | 1 | 10×1＝10 |
| 大便器（洗浄タンク） | 10 | 5 | 10×5＝50 |
| 小便器（洗浄タンク） | 16 | 3 | 16×3＝48 |
| 掃除用流し | 3 | 4 | 3×4＝12 |

器具給水負荷単位合計＝120

したがって，最大使用水量は図1—27の②の線図より180ℓ/minとなる。

（2）　管径の求め方

最大使用水量が求まれば，摩擦損失水頭線図を利用して管径を求めることができる。図1—28に硬質塩化ビニルライニング鋼管の流量線図を示す。

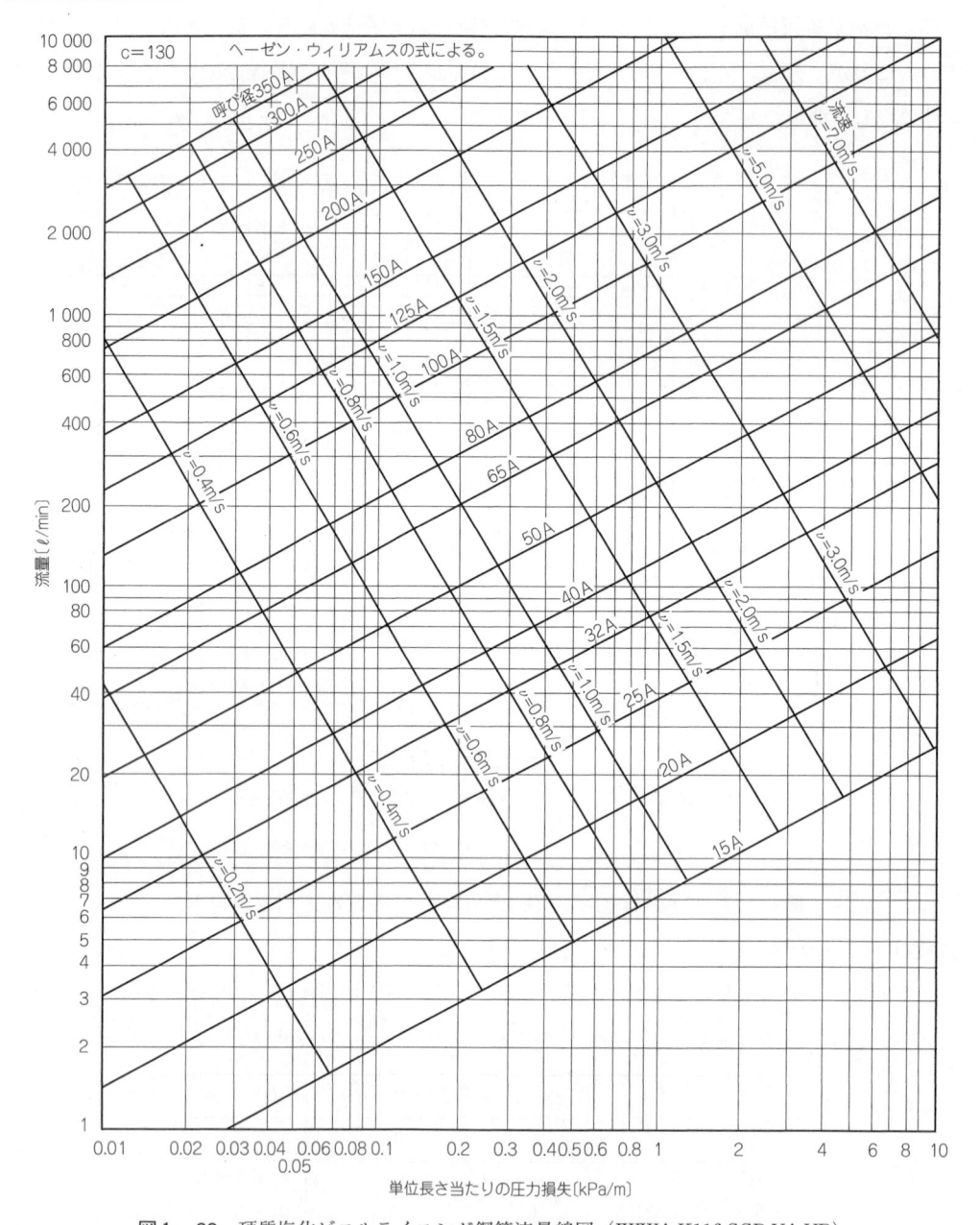

図1—28 硬質塩化ビニルライニング鋼管流量線図 (JWWA K116 SGP-VA,VB)

流量線図は，管径（管の呼び径），流速（m/s），1m当たりの圧力損失kPa/m，流量（ℓ/min）の四つの関係を図示した線図である。次に，線図の使い方を示す。

図1—29で，①のように50Aの管を使って，50ℓ/minの水を流すと，流速は0.42m/s，圧力損失は0.055kPa/mとなる。200ℓ/minの水を流すと，流速は1.7m/s，圧力損失は0.7kPa/mとなる。

②のように圧力損失を1.0kPa/m以内で，50ℓ/min流したい場合は25Aではオーバーしてしまうため32Aの管径にしなければならない。その場合の流速は1.0m/sである。

① 管径と流量から圧力損失と流速を求める

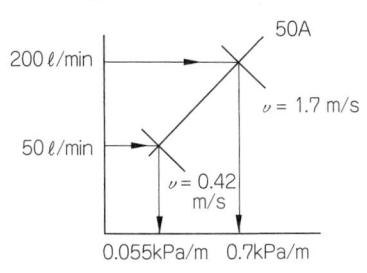

② 圧力損失と流量から管径を求める

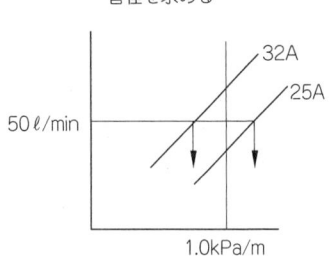

図1—29 流量線図の使い方

このように，流量線図は，管径，流量，流速，圧力損失のうち二つの値がわかれば他の二つの値を知ることができる線図である。一般に，給水配管においては流速$v$は2.0m/s以下，設計上は$v=1.0〜1.5$m/s程度とする。$v$が大きいと，振動・騒音が発生することがあり，また，ウォーターハンマが起きやすくなって管や器具を破損させる可能性が大きくなる。

【例題】 図1—30のような容量300m³のプールに10時間以内で満水にするには，管径何mmの給水管を用いればよいか。ただし，配水管の水圧を100kPa，給水管の延長を35mとし，プールの流入口において30kPaの水圧を保つものとする。

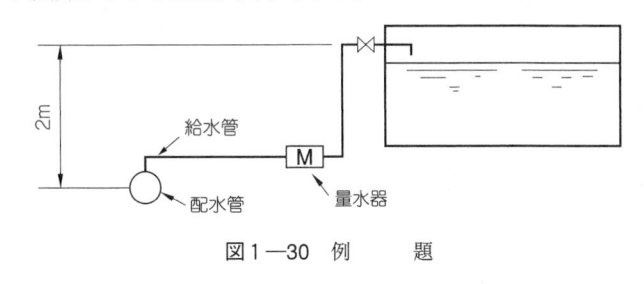

図1—30 例 題

<解> 300m³のプールを10時間で満水にするには，

$$1分間当たりの水量 = \frac{300 \times 1000}{10 \times 60} = 500 \ell/min$$

給水管の実延長35mに，弁類，管継手類の損失による相当管長*を実延長の50%として加算すると，

換算管長$L=35(1+0.5)=52.5$m

立ち上がりの2mは圧力に換算すると約20kPaに相当する（第5節5.5参照）。プールの流入口において30kPaの水圧を保つためには，許容できる圧力損失は，管長1mにつき，

$$\frac{P}{L} = \frac{100-30-20}{52.5} = 0.952 \text{kPa/m}$$

図1—28の流量線図を用いて，流量500$\ell$/min，圧力損失0.952kPa/mより，この給水管径は80Aとなる。

---

* 相当管長：損失を直管長さに換算した値。単位はm。ショートベンドで1〜5m，アングル弁で5〜10m程度。

参考までに，一般配管用ステンレス鋼管の流量線図を図1—31に示す。

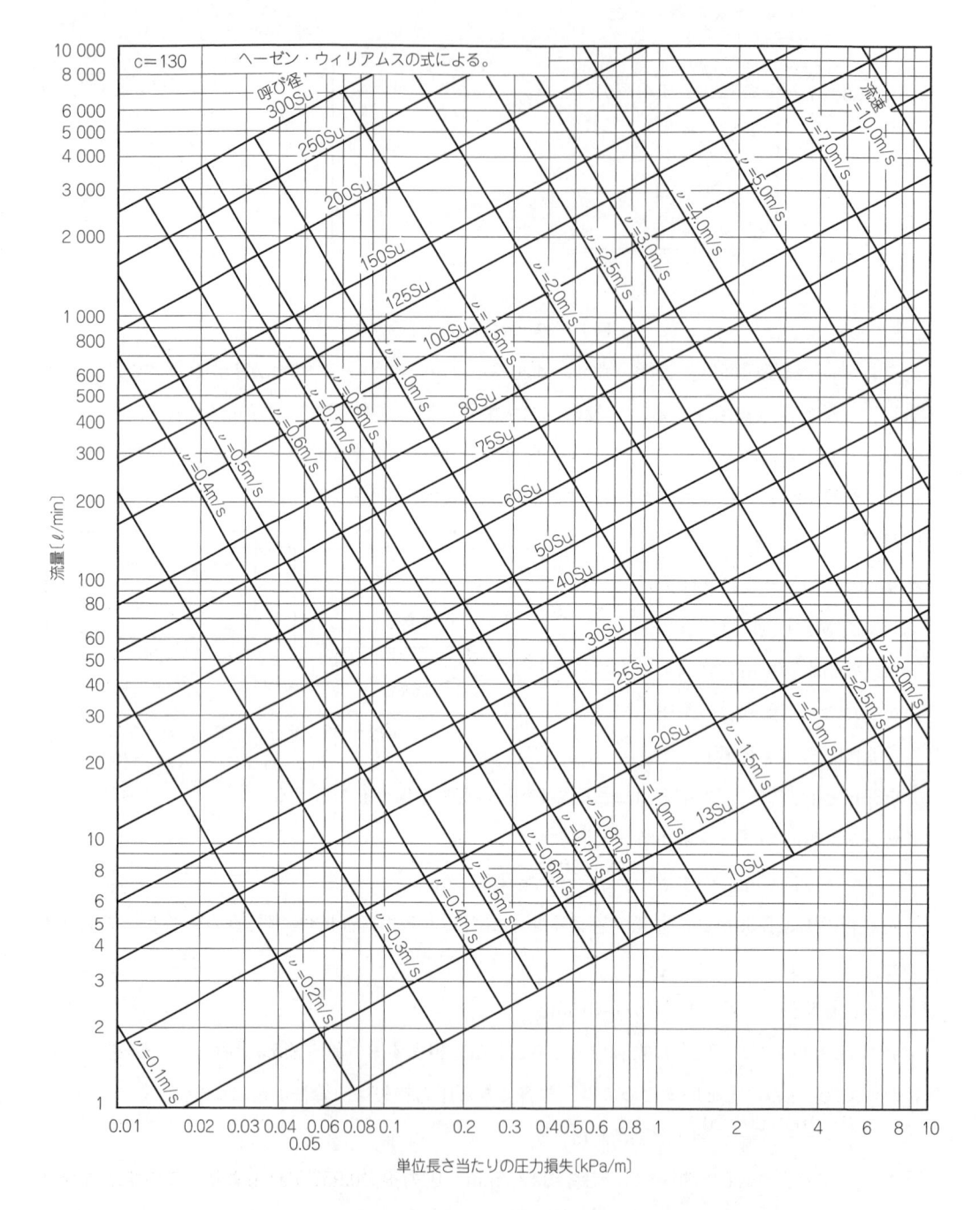

図1—31 一般配管用ステンレス鋼管流量線図 （JIS G 3448）

# 第5節 給水ポンプ

## 5.1 ポンプの種類

現在,建築設備関係に使われているポンプのほとんどは遠心ポンプである。

遠心ポンプは遠心力を利用して水をくみ上げるもので,羽根車の数を増すことにより高揚程にも使用されるようになり,広く普及している。

表1—11に各種ポンプの種類を示す。

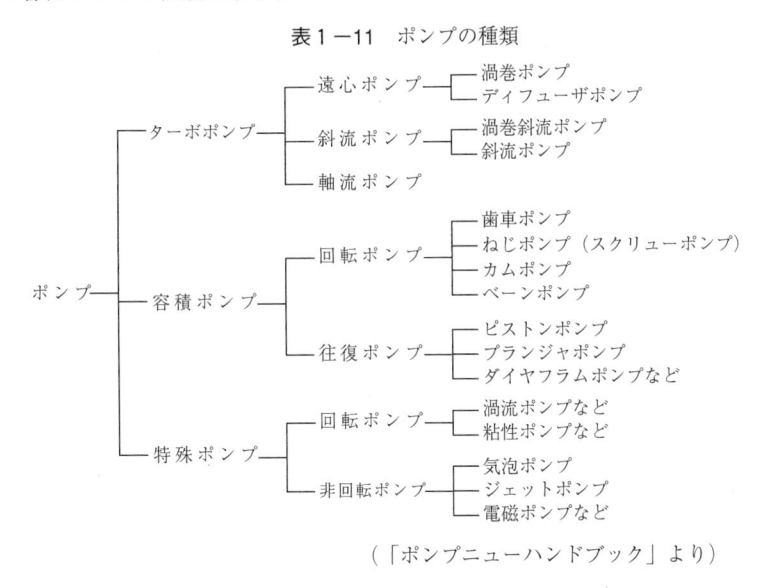

表1—11 ポンプの種類

```
                              ┌ 渦巻ポンプ
                 ┌ 遠心ポンプ ─┤
                 │            └ ディフューザポンプ
       ┌ ターボポンプ ─┤            ┌ 渦巻斜流ポンプ
       │         ├ 斜流ポンプ ─┤
       │         │            └ 斜流ポンプ
       │         └ 軸流ポンプ
       │                      ┌ 歯車ポンプ
       │                      ├ ねじポンプ(スクリューポンプ)
       │         ┌ 回転ポンプ ─┤
       │         │            ├ カムポンプ
ポンプ ─┤ 容積ポンプ ─┤            └ ベーンポンプ
       │         │            ┌ ピストンポンプ
       │         └ 往復ポンプ ─┤ プランジャポンプ
       │                      └ ダイヤフラムポンプなど
       │                      ┌ 渦流ポンプなど
       │         ┌ 回転ポンプ ─┤
       │         │            └ 粘性ポンプなど
       └ 特殊ポンプ ─┤            ┌ 気泡ポンプ
                 └ 非回転ポンプ ─┤ ジェットポンプ
                                └ 電磁ポンプなど
```

(「ポンプニューハンドブック」より)

## 5.2 吸上げ高さと大気圧

ポンプは図1—32のように吸込み側(サクション)から吸い上げて吐出し側へ揚水する。

吐出し側から揚水される水はポンプの能力により高揚程,中揚程,低揚程用など,いろいろ選択することができるが,吸込み側には制約がある。

一般に,吸い上げというので,ポンプが低位の水を吸い上げるように考えられているが,実際には少し様子は違う。

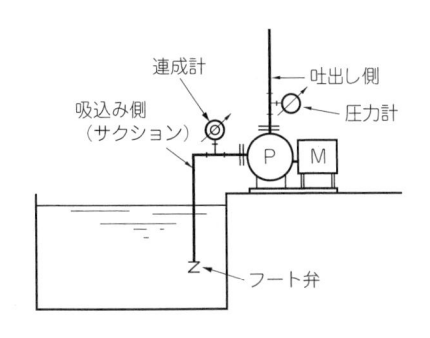

図1—32 吸込み側と吐出し側

遠心ポンプの羽根車が回転すると水が遠心力で外に飛び出し,その水の飛び出したピストン作用によって中心部に低圧部ができる。そのため吸上げ管内の水が大気圧のために押し上げられ,ポン

プ内の羽根車の中心部に生じた低圧部に流れ込み，前に飛び出した水を追って移動していく。この現象が連続するので，ポンプは低位の水を吸い上げることができる。

ここでいう「低圧」とは，大気圧（標準大気圧：1013hPa）以下の圧力のことである。

ポンプ内が完全に真空状態で，しかも周囲が標準大気圧の場合，理論上の吸上げ高さは10.33mで，これがポンプの吸い上げ限度である。図1—33は標準大気圧を水銀柱，水柱，圧力計の読みで表したものである。

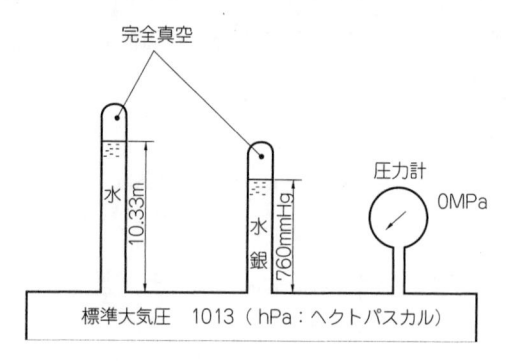

図1—33 標準大気圧と水柱・水銀柱の関係

しかし，実際には，管や管継手の摩擦損失，水温，ポンプ内部での損失などによって余分な力が必要となるため，吸い上げ高さは5〜7m程度が限度となっている。

したがって，ポンプの吸い上げ高さはなるべく低いほうが，ポンプの負担も軽くなり，維持管理上からも望ましい。

## 5．3　渦巻ポンプとディフューザポンプの構造

遠心ポンプには，渦巻ポンプと，ディフューザポンプがある。遠心ポンプは，羽根車を水中で高速度で回転させ，その遠心力で起こる圧力の変化により，水を羽根車の中心部から外周に向かって流すことによって，水にエネルギーを与えるポンプである。図1—34に渦巻ポンプとディフューザポンプの構造を示す。

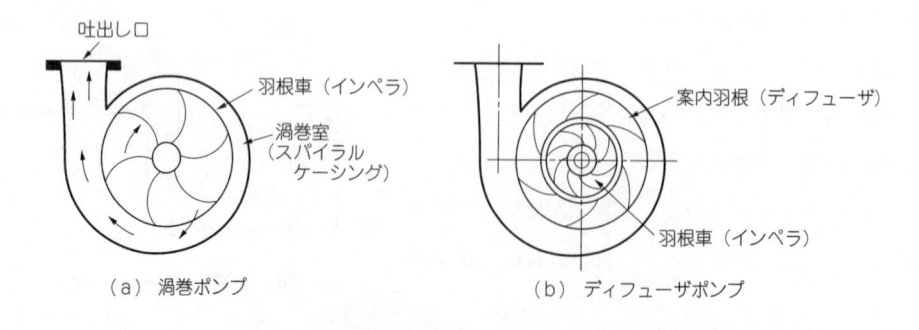

（a）渦巻ポンプ　　　　　　（b）ディフューザポンプ

図1—34 渦巻ポンプとディフューザポンプの構造

渦巻ポンプは，水が羽根車によって与えられた速度のエネルギーから，渦巻室によって圧力のエ

ネルギーに変えられ，吐出し口へ押し出される。

ディフューザポンプは，羽根車によって与えられる速度エネルギーを，案内羽根によって高い圧力のエネルギーに変え，押し出すポンプで，一般に数枚の羽根車を直列に接続して中・高揚程用に用いられる。

遠心ポンプの特徴は，次のとおりである。

① 形が小さく，高速回転に適する。
② 吐出し量と揚程が広範囲に選択できる。
③ 故障が少なく取り扱いやすい。

図1—35に各種渦巻ポンプを，図1—36に各種ディフューザポンプを示す。

図1—35 各種渦巻ポンプ

図1—36 各種ディフューザポンプ

## 5．4 渦（か）流ポンプの構造

1枚の円板状羽根車の周辺に，数十枚以上の歯車に似た小羽根を有する羽根車が，同心円の通路をもつケース内で高速回転をし，外円周上の1箇所で吸い込まれた水は，羽根車とともに周辺を流れながら，約一周して圧力を高め吐き出されるポンプである。なお，構造上羽根車とライナのすきまは，0.05mm程度であるから，砂や異物が混入すると，急激にこれらが消耗して性能が低下する。

図1—37に渦流ポンプの構造を示す。

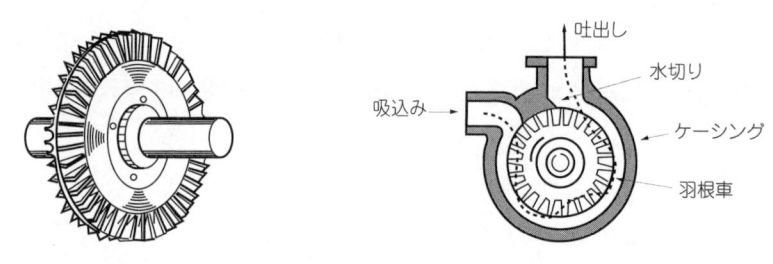

図1—37　渦流ポンプの構造

渦流ポンプは，非常に小形であり，構造が簡単で安価である。吸上げ高さが比較的高く，また吐出し圧力も高いので，高揚程を要求される家庭用電動井戸ポンプ，小形ボイラの給水ポンプ，灯油輸送用ポンプなどに用いられる。図1—38に各種渦流ポンプを示す。

図1—38　各種渦流ポンプ

## 5.5　ポンプの揚程及び動力

ポンプは図1—39に示すように，吸込み水面からポンプ中心までを吸い込み実揚程$h_{as}$，ポンプ中心から吐出し水面までの高さを吐出し実揚程$h_{ad}$といい，吸込み水面から吐出し水面までの高さ

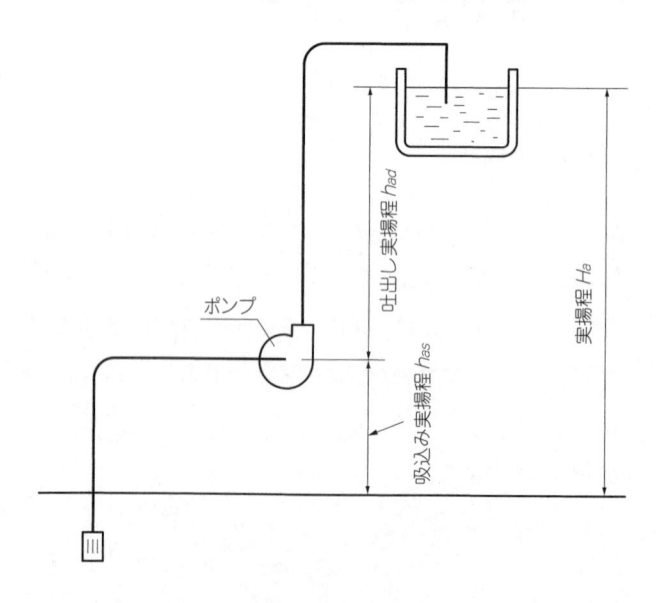

図1—39　ポンプの揚程

を実揚程$H_a$という。ポンプが水に与えなければならない圧力を水柱高さ（m）で表したものを全揚程$H$といい，実揚程$H_a$より大きい。

ポンプの全揚程を$H$（m），吐出し量を$Q$（m³/min）とすると，ポンプを動かすために必要な理論出力（$L_w$）は，次式で与えられる。

$$L_w = \frac{1}{60 \times 10^3} \rho g Q H \fallingdotseq 0.163 Q H \text{ （kW）} \cdots\cdots\cdots (1-4)$$

ここに，$\rho$は揚水の密度（kg/m³）（≒1000）

である。しかし，実際にはポンプを運転するには，ポンプ内での流体摩擦損失，軸受の機械損失などがあるため，理論出力より大きな動力を与える必要があって，これをポンプ軸動力と呼び下式で計算される。

$$L_p = \frac{L_w}{\eta_p} \times 100 \text{ （kW）} \cdots\cdots\cdots (1-5)$$

ここに，$L_p$：ポンプ軸動力（kW）
　　　　$\eta_p$：ポンプ効率（%）

$\eta_p$は，本章でとり上げている給水用の小形遠心ポンプにおいては，JIS B 8313によって図1―40のように規定されている。図中，A効率とはメーカがある型番を開発したとき，そのポンプがクリアしなければならない最高効率，B効率とはメーカがある型番のポンプを推奨する場合，保障しなければならない効率となっている。例えば配管施工者が$Q=1.0$m³/minで設計し，メーカに提示した場合，たまたまメーカ側は$Q=1.1$m³/min，最高効率（A効率）66%の型番のポンプが在庫しているときは，そのポンプが1.0m³/minにおいて55%以上の保証効率（B効率）であれば施工者に推奨してよいということを表している。

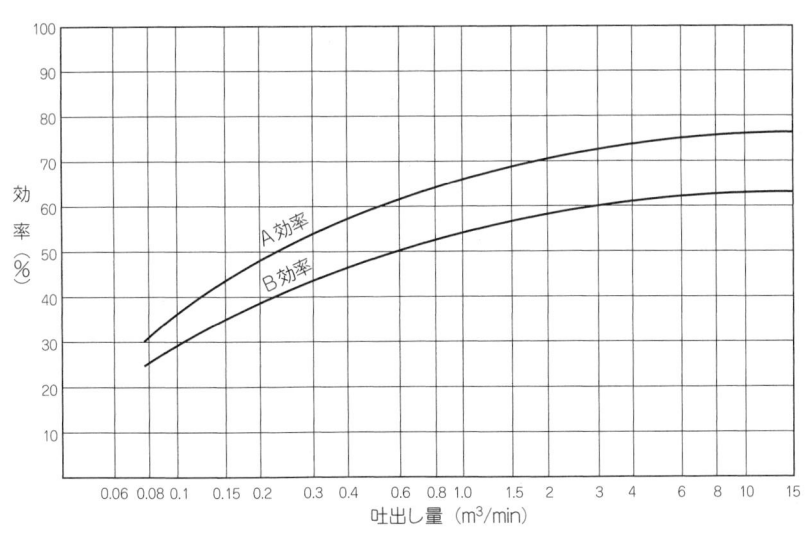

図1―40　ポンプ効率

前に戻って，全揚程$H$は次式で計算される。

$$H = H_a + H_L + \frac{v^2}{2g} \cdots\cdots\cdots (1-6)$$

ここに，$H_a$：実揚程（m）

$H_L$：圧力損失*（配管の摩擦損失ヘッドと，弁，管継手類の損失ヘッドの合計（m））

$v$ ：吐出し末端の流速（m/s）

$g$ ：9.8（m/s²）

実揚程$H_a$は，吐出し水面と吸込み水面の高低差であるが，吐出し管端の状況によっていろいろな場合が発生し，図1—41のように定めることになっている。

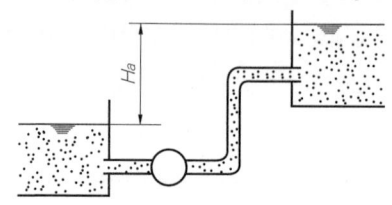

（a）実高さは吸込み，吐出し液面の高低差をいい，ポンプの設置高さには無関係である。

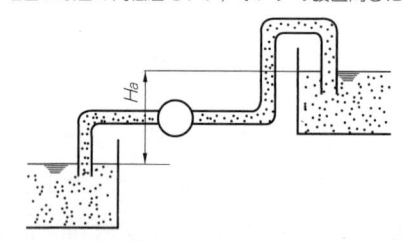

（b）吐出し管がサイホン形成される場合は吐出し液面と吸込み液面の高低差が実高さとなる。

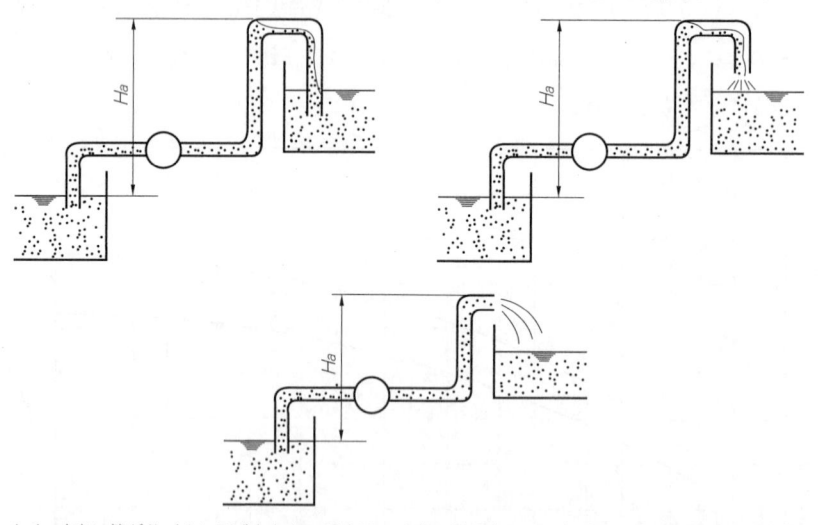

（c）吐出し管がサイホン形成されない場合は，吐出し管最高レベルと吸込み液面の高低差が実高さとなる。

図1—41　配管方式と実揚程 $H_a$

---

\* 圧力損失が図1—28のようにkPaで表示されている場合は下式で損失ヘッドに換算する。

$$H_L = \frac{P_L}{g} = 0.102 P_L \fallingdotseq 0.1 P_L$$

ここに，$H_L$：損失ヘッド（m）
　　　　$P_L$：圧力損失（kPa）

## 5.6 ポンプの付属品

図1—42に示すようにポンプの付属品には，次のようなものがある。

① 圧　力　計　—　ポンプ吐出し側に取り付ける（図1—32参照）。

② 連　成　計　—　ポンプ吸込み側に取り付ける（図1—32参照）。

③ フ ー ト 弁　—　水源水位がポンプより低い場合に取り付ける（図1—32参照）。

④ ス ト レ ー ナ　—　水の中の砂，ごみ，水あかなどを取り除く。

⑤ フレキシブル管　—　ポンプの振動を配管に伝わらせないためにポンプの吸込み側や吐出し側に取り付ける。

⑥ 止水バルブ　—　ポンプの点検用に吐出し側（場合により吸込み側にも）に取り付ける。

⑦ 電極棒，電極保持器　—　ポンプの自動運転をするために取り付ける。

⑧ 制　御　盤　—　ポンプの運転を制御する。

① 圧力計　　② 連成計　　③ フート弁

④ ストレーナ　　⑤ フレキシブル管　　⑥ 止水バルブ

⑦ 電極保持器　　⑧ 制御盤

図1—42　ポンプ付属品

## 第1章の学習のまとめ

本章では上水道の末端にあたる給水設備のあらましについて述べた。

さらに学習を進め，衛生上・強度上から適切な機器・装置・配管の選定方法，施工方法など，また水資源の有効活用のための節水器具，雨水利用などについても学ばれたい。

### 【練習問題】

次の各問に答えなさい。

(1) 図1—43に示す高置水槽からの給水配管において，各部の給水管径を硬質塩化ビニルライニング鋼管の均等表を用いて求めなさい。この設備は事務所に設置されるものとし，同時使用率は表1—9を用いること。

(2) 図1—43のe4点における大便器洗浄弁において，必要な圧力が確保されているかを器具給水負荷単位法を用いて確かめなさい。

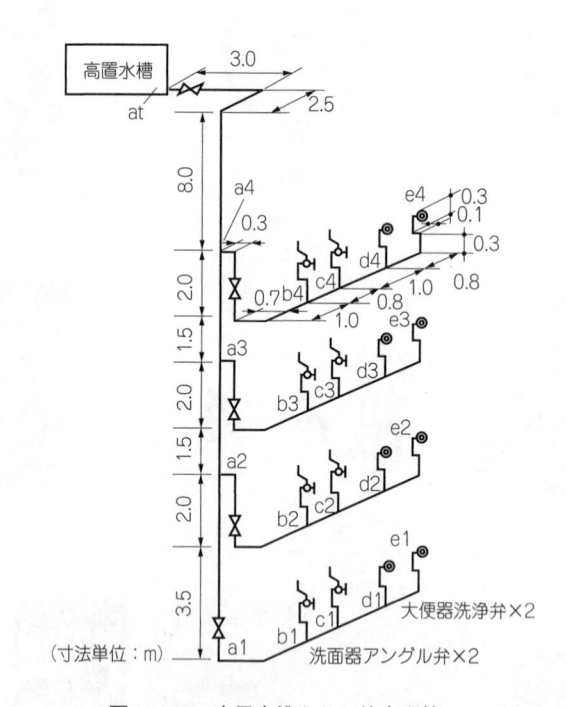

図1—43 高置水槽からの給水配管

# 第2章 排 水 設 備

　人間が生活していくために必要な浴用・洗濯・水洗などの生活用水，工場・事業所で直接又は間接的に生産に使用される産業用水，降雨による雨水は，蒸発又は地中に浸透するわずかな量を除いて大部分は何らかの処理を施した後に廃棄される。この廃棄される水を扱う設備が排水設備であり，水中には多く固形物・油・有機物などが含まれているため，設備計画に当たっては前章の給水設備とは異なった注意が必要である。

　本章では，建物内で排水を扱う屋内排水設備，便所・洗面所回りの排水を扱う衛生器具，屋外の排水を扱う屋外排水設備，下水道が完備されていない地域で汚水・雑排水を処理する浄化槽設備について述べる。

## 第1節　屋内排水設備

### 1．1　排水の種類

　排水の種類には，水に含まれる内容物により，汚水，雑排水，雨水及びゆう（湧）水（わき水），特殊排水に分けられる。汚水及び雑排水は生活排水であり，雨水及びゆう水は，自然現象によるものである。

（1）汚　　水

　図2—1に示すように水洗便器（大便器及び小便器など）から排出される汚物，紙を含んでいる排水をいう。

　公共下水道が完備している場合は，合流式下水道ではそのまま下水本管に，分流式下水道では下水道汚水管に放流するが，完備されていない場合は，私設の合併浄化槽を設けて処理をしてから排水する（第4節参照）。

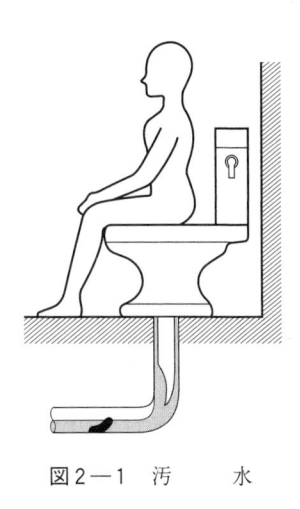

図2—1　汚　　水

（2）雑　排　水

　台所，浴室，洗面所，洗濯場などからの排水で，公設下水道がない地域では，汚水とともに合併浄化槽で処理してから排水する（図2—2）。

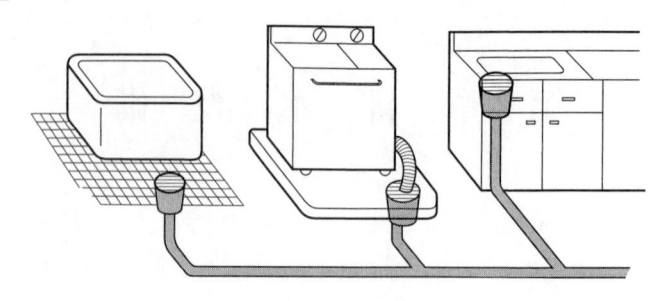

図2－2 雑排水

### （3） 雨水・ゆう水

雨水や地下ゆう水のように汚染されていない水は，汚水処理を行う必要がないから直接河川や海に流すことができるが，合流式下水道の場合は汚水，雑排水とともに下水本管へ放流し，分流式下水道の場合は汚水，雑排水と分離して下水道雨水管へ放流する。合併浄化槽には負担が大きくなり過ぎるため，流入させてはならない。

### （4） 特殊排水

工場，病院，研究所などからの排水は，油，酸，アルカリ，放射性物質，その他有害な物質を多量に含んでいる場合がある。これらを特殊排水といい，適切な処理施設で処理してから下水に流さなくてはならない。

## 1.2 トラップと排水管径

### （1） トラップの目的

排水管内に排出される水には，様々な液状，固形状の汚染物質が混在している。これらの汚物は，排水管内の内壁に付着して腐敗し，下水ガス（メタンガス，一酸化炭素，炭酸ガス，アンモニアなど）を発生する。この下水ガスが排水管内の上昇気流に乗って室内に侵入してくるのを防止するものがトラップである。図2－3にトラップの各部の名称を示す。

トラップの封水の深さを封水深といい，図2－3に示すようにトラップのあふれ面下端から浸水部上端までの深さである。トラップの封水深は最小50mm，最大100mmと定められている。

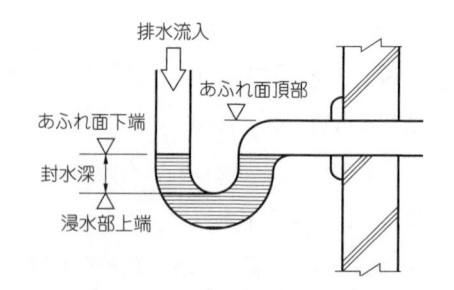

図2－3 トラップの各部名称

### （2） トラップの種類

トラップの種類には，大きく分けて管トラップ，ドラムトラップ，ベルトラップ及び阻集器を兼ねた特殊トラップがある。このほか衛生器具に内蔵されているものがある。図2－4にトラップの基本形を示す。

図 (a) は，トラップ自体管を曲げて作られたものが多いことから，総称して管トラップと呼ばれる。

図 (b) ドラムトラップは，その封水部分がドラム状をしているのでこの名がある。

図 (c) ベルトラップは，流し，床排水などによく使用されている形であるが，上部のベル形金物が取り外し可能であるため，外したままであるとトラップの機能を失うので，一般的には使用しないほうがよい。

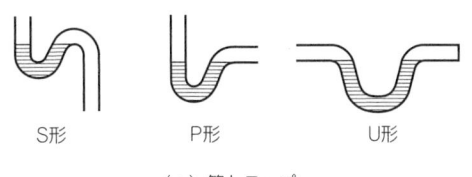

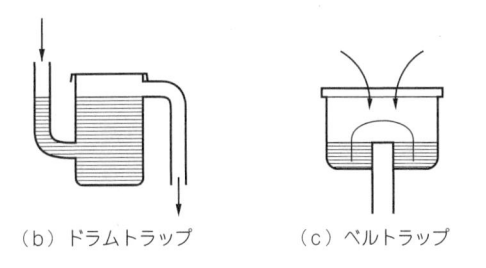

(3) トラップ封水の破れる原因

トラップの封水は，種々の原因により破れ，その機能を失うことがある。その主なものを次に示す。

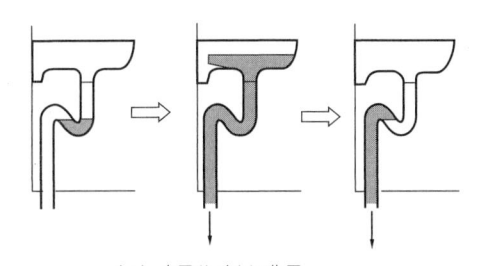

a. 自己サイホン作用

図2－5 (a) に示すようにSトラップを使用した場合，大量の水を一度に排水するとトラップ部分を水が満水状態で流れるため，自己サイホン作用が生じ，トラップ部分に水を残さずに吸引されてしまう。

b. 吸出し作用

図2－5 (b) に示すように立て管に近い所に器具を設けた場合，立て管内を上部から一時に多量の水が落下してくると立て管と横走り管との接続付近の圧力が大気圧より低くなり，トラップの封水が立て管に吸い出されてしまう。

c. はね出し作用

図2－5 (c) に示すように，器具から多量に水が排出され，*1部が一時的に満水になったとき，たまたま立て管に多量の水が落下してくると，*2部の空気が圧縮されて圧力が急激に上昇し*3部の封水がはね出す。

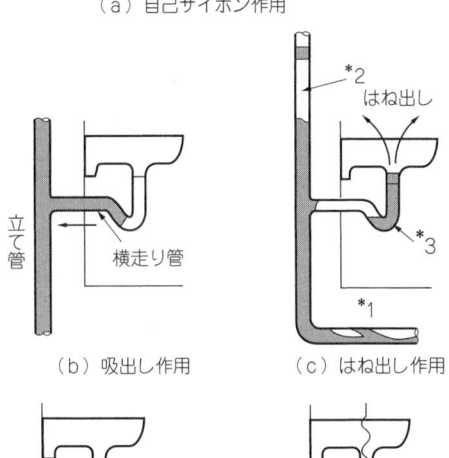

d. 毛管現象

図2－5 (d) に示すように，トラップのあふれ部に毛髪，布，毛などがひっかかって，毛管現象によって徐々に封水が吸い出される。

図2－4 トラップの種類

図2－5 トラップの破れる原因

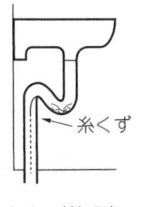

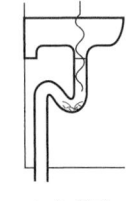

e. 蒸　　発

器具を長時間使用しない場合，トラップ封水が蒸発してしまう。

(4)　トラップの口径及び器具排水管の管径

排水の始点である器具トラップの最小口径と，それに接続する器具排水管の最小管径は，最大排水時流量，固形汚物の有無，管内壁への付着物などを考慮して決める。表2−1にその値を示す。

表2−1　器具トラップの口径（一般的なもの，HASS 206）

| 器　　　具 | トラップの最小口径 [mm] |
|---|---|
| 大　便　器 | 75 |
| 小便器（小形） | 40 |
| 小便器（大形） | 50 |
| 洗面器（小・中・大形） | 30 |
| 手　洗　い　器 | 25 |
| 手術用手洗い器 | 30 |
| 洗　髪　器 | 30 |
| 水　飲　み　器 | 30 |
| 浴　槽（和風）* | 30 |
| 浴　槽（洋風） | 40 |
| ビ　　　デ | 30 |
| 調　理　流　し* | 40 |
| 掃　除　流　し | 65 |
| 洗　濯　流　し | 40 |
| 連　合　流　し | 40 |
| 汚　物　流　し | 75〜100 |
| 実　験　流　し | 40 |

（注）*住宅用のもの

(5)　トラップの実例

図2−6 (a) は望ましいトラップであり，図 (b) は前述したように，ベル形金物に依存しているため，注意が必要である。また，図2−7はトラップと配管の関連を示したもので，下水ガスは排水管内に充満しトラップの直前まできており，トラップ排水が破られると下水ガスがただちに室内へ侵入することになる。

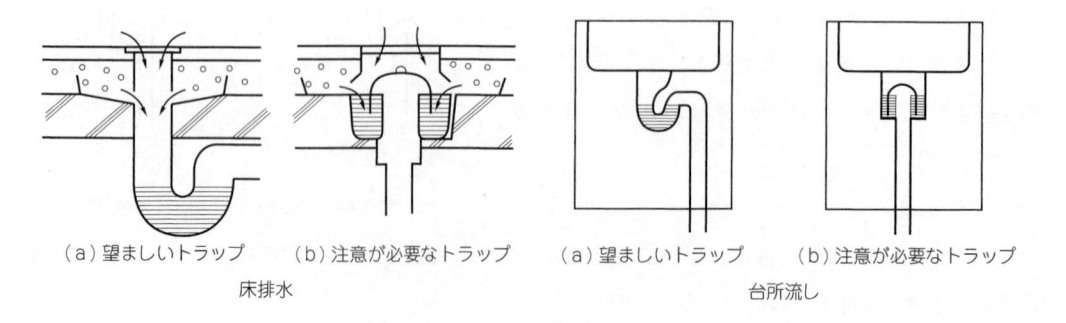

(a) 望ましいトラップ　　(b) 注意が必要なトラップ
　　　　　　床排水

(a) 望ましいトラップ　　(b) 注意が必要なトラップ
　　　　　　台所流し

図2−6　トラップの種類

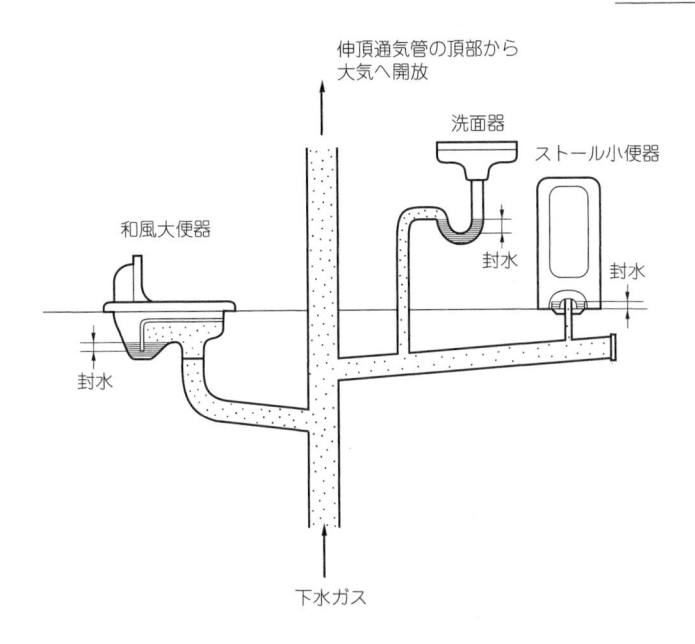

図2—7　器具トラップと下水ガスの関係

### (6) 阻集器

　阻集器は，有害な物質を下水管内に流す前に除去する装置である。水封式トラップの形式をとり，内部にスクリーンや沈殿槽を設けて，有害な液や物質をため，定期的に回収して掃除を行わなければならない。図2—8にグリース阻集器を示す。食堂やちゅう（厨）房から出る脂肪分を，阻集器（バスケット）内で冷却凝固させて，排水管へ流入するのを阻止する。凝固した油脂はバスケットを引き上げ取り出す。そのほかに，オイル阻集器，砂阻集器，毛髪阻集器などがある。

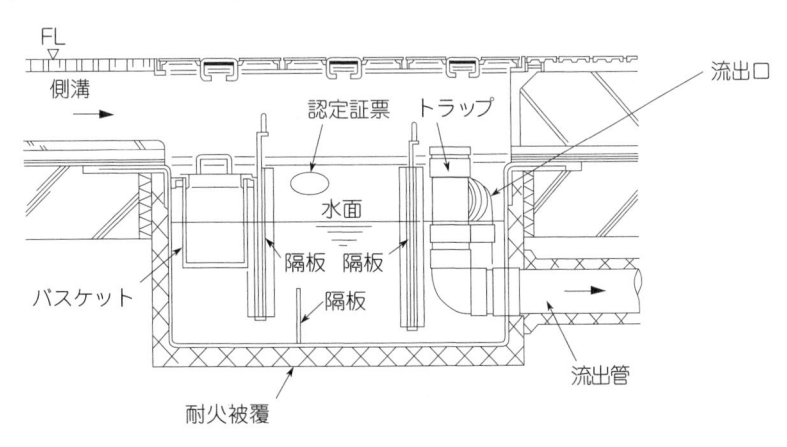

図2—8　グリース阻集器

## 1．3 通気管の目的と種類

### （1） 通気管の目的

通気管は，以下の目的から設置するものである。

① サイホン作用及び背圧からトラップの封水を保護する。
② 排水管内における排水の流れを円滑にする。
③ 排水管内に新鮮な空気を流通させて排水管系統の換気を行い，管内を清潔に保つ。

建物の排水系統には，配管内のあらゆる部分の下水ガスが大気中に排除されるように，また，トラップの封水の流出がないように十分に空気を行きわたらせることが必要である。なお，トラップの最小封水深は50mmであるから，通気配管系統は，安全をみてトラップ封水部における管内気圧変動を大気圧に対して±25mm水柱以上の差が生じないように設計しなければならない。

排水，通気系統全体の空気の循環は，下水ガスにより発生する配管の腐食を防止するのにも効果的である。空気の循環が不十分であると，菌類が成長し，ぬめりを生じ，排水管のつまりを生じる事態を発生させる場合がある。

### （2） 通気方式の種類

排水系統の末端まで十分に空気の流通を行うためには，各個通気方式が最も望ましいが，通気が十分満足されると判断された場合は，器具のグループについて通気するループ通気方式又は，排水立て管の頂部を延長したのみで通気する伸頂通気方式が用いられる。

通常は主として経済的な理由により，ループ通気方式が多く採用されている。

a．各個通気方式

図2—9に示すように，器具トラップごとに通気管を備えたものを各個通気方式という。トラップ保護の点では最良であるが，経済的負担が大きい。

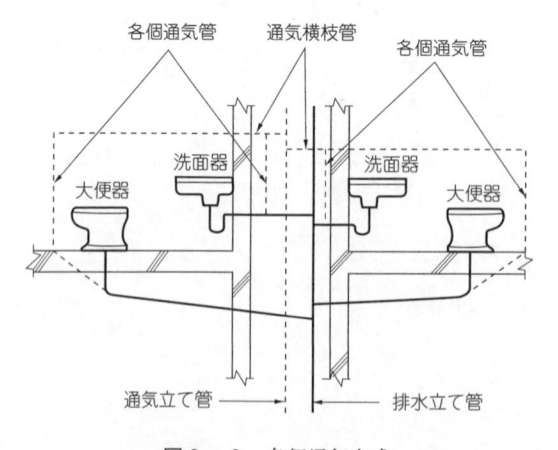

図2—9 各個通気方式

b．ループ通気方式

図2—10にループ通気方式を示す。

この方式は，わずかな気圧変動しか予想されないような排水横枝管に一連に接続された床面設置器具の器具トラップの封水を十分に保護し，しかも経済的な方法として考え出されたものである。

排水横枝管は，最上流の器具排水管を接続した直前（＊部）から通気管を立ち上げ，横枝管に発生した気圧変動を排除する働きをするようにしたもので，中・高層建物で採用される方式である。

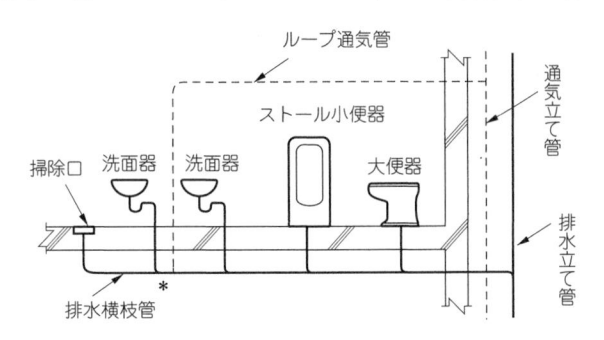

図2—10　ループ通気方式

c．伸頂通気方式

この方式は，わずかな気圧変動しか予想されない場合，例えば，集合住宅の場合のように，排水立て管に近接して器具が設けられるような場合に用いられるが，前記a，bの方式より通気性が悪いので条件付きで用いられる。

（3）　通気配管施工上の原則

①　通気横枝管の高さは，排水の流入しない高さにしなければならない。図2—11のようにあふれ縁より150mmは高くする。

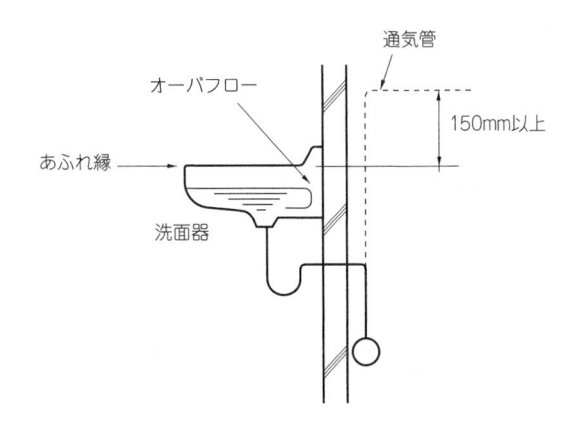

図2—11　あふれ縁と通気管位置

② 排水立て管の上端は，そのままの管径で延長し通気管とする。

③ 通気立て管の下端（始点）は，そのままの管径で45°以上の急な角度で，かつ最低位置の器具よりさらに下部において，排水立て管又は建物排水横枝管に接続する。

④ 通気管の最小口径は，管詰まりを防ぐために最小を30mmとし，各個通気管は器具排水管径の$\frac{1}{2}$以上とする。

⑤ 通気横枝管のこう（勾）配は，通気立て管に向かって上りこう配とするのがよいが，こう配を付けるのが難しい場合は，少なくとも水平配管にする。

（4） 通気管の大気開口部

図2—12に示すように，他の設備や生活環境に悪影響を及ぼさないように開口する。

① 開口部（窓，扉，換気取入口など）から3m以上離すか，0.6m以上高くしなければならない。

② 屋上に通気管を立ち上げる場合，屋上が物干場や，運動場などに使用される場合は，2m以上立ち上げ，屋上が使用されていない場合は0.15m以上立ち上げる。

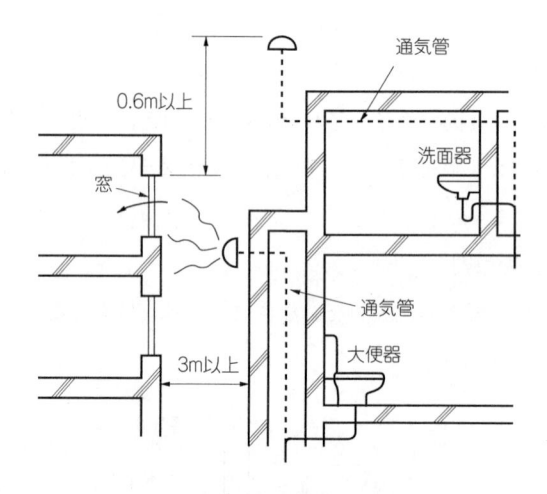

図2—12　通気管の大気開口部

## 1．4　排水・通気系統の名称

図2—13は地下1階，地上5階の建物の排水・通気配管系統図の一例である。器具，トラップ及び配管の向きはわかりやすく表現しているため実際とは異なるものもある。この図は，公共式下水道の地区と仮定し，汚水と雑排水は同一系統にしてある。

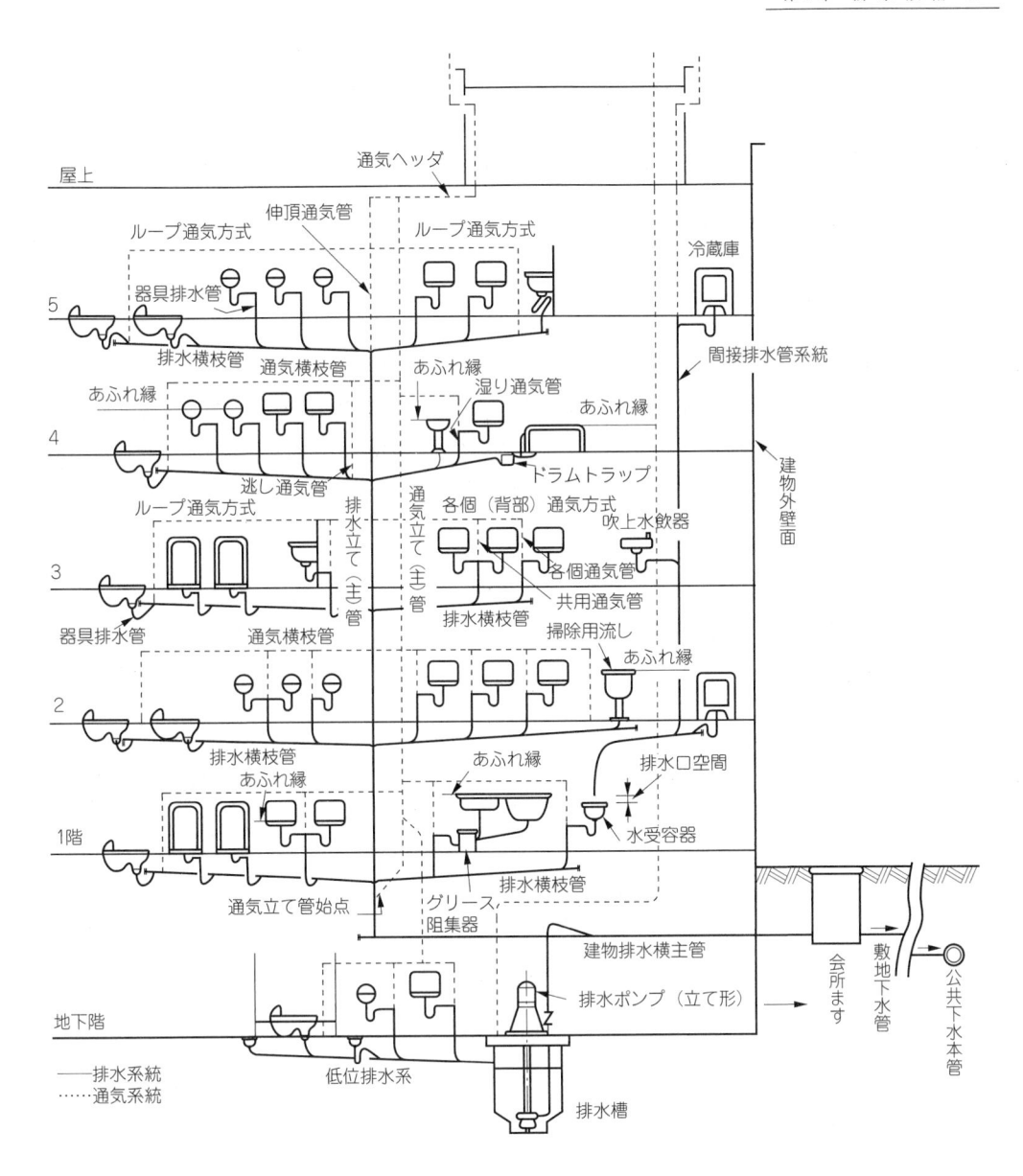

図2—13 排水・通気配管系統図（例）

## 1.5 排水管のこう配

### （1） 排水管の流速とこう配

　排水管は，それに接続される各種衛生器具からの予想最大排水流量が円滑に流れてくるのが第一条件であるが，配管内の汚物を洗い流す（洗出し作用という）作用を起こさせることも大切なことである。洗出し作用を起こさせるのに最も大切な要素は流速であって，洗出し作用が起こるのは0.6m/s以上とされている。

この洗出し作用が起こらないと，使用しているうちに，排水管内にグリース状の油脂分が付着して，排水の流れる面積が狭くなり流れが悪くなったり，つまりの原因ともなってしまう。

一般的に，排水管の最小こう配は，管呼び径が65mm以下の場合は1/50，100mm以下の場合は1/100，125mmで1/150，150mm以上で1/200が標準である。

### （2） 汚水管のこう配と水深

汚水管は，大便，トイレットペーパーなどの固形物を運ぶことも重要な役目の一つである。固形汚物は，なかば水に浮いた状態で運ばれることになるので，そのための水深が必要となる。

汚水管内の流速と水深は，管径とこう配によって定まる。汚水管の管径が大きすぎると水深は浅くなり，流速が減少するから固形物を押し出す力がなくなり，水だけが流下してしまう。管径が小さすぎる場合は，管内が満水状態となり，汚水管内の気圧に変動を生じさせトラップに悪影響を及ぼす。

こう配が急すぎるときは，流速が増加して水深が浅くなるため，固形物が残されて水のみ落下してしまう。反対に，こう配が少なすぎる場合は，水深は増すが流速が減じ固形物を押し流す力が減少する。汚水管における適当な水深は，管径のおよそ1/2～1/3程度である。図2—14は，汚水管のこう配と管径が，流速と水深に及ぼす影響を図解したものである。

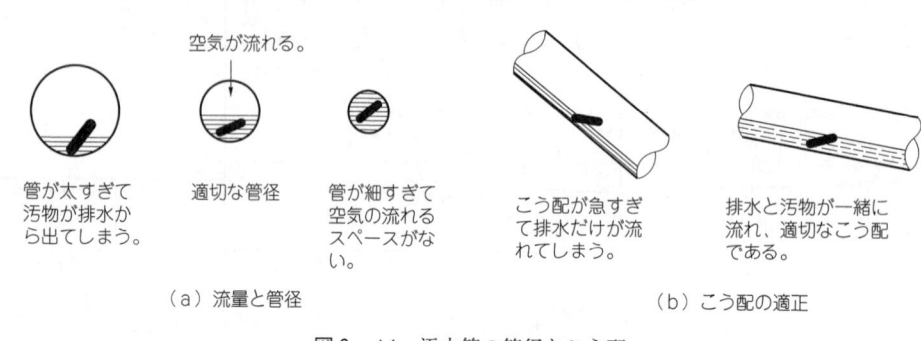

（a）流量と管径　　　　　　　　　（b）こう配の適正

図2—14　汚水管の管径とこう配

## 1．6　排水管内の水の流れ

### （1）　器具排水管・排水横枝管

器具からの排水の中で，洗浄弁使用の大便器からの排水流量は，最大約160ℓ/minである。大便器の器具排水管は，通常管径75mmを用いるので，こう配を1/100とすると，ほとんど満流になる状態が1～2秒続く場合がある。

排水管の流水面は大きな波動を起こし，その波の頂点は管上端に届き，ある長さの満流箇所を生じ，水のピストンを形成する。これが短時間でも継続すると，その上流側は負圧，下流側は正圧になる。これを緩和するために通気管を設け，圧力差を軽減させる。

図2—15に洗面器の器具排水管内の流水状態を示す。

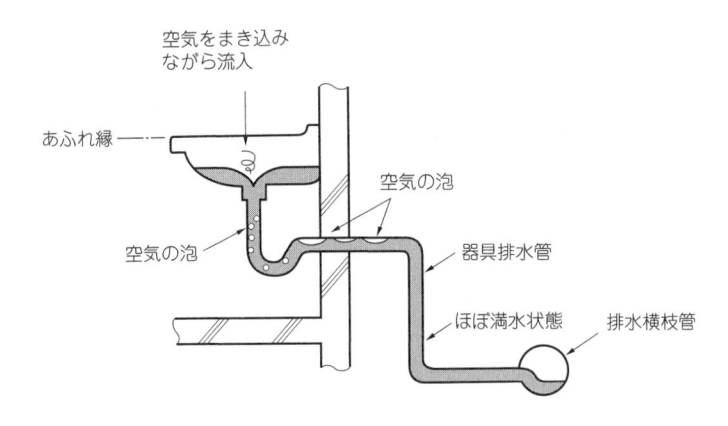

図2—15　洗面器からの排水の流れ

### （2）　排水立て管

　排水立て管の流れは，滝と同じであるから，大流量を流すことができる。しかし，排水設備は，器具トラップの封水深50mmを守るために配管内の気圧変動を±25mm以内に抑えることと，騒音を出さないことという二つの制約を受ける。

　立て管の中の排水は，管壁で中空のドーナツ形となり図2—16のように管壁に密着して，蛇行しながら流下していく。流下する速さは，管との摩擦や空気の抵抗などにより約6m/s以上とはならないことが実験的に知られているので，高層建築でも一直線に立ち下げてよい。

　立て管内の流水量が管の断面積の1/4〜1/3以上となると，空気圧の急激な動揺や不快な騒音が発生することになるので，このような現象が起こらないような管径にしなければならない。

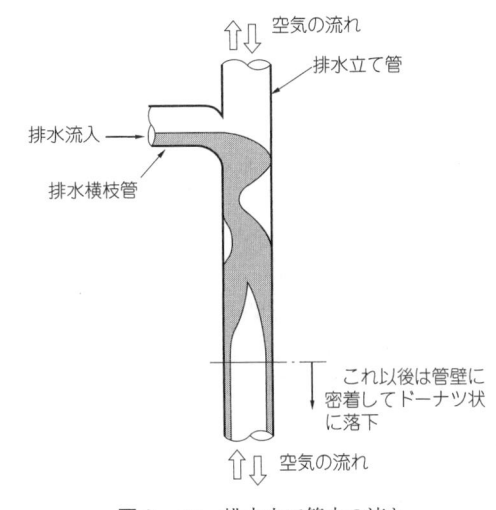

図2—16　排水立て管内の流れ

## 1.7　間接排水

　給水タンク，冷蔵庫，水飲み器などのように，人間の飲食物を貯蔵したり供給する容器や器具類からの排水は，汚水管や雑排水管に直接接続してはならない。

　これは，汚水の逆流と下水ガスの侵入を未然に防止するためである。したがって図2—17（a）のように，一度縁を切って適切な排水口空間をとり，排水管に接続する。これを間接排水という。

　図（b）において，排水口空間の寸法は空気調和・衛生工学会規格で表2—2のように定められ

ている。

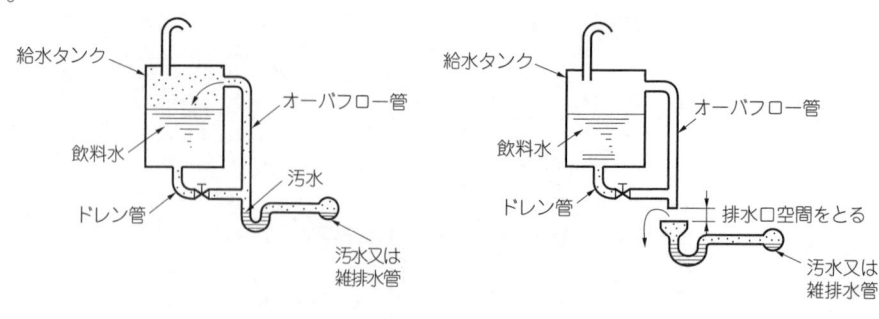

(a) 誤った方法　　　　(b) 正しい方法

図2—17　間接排水の必要性

表2—2　排水口空間 (HASS 206)

| 間接排水管の管径 [mm] | 排水口空間 [mm] |
|---|---|
| 25以下 | 最小50 |
| 30〜50 | 最小100 |
| 65以上 | 最小150 |

(注)　各種の飲料用貯水タンクなどの間接排水管の排水口空間は，上表にかかわらず最小150mmとする。

なお，他の逆流防止法としては，図2—18 (a) に示すような逆流防止用の弁（バキュームブレーカ）が市販されている。この器具は，例えば図2—18 (b) のような散水栓ボックス内に雨水がたまり逆流する恐れがあるような箇所に用いられる。通常は水圧によって空気取入れ口は閉鎖されているが，水圧が低下すると空気取入れ口は開口し，逆止め弁は流路を閉じて逆流を防止する。

(a) 圧力式バキュームブレーカの構造　　　(b) 散水栓とバキュームブレーカ

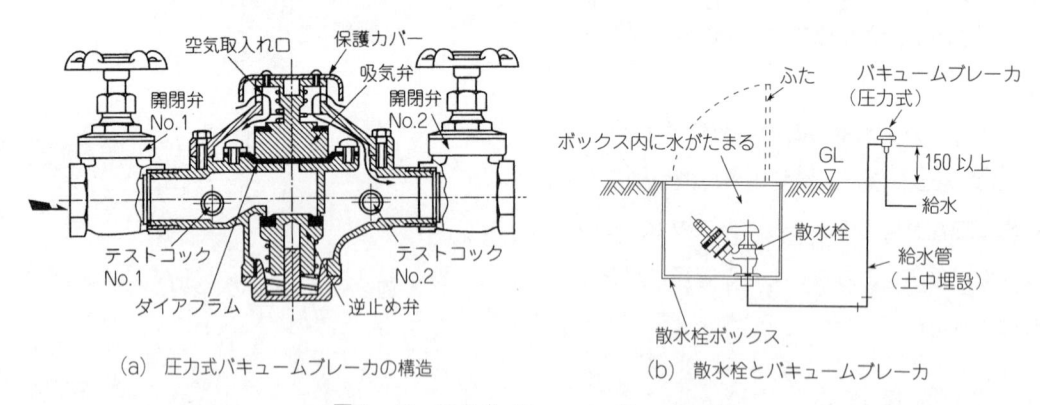

図2—18　圧力式バキュームブレーカの例

## 1.8　機械式排水

### (1)　重力式排水と機械式排水

水は大気に開放された状態で，高所から低所に向かって自然に流下する。このように重力による排水を重力式排水という。排水系統のほとんどはこの方式によるものである。

ところが，図2—19のように地下階の排水，汚水及びゆう水のように，接続すべき下水管より低い位置にある排水は，ポンプなどの機械によってくみ上げなければならない。このような方式を機械式排水という。

（2） 排水用ポンプ

機械式排水になくてはならないのが排水用ポンプである。汚水や雑排水には固形物が多分に混入しているため，吸込み側にフート弁は使用できない。そこでポンプを水中に入れた形式のものが多く使用されている。

図2—20に排水槽に水中モータポンプを用いた設置例を示す。図2—21には各種排水用ポンプを示す。

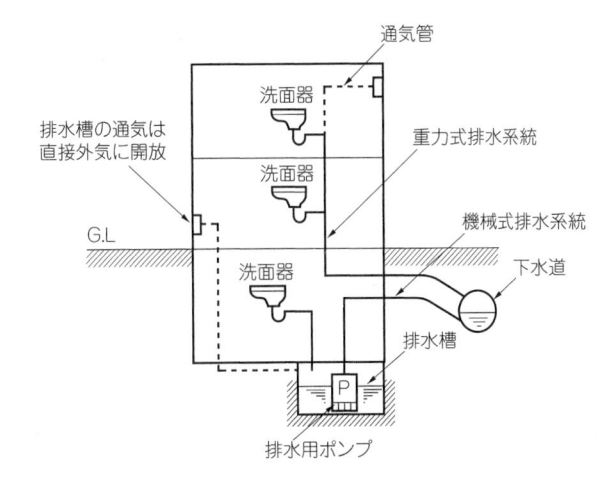

図2—19 重力式排水と機械式排水

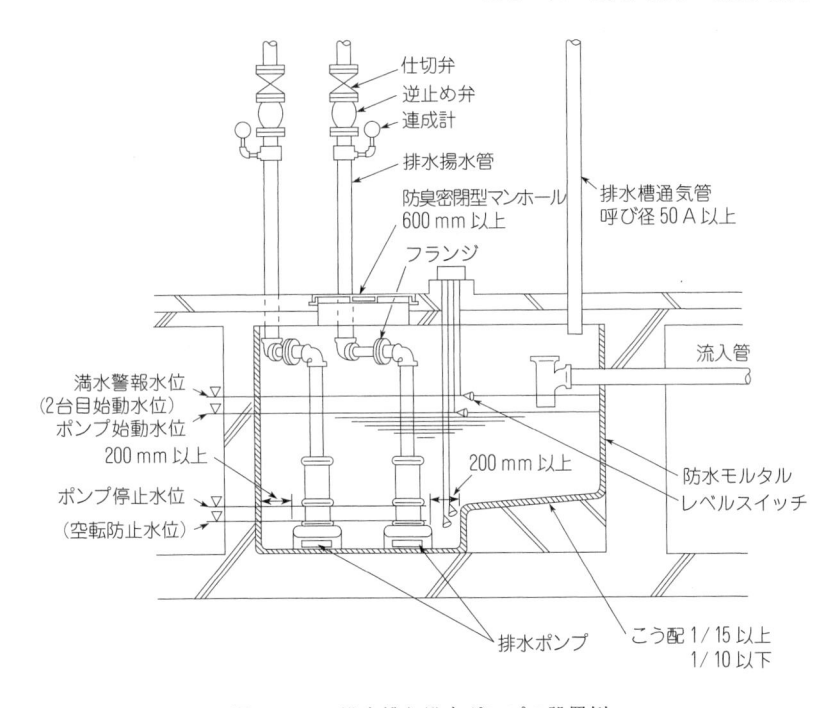

図2—20 排水槽と排水ポンプの設置例

図2-21　各種汚水，雑排水用ポンプ

# 第2節　衛生器具設備

## 2.1　衛生器具の条件

　衛生器具は，給水並びに給湯するための給水用器具(水栓類)，水又は汚物，汚水を受ける器具(陶器や流し類)，器具と排水管を接続するための排水用器具（排水金物及びトラップ類），及びこれら器具を使用するために必要とされる付属器具（鏡，化粧棚，ペーパーホルダ，大便器用シート，石けん入れなど）に分けられる。

　住宅に設けられている衛生器具には，多種多様なものがあるが，重要なことは使用者にとって便利で使いやすいものを選ぶことである。

　これら選択上の一般的共通条件は，次のとおりである。

① 吸湿性，腐食性がなく，耐摩耗性があり，容易に破損しない材料であること。
② 仕上がり外観が美的であると同時に，常に清潔を保持できる構造であること。
③ 汚染防止について特に配慮した器具であること。
④ 加工，取付けが容易であること。
⑤ 安価であること。

　給水用器具について特に注意することは，吐水口空間を十分取ることであるが，吐水口空間が取れず逆流の危険性がある洗浄弁などは，バキュームブレーカを取り付けることである（図2-22）。

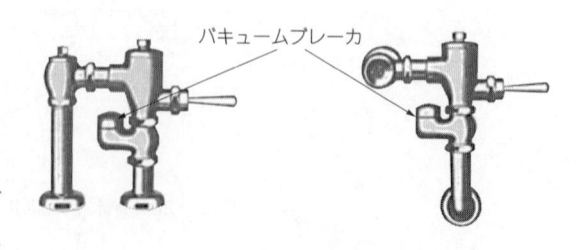

図2-22　バキュームブレーカ付き洗浄弁

　排水用器具については，排水を受ける器具の排水口の最短距離に必ずトラップを取り付ける。トラップの封水深は，一般に使用されているものは最低50mmであるが，あまり深くすると流通を阻

止することになるので，最大100mmまでとする。また，トラップは排水詰まりを生じやすいので，必ず掃除口を必要とする。

給水用器具で水道直結の器具，例えば給水栓などは1.75MPaの圧力を印加し，合格したものを使用することになっている。

これら衛生器具に対しては，種類，形状，寸法，材質，機構，耐圧などに関する日本工業規格（JIS）が定められているが，規格外の衛生器具も市販されている。

## 2.2 衛生陶器

水や湯を受ける器具の必要条件としては，次のとおりである。
① 衛生的であること。
② 耐久性が十分であること。
③ 仕上がり外観がきれいであること。
④ 器具としての製作製造が容易であること。
⑤ 器具の取付けが容易であること。

これらの条件を比較的満足しているもので広く使用されているものが衛生陶器である。しかし，衛生陶器にも次のような欠点がある。
① 弾力性がなく破損しやすい。
② でき上がり寸法がふぞろいとなっても切削加工で修正できない。

衛生陶器以外に，衛生器具として，ステンレス製品，ほうろう製品，プラスチック製品なども使用されている。

衛生陶器は，JIS A 5207に大便器，節水形大便器，小便器，洗浄用タンク，洗面器，手洗い器，掃除流しの7種類の素地，種類，形状，寸法などが定められている。

JISでは陶器に，
① 種類又はその記号 ［例　和風洗出し便器　C310］
② 製造業者又はその略号

を表示することと定められている。また，陶器メーカは，JIS表示のほかに各社独自の記号，番号を使用し，いろいろな種類の製品を市販しており，最近は，抗菌用の表面処理を施した便器・洗面器も多く製造されている。

### (1) 大便器

水洗式大便器には，和風と洋風の2種類があり，洗浄方式によって洗出し式，洗落とし式，サイホン式，サイホンゼット式，ブローアウト式，サイホンボルテックス式の6種類がある。図2—23に洗浄方式別の大便器外観を示す。以下，それぞれの特徴を述べる。

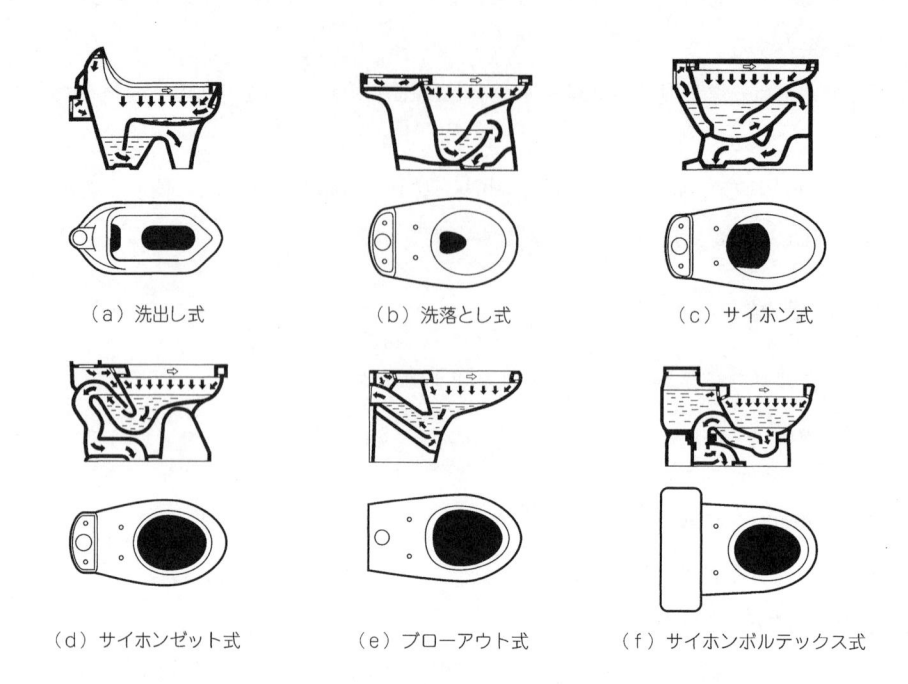

図2—23　大便器の種類

(a)　洗出し式

便ばちに一時汚物をため，洗浄水でトラップ側に排水する方式のもので，留水部が他のものより浅いのではね返りなどはないが汚物は便ばちにたい積し，臭気を放散する。和風大便器の大部分がこの形式である。

(b)　洗落とし式

汚物は一応，留水中に落下するもので，臭気は洗出し式より少ない。また，留水部は小さい。

(c)　サイホン式

洗落とし式と構造はよく似ているが，排水路を屈曲させて洗浄のとき満水させ，サイホンが発生するようにしたものである。しかし，ゼット穴を有しないので，サイホンゼット式より留水面は小さく，封水深も浅い。

(d)　サイホンゼット式

ゼット穴から強制的にサイホン作用を起こさせるようにしたものである。サイホン作用が強いため，留水面を便ばち一杯に大きくすることができ，封水深（75mm以上）もいちばん深くとれる優れた便器である。

(e)　ブローアウト式

ゼット穴から強く水を噴出させ，その作用で留水を排水管へ誘い出し，汚物を吹き飛ばして排出する。給水は普通フラッシュバルブを用いる。

(f) サイホンボルテックス式

便器内の水を吸引するサイホン作用に，回転運動を与える渦巻き作用を加えて，強力な吸引・排出能力をもたせたものである。特に洗浄音が静かなのが特長である。

(2) 小便器

小便器は大別して壁掛け形，ストール形の2種類がある（図2―24）。いずれの形式のものにも陶器と一体となったトラップが付いたものと，トラップを陶器と別に取り付けるトラップなしとがある。

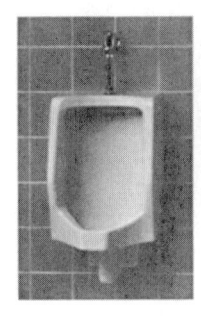

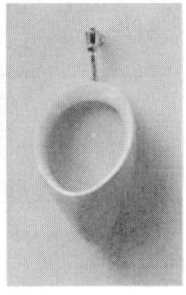

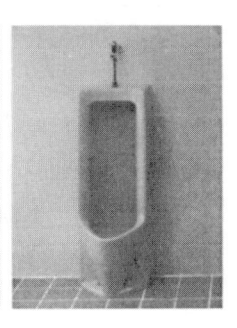

(a) 壁掛け形　　　　　(b) ストール形

図2―24　小便器の種類

(3) 手洗い器及び洗面器

手洗い器は壁掛け形で角形，隅付き，円鉢形とがある。水栓類は保健衛生上，手に触れる部分が洗い流される衛生水栓や衛生フラッシュ弁が使用され，最近は赤外線感知式の自動フラッシュ弁が多く用いられている（図2―25）。

(a) そで付き（角形）　　(b) 隅付き　　(c) そで付き（円鉢形）

図2―25　手洗い器の種類

洗面器には，図2―26のように壁掛け形，ペデスタル形，カウンタはめ込み形，洗面化粧台などがある。

これらは機能ばかりでなく，室内の雰囲気を演出する要素も必要で，室内デザインの延長として選定すべきである。

最近の洗面化粧台は，洗面器と化粧台を機能的に組み合わせたデラックスでユニークな製品が，多く市販されている。

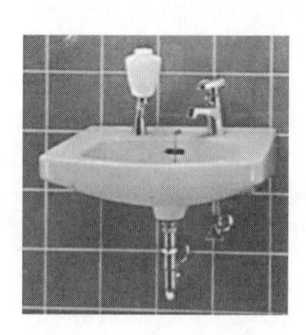

(a) 壁掛け形 　　　　(b) ペデスタル付

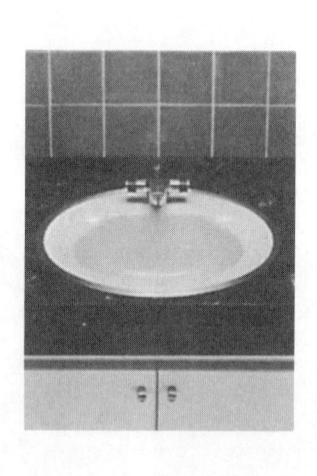

(c) カウンタはめ込み形 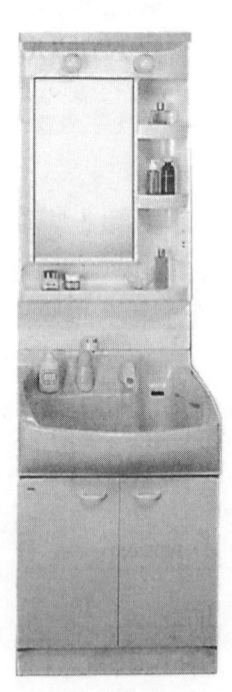　　　　(d) 洗面化粧台

図2—26　洗面器の種類

### (4) その他の衛生器具

衛生器具には大便器，小便器，手洗い器，洗面器の他にそれぞれの用途によって各種のものがある。髪を洗う洗髪器，幼稚園などで使用される幼児用便器や汚物流し，掃除用，実験用，洗濯用の各種流し類を図2—27に示す。

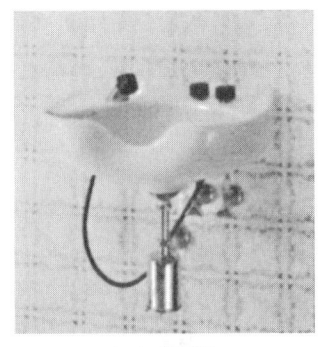

（a）洗髪器 　　　　　（b）幼児用便器 　　　　（c）汚物流し

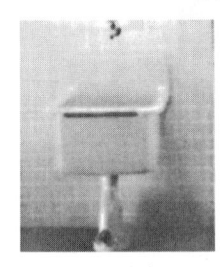

（d）掃除流し 　　　　（e）洗濯流し 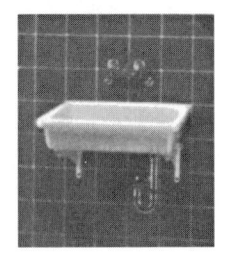　　　　　（f）実験流し

図2—27　その他の衛生器具

## 2.3　便器の洗浄方式

### (1)　大便器の洗浄方式

　洗浄方式には，洗浄弁（フラッシュ弁）式，ハイタンク式，ロータンク式の3種類がある（図2—28）。

（a）洗浄弁式 　　　　　　　　　　　（b）ロータンク式

図2—28　大便器の洗浄方法

58 配管 [I]

　大便器洗浄弁はハンドル式と押しボタン式があり，標準洗浄水量15ℓ（節水型で8ℓ），洗浄時間は10秒程度であり，水圧は70kPa以上を必要とし，水圧の大小により吐水量も変わる。図2—29に洗浄弁の構造を示す。洗浄弁は給水管口径が最低25A以上を必要とすることもあって給水方式が水道直結式の一般住宅では使用できず，駅舎，大型店舗，ホテルのパブリックトイレなどに用いられる。また，低圧用洗浄弁も市販されている。

　洗浄弁のバキュームブレーカは給水管内に生じる負圧によって，汚染水が給水管内に逆流することを防ぐためのもので，一般には図2—29のように負圧になると吸気弁が開き，大気を吸い込んで逆流を防ぐ形式が多く用いられている。

　一般住宅用として最も普及しているのがロータンク式である。これは，洗浄弁式に比べて給水管や水圧などの制約が少なく，洗浄の騒音も小であり，保守管理が容易である。

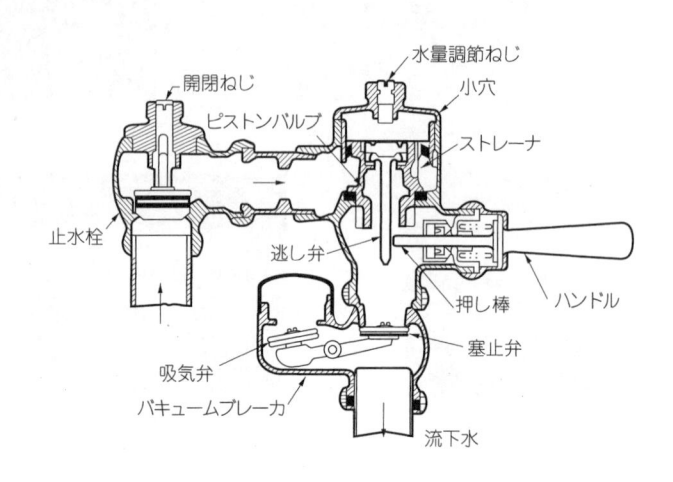

図2—29　洗浄弁（ハンドル式）

　ロータンクは便器の形式によっていろいろな形状のものがある。タンクの材質には陶器製と合成樹脂製とがあるが，結露が予想される場合には断熱層（防露層）をもつ防露式タンクが採用される。図2—30にロータンク式の例を示す。

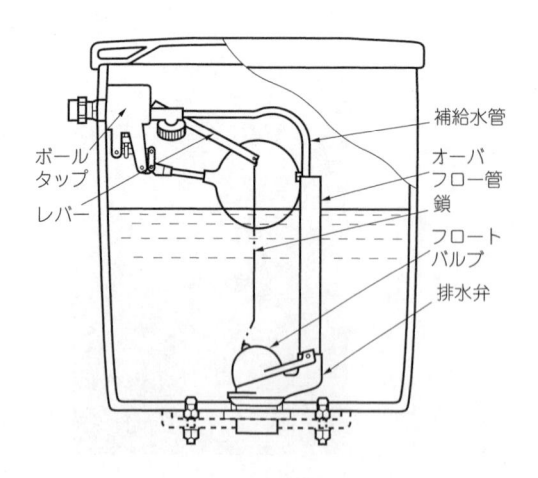

図2—30　ロータンクとロータンク式洗浄方式

ハイタンク式は，便所が狭くロータンクを設置できないような場合に使用されるが，洗浄音やレバーなどの音がやかましいこと，取付け及び維持管理に難点があることから，最近ではほとんど使用されていない。

図2―31にハイタンク式の外形を示す。

(2) 小便器の洗浄方式

小便器の洗浄方式には，小便水栓式（図2―32 (a)），洗浄式（図 (b)），各種自動洗浄式がある。

小便水栓式は，使用者が水栓を開け洗浄を行うもので，水量も人によってまちまちになってしまう。洗浄式は，便器の洗浄管に押しボタンがあり，これを押すと4～6ℓの水量が流れる。いずれも人の手をかりなければならず，あくまでも使用者の自主性にまかせられている方式である。

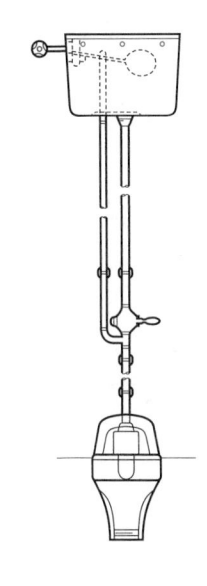

図2―31 ハイタンク式洗浄方法
（シスタンバルブ式）

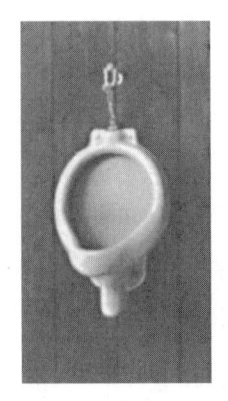

(a) 小便水栓式 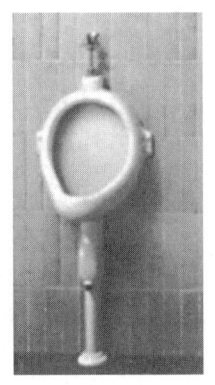　　(b) 洗浄弁式

図2―32 小便器の洗浄方法

それに対し自動洗浄方式は，人の手をかりずに自動的に洗浄水を流すもので，以前から使用されているのが自動サイホン式である。図2―33に自動サイホン式洗浄装置を示す。

この方式は，一定間隔の時間をおいて小便器1個の水量5ℓ，流水時間10秒間程度を自動的に流出する。洗浄管は，壁埋込み形と露出形があり，洗浄管は各陶器に均等に洗浄水が流れるように配管する。この配管方式をトーナメント式という。

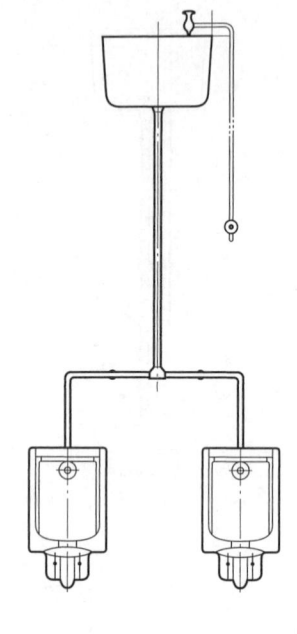

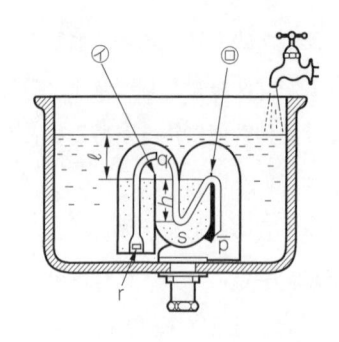

60 配管 [I]

1) 空の状態からタンクに注水すると，二重サイホン管内とタンク内は同一水面で上昇する。
2) 二重サイホン内の水面が④の仕切り壁を超えると，U字管の底Sへ落水し，通路sをふさぐに至る。
3) 空気室qの中の空気は出口を失い密封される。
4) さらにタンク内の水位が上昇すると，$\ell = h$ の関係で密封された空気が圧縮され，U字管の右側の水位が上昇する。
5) これが進行して，仕切り壁⑩から水があふれる寸前に，N字の小管pからの落水が開始する。
6) その結果，q部にたまった空気が吸い出され，$\ell > h$ の関係となりタンク内の水はサイホン管内に奔流し，サイホンを形成して洗浄管に落下する。
7) 水面が入口rまで下降するとサイホンが切れ，ふたたび1)の状態となる。

図2—33 小便器の自動サイホン式洗浄装置

自動サイホン式の欠点は，人が使用する，しないにかかわりなく一定時間になれば洗浄水は流出しており昼夜の別なく行われていることである。このような水の無駄使いをなくするために各種の節水方法が考えられており，図2—34に各種節水小便器洗浄方式を示す。

（a）個別感知洗浄システム 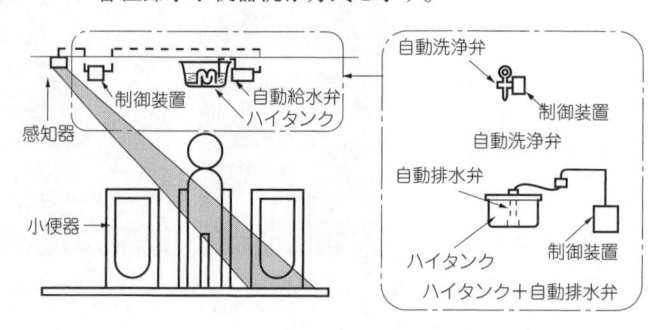　　（b）集合感知洗浄システム

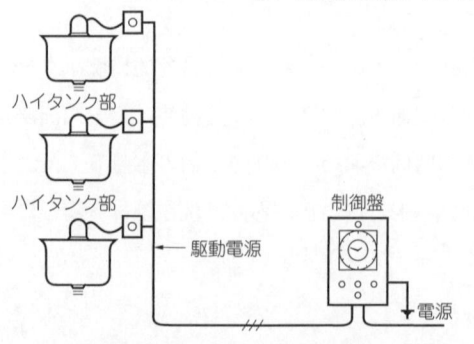

（c）洗浄弁＋タイマ（制御盤）洗浄システム

図2—34 節水小便器洗浄方式

最近のオフィスビルなどは，ほとんどが個別感知洗浄システム方式をとっており，集合感知洗浄システム，タイマ・洗浄弁システムは駅舎，大型店舗など，不特定多数の利用者がある場所に設置される。

a．個別感知洗浄システム（図2―34（a））

赤外線感知器を小便器にそれぞれ取り付け，小便器の前に使用者が一定時間立ち，感知範囲外に立ち去ると自動的に洗浄する方式で，現在はこれが主流となっている。

b．集合感知洗浄システム（図2―34（b））

光電センサで使用者を感知し，連立した小便器を同時洗浄する方式で，群感知洗浄システムと使用人数感知洗浄システムがある。

c．洗浄弁＋タイマ（制御盤）洗浄システム（図2―34（c））

電気的に弁を開閉する洗浄弁をタイマで制御するものである。タイマは複数プログラムや週間プログラムが組めるようになっている。

## 第3節　屋外排水設備

### 3.1　排水設備と下水道との関連

図2―35のように排水設備のうち，建物の外壁から1m程度を境にして，建物側を屋内排水設備，それ以後公共下水管接続までを屋外排水設備という。

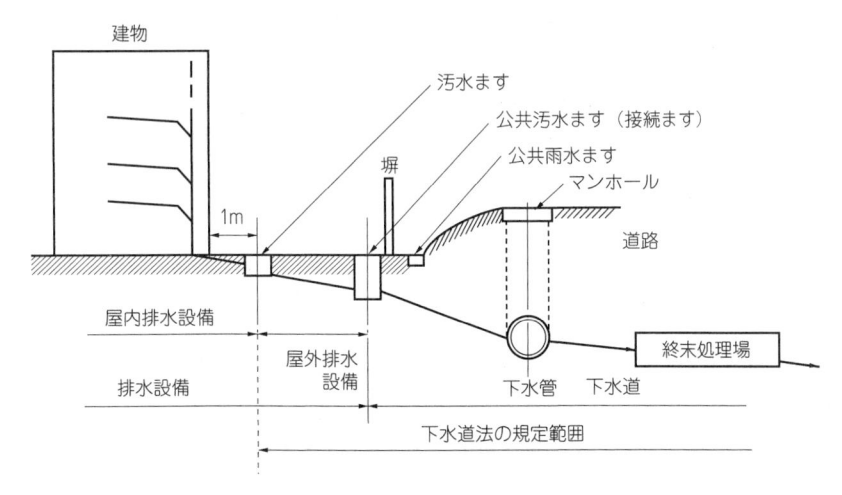

図2―35　排水設備と下水道の関連（分流式の場合）

### 3.2　排水方式

排水方式の種類を図2―36に示す。詳細については第5章第4節，下水道を参照されたいが，図

の合流式は従来我が国で多く採用されていた下水道方式であり，分流式の (a) は最近推奨されている下水道方式，分流式の (b) は個人住宅，集合住宅，村落などで合併浄化槽を設ける方式である。

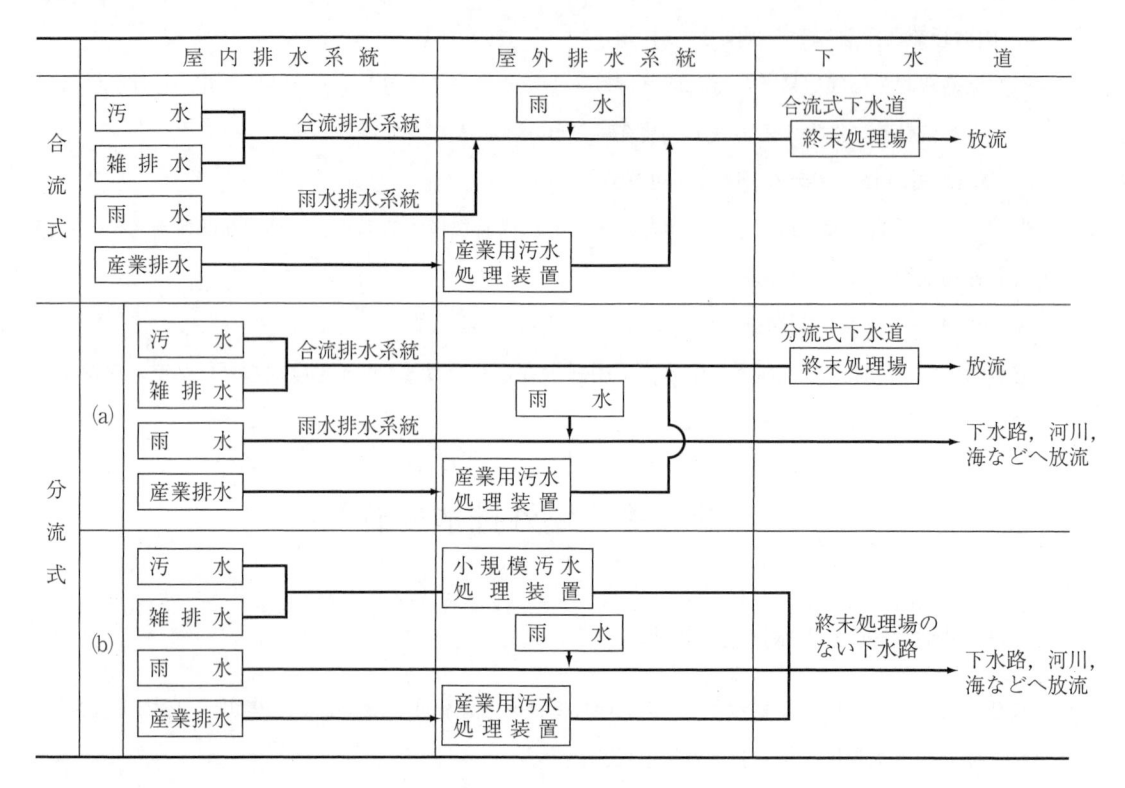

図2—36 排水方式の種類

## 3.3 屋外排水設備工事と指定下水道工事店制度

屋外排水設備の設計及び施工に当たっては，その排水設備が，下水道法，下水道法施行令，各条例などに規定されている設置及び構造の基準に基づいて設計施工することが大切である。

それぞれ各市町村では，これらの法律上の基準に合った適正な排水設備の設置を図るため，排水設備工事及び水洗便所に改造する工事は，すべて市町村長が指定した工事店でなければ行うことができないとしている場合がほとんどである。また，その指定下水道工事店には，排水設備工事責任技術者をおき，工事の設計及び施工管理についての義務を規定している。

したがって，図2—37のような宅地部分の排水設備工事も指定下水道工事店が行わなければならない。

指定下水道工事店はまず，当該市町村長へ案内図，配置図及び縦断面の記入された設計図を提出し，それが基準に合格しているかどうか審査を受けなければならない。審査は，管の内径やこう配は適切か，管の位置，ますの位置は適切か，などである。その後，実際の工事に入ることができる。

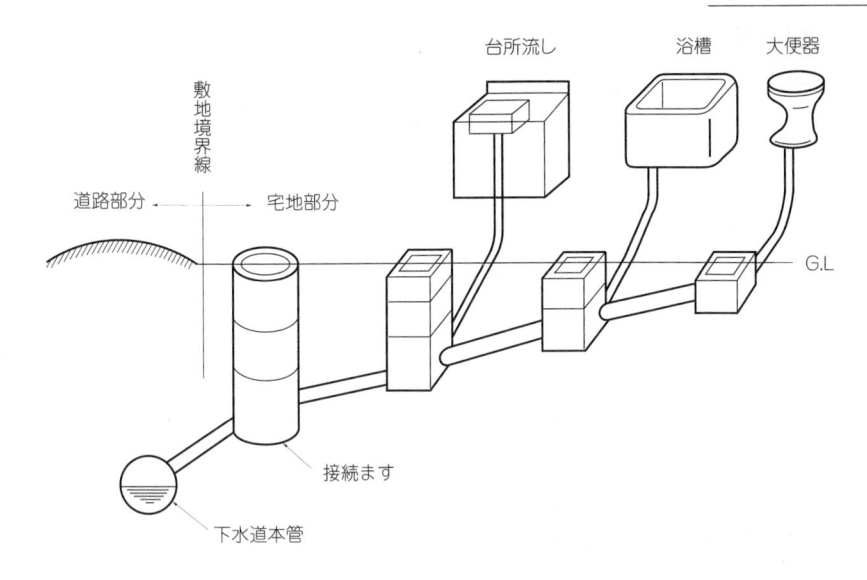

図2—37　屋外排水設備

# 第4節　浄化槽設備

## 4.1　浄化槽と水質

　図2—36の分流式（b）に用いる小規模汚水処理装置が浄化槽設備である。日本の下水道普及率は平成12年末で62％であるが，普及率を押し上げているのは東京・大阪・名古屋などの大都市とその周辺であって，全国的にはまだ小規模処理設備に頼らざるをえない地区がかなりある。浄化槽設備は，浄化した水を河川などへ放流するため，その水質を定められた水準にしなければならない。水質を表す指標として次のようなものがある。

（1）　pH

　水の酸性・アルカリ性を表すもので，生物化学的処理を行うには流入汚水がpH＝6.5〜7.5の範囲が適当である。

（2）　浮遊物質（SS）

　水中に浮遊している物質で，単位はmg/ℓ。いわゆる「水の濁り」のことで，数値が多いほど水質が悪い。

（3）　化学的酸素要求量（COD）

　水中の被酸化物を酸化するときに消費される酸素量で，単位はmg/ℓ。数値が大きいほど水質が悪い。

### （4） 生物化学的酸素要求量（BOD）

水中の有機物が好気性微生物によって分解される際に消費される酸素量で，単位はmg/ℓ。この数値が大きいほど有機物で汚染されていることを示し，汚水処理における主要な数値になっている。

### （5） 溶存酸素（DO）

水中に溶解している酸素量で，単位はmg/ℓ。この数値が大きいほど水質が良好で，BODの数値と逆の関係になっている。

### （6） 全窒素濃度（T－N）

主にし尿に含まれる窒素とその酸化物から水に供給される。単位はmg/ℓ。数値が大きいほど水質が悪い。

## 4．2 小規模浄化槽の機能と構造

自然の河川における浄化作用の概念を図2―38に示す。上流から流れ込んだ汚水は川の浅いところで溶存酸素により活動している好気性微生物により有機物が炭酸ガス・アンモニア・硫化水素などに分解される。この分解生成物は空中へ放散されるとともに，一部は太陽光線のもとで藻（も）類の栄養源となり，水中へ酸素を供給することで生物的なサイクルを形成している。

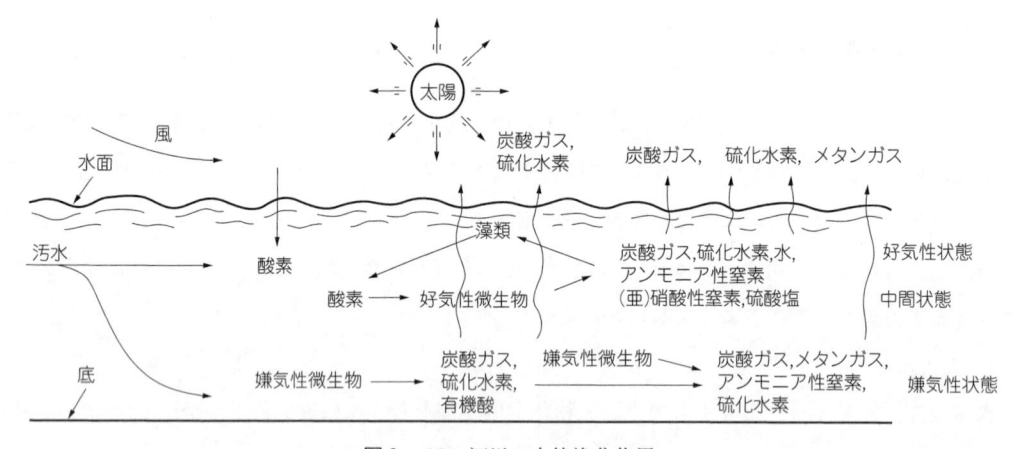

図2―38 河川の自然浄化作用

一方，川の深いところでは酸素に依存しない嫌気性微生物がおり，沈殿した有機物をメタンガス・アンモニア・硫化水素などに分解し，分解により得たエネルギーで活動するというサイクルを描いている。これらのサイクルが円滑に行われると汚水は自然浄化されるわけで，浄化槽はこの環境を人工的に作りだすことに他ならない。好気性分解は有機物の分解速度が速く，分解生成物の安定性がよいので浄化槽の主プロセスとなっている。嫌気性分解は好気性分解の前処理として利用されるほか，汚泥の消化にも利用される。

表2―3は現国土交通省平成12年告示による処理方式の抜粋で，「合併」というのはし尿と台所

排水などの雑排水をまとめて処理することを意味する。以前はし尿だけを処理する単独浄化槽というものも製作されたが、水質汚濁の原因となるため浄化槽法により平成13年以降廃止された。また、「処理対象人員」とは実際に居住・生活している人数ではなく、室の床面積などから定まる数値で、JIS A 3302により表2—4のように定められている。

表2—3 処理方式の区分（抜粋）

| 告示区分 | 処理方法 | 処理対象人員〔人〕 | BOD除去率〔%〕 | BOD濃度〔mg/ℓ〕 | COD濃度〔mg/ℓ〕 | T-N濃度〔mg/ℓ〕 | T-P濃度〔mg/ℓ〕 |
|---|---|---|---|---|---|---|---|
| 第1 合併 | 分離接触ばっ気<br>嫌気ろ床接触ばっ気<br>脱窒ろ床接触ばっ気 | 5〜50 | 90以上 | 20以下 | — | —<br>—<br>20以下 | — |
| 第2 合併 | 回転板接触<br>接触ばっ気<br>散水ろ床<br>長時間ばっ気 | 50〜5000 | 70以上 | 60以下 | 60以下 | — | — |
| 第3 合併 | 回転板接触<br>接触ばっ気<br>散水ろ床<br>長時間ばっ気<br>標準活性汚泥 | 100〜5000 | 85以上 | 30以下 | 45以下 | — | — |

表2—4 主な建築物における処理対象人員（JIS A 3302：2000抜粋）

| 建築用途 | 算定式 | | 算定単位 |
|---|---|---|---|
| 住宅 | $A \leq 130^{(1)}$ の場合 | $n=5$ | $n$：人員〔人〕<br>$A$：延べ床面積〔$m^2$〕 |
| | $130^{(1)} < A$ の場合 | $n=7$ | |
| 共同住宅 | | $n=0.05A$ | $n$：人員〔人〕<br>ただし、1戸当りの$n$が、3.5人以下の場合は1戸当りの$n$を3.5人又は2人(1戸が1居室$^{(2)}$だけで構成されている場合に限る)とし、1戸当たりの$n$が6人以上の場合は1戸当たりの$n$を6人とする。<br>$A$：延べ床面積〔$m^2$〕 |
| ホテル・旅館 | 結婚式場又は宴会場を持つ場合 | $n=0.15A$ | $n$：人員〔人〕<br>$A$：延べ床面積〔$m^2$〕 |
| | 結婚式場又は宴会場を持たない場合 | $n=0.075A$ | |
| 病院・診療所 | 業務用ちゅう房設備又は洗濯設備を設ける場合 | 300床未満の場合 $n=8B$ | $n$：人員〔人〕<br>$B$：ベッド数〔床〕 |
| | | 300床以上の場合 $n=11.43(B-300)+2400$ | |
| | 業務用ちゅう房設備又は洗濯設備を設けない場合 | 300床未満の場合 $n=5B$ | |
| | | 300床以上の場合 $n=7.14(B-300)+1500$ | |
| 店舗・マーケット | | $n=0.075A$ | $n$：処理対象人員〔人〕<br>$A$：延べ床面積〔$m^2$〕 |
| 百貨店 | | $n=0.15A$ | $n$：処理対象人員〔人〕<br>$A$：延べ床面積〔$m^2$〕 |
| 事務所 | 業務用ちゅう房設備を設ける場合 | $n=0.075A$ | $n$：人員〔人〕<br>$A$：延べ床面積〔$m^2$〕 |
| | 業務用ちゅう房設備を設けない場合 | $n=0.06A$ | |

〔注〕 (1) この値は、当該地域における住戸の1戸当りの平均的な延べ床面積に応じて、増減できるものとする。
(2) 居室とは、建築基準法による用語の定義でいう居室であって、居住、執務、作業、集会、娯楽その他これらに類する目的のために継続的に使用する室をいう。ただし、共同住宅における台所及び食事室を除く。

表2―3の告示区分第1に当たる対象人員50人以下の浄化槽を小規模合併浄化槽といい，FRPの一体構造で工場生産され，狭義の浄化槽とはこの機種をさしている。

分離接触ばっ気方式のフローシートを図2―39に示す。この方式は，沈殿分離槽で汚水中の固形物や夾（きょう）雑物を分離する。底に沈殿する重いものは沈殿汚泥，表面に浮遊する油脂，固形物などの軽いものをスカムという。分離された汚水は接触ばっ気槽で外部から空気を送り，好気性分解を行って沈殿槽で固形物を沈殿させる。消毒槽はここで固形塩素剤（次亜塩素酸カルシウム）を投入し，排水中の大腸菌を死滅させ，300個/mℓの状態とし放流水として流出させる。固形塩素剤は消耗品であるため，薬剤筒として別に市販されている。

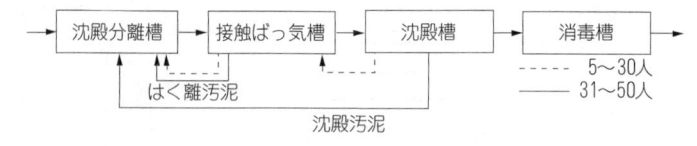

図2―39　分離接触ばっ気方式のフローシート

嫌気ろ床接触ばっ気方式は図2―40に示すように，前段に嫌気ろ床槽を設け，ここで嫌気性分解を行わせ有機物の可溶化・ガス化を行いBOD濃度を低下させる。接触ばっ気槽以降は前記と同様である。

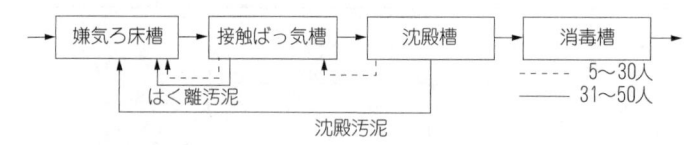

図2―40　嫌気ろ床接触ばっ気方式のフローシート

脱窒ろ床接触ばっ気方式は図2―41に示すように，前段に脱窒ろ床槽を設け，窒素を分解する嫌気性微生物を次段の接触ばっ気槽間で循環させる。

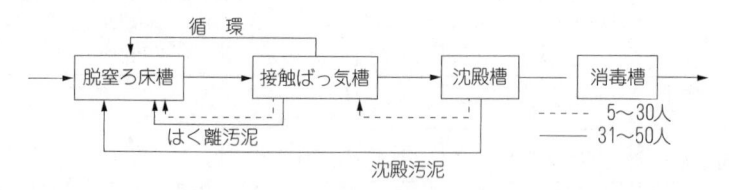

図2―41　脱窒ろ床接触ばっ気方式のフローシート

図2―42は嫌気ろ床接触ばっ気方式の構造例で，嫌気ろ床槽が2槽から成り，接触ばっ気槽には外部から送風機で約100ℓ/min程度の空気が送られる。図2―43は脱窒ろ床接触ばっ気方式の構造例である。流入する汚水は建築物の種類により一様ではないが，浄化槽の設計に当たっては概略以下のような水質を想定して各槽の大きさなどを定めることが多い。

　　　　日平均汚水量　　200ℓ/人・日
　　　　流入水BOD　　　200mg/ℓ
　　　　流入水COD　　　100mg/ℓ

流入水SS　　　　250mg/ℓ

流入水T－N　　　50mg/ℓ

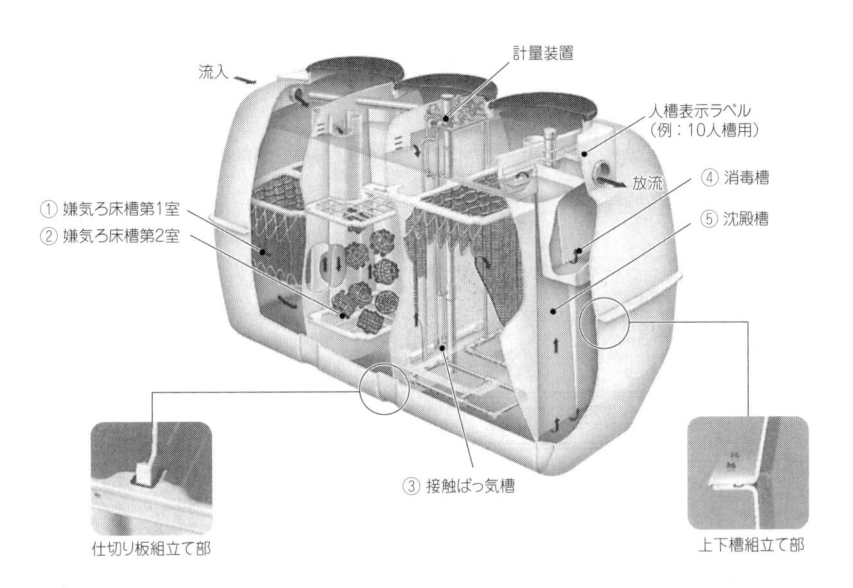

図2－42　小型合併浄化槽の例（1）（嫌気ろ床接触ばっ気方式）

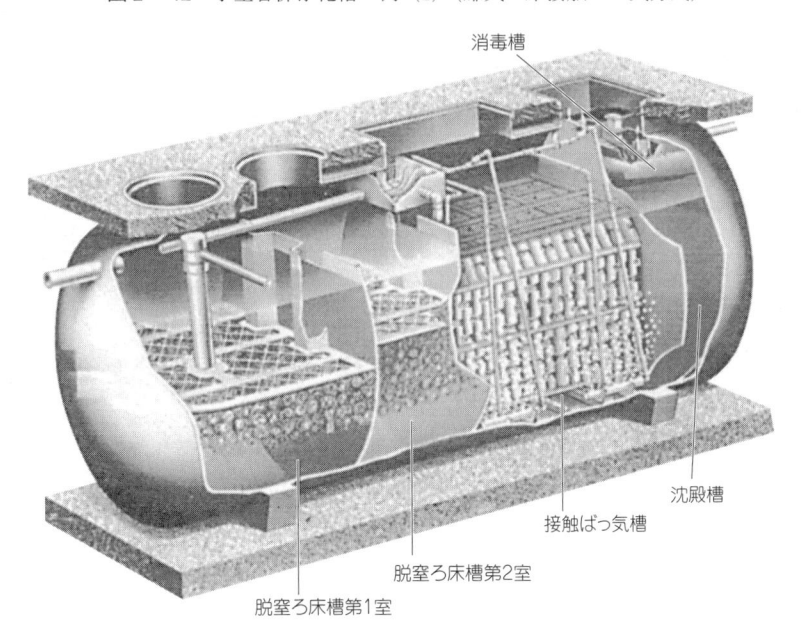

図2－43　小型合併浄化槽の例（2）（脱窒ろ床接触ばっ気方式）

　浄化槽の設置と維持管理は，都道府県に登録されている浄化槽設備士の資格をもつ登録業者が行うことになっており，また汚泥引き抜きなどの浄化槽の清掃は市町村長の許可を受けた清掃業者に依頼することになっている。

## 4．3　その他の処理方法

表2−3に示す告示区分第2，第3処理方法は，標準活性汚泥法以外は施工例がきわめて少ない（後述第5章表5−9参照）。そのため，以下概略を述べるにとどめる。

（1）　回転板接触方式

多数の円板を汚水槽内に約40％沈め，低速で回転させる。汚水は円板に付着して空中に出るので，好気性の微生物が円板上に繁殖し，この生物膜が汚水中の有機物を酸化・分解させる方式である（図2−44）。

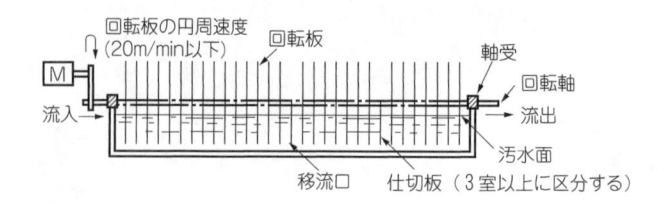

図2−44　回転板接触方式

（2）　接触ばっ気方式

この方式は，前出の小規模合併浄化槽の接触ばっ気槽を大形化したものである。

（3）　散水ろ床方式

砕石，プラスチックなどのろ材を積み上げ，上部から散水ポンプによって汚水を散水し，ろ材の空げき中の空気によって好気性微生物を繁殖させ汚水中の有機物を酸化・分解させる方式である（図2−45）。

（4）　長時間ばっ気方式

活性汚泥方式の一種で，図2−46に示すばっ気槽内に汚水を流入させ，圧縮機により空気を送り込み好気性微生物を繁殖させる。このばっ気槽内の汚水の貯留時間を約16時間（標準活性汚泥方式では

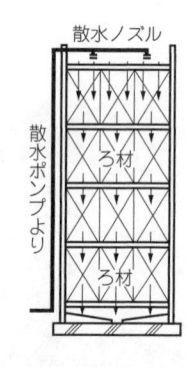

図2−45　散水ろ床方式

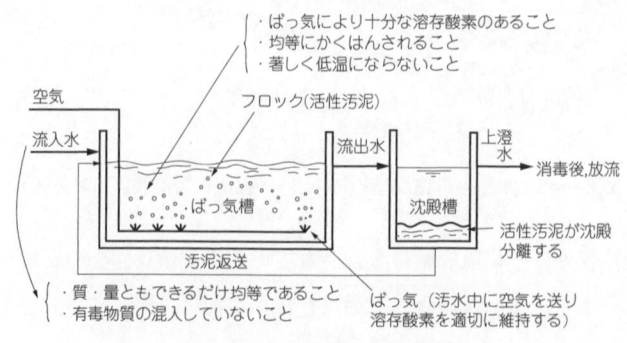

図2−46　長時間ばっ気方式

約8時間）以上とするため，長時間ばっ気方式と呼ばれる。余剰汚泥が少なく維持管理が容易であるため小規模処理施設に用いられる。

### 第2章の学習のまとめ

本章では，「汚れた水」を扱う排水設備について述べたが，水は限りのある有用な資源であるから単に無害な状態として廃棄してしまうのでは資源の浪費につながるので，最近では雨水利用，処理水再利用が積極的に進められている。これらについても学ばれたい。

【練習問題】

次の各問に答えなさい。

(1) 図2−47は，8m³の高置水槽の例である。この溢水（いっすい）口，排水口から水槽直下の排水管までの配管系統を計画しなさい。

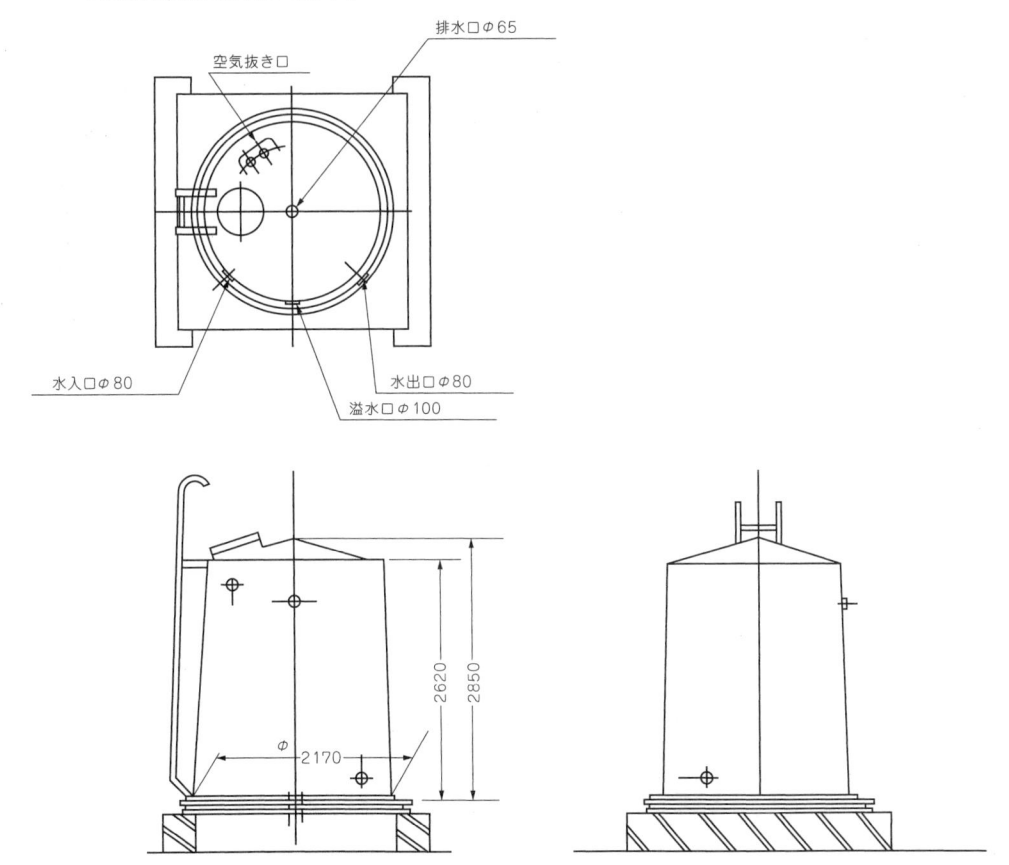

図2−47 高置水槽の例（8m³）

(2) 平成10年度の住宅1戸当たり延べ床面積は，全国平均で92.43m²となっている。この数値を用いて，8戸が共同で設置する合併浄化槽の容量を求めなさい。

# 第3章 消火設備

　消火設備は，建物に火災が発生したとき，その初期消火を目的として設置する設備・機器類で，防災システム中の重要なものとして位置づけられている。従来から，消火設備は不特定・多数の人々が出入りする建物，石油製品・可燃性薬品を貯蔵する倉庫，駐車場，ガソリンスタンドなどは消防法によって設置が義務づけられているが，その重要性から事務所・集合住宅などに広く導入されつつある。

　しかし，一般の居住者などが試験的に設備を作動させることはほとんど皆無に近く，設備の仕組みや作動方法は一般にあまり知られていない。

　本章では，設備の構成，動作原理などについて述べる。

## 第1節　消火設備の概要

### 1．1　防災システムの中の消火設備

　大型ビル，広域地下街などの出現によってビル管理設備及び防災設備を合わせて，建物の中で起こりうるいろいろな事態に対応できる総合的な防災システムが発達し，大型ビルばかりでなく中・小型ビルや一般住宅にまで広まろうとしている。

　一般にビルの防災設備としては，次のものがある。

a. 自動火災報知設備

　煙感知器，熱感知器などにより，火災を初期にとらえて信号を送り，受信機の作動によってベルが鳴動し，火災を報知することによって，火災の規模に応じた適切な処置をとるよう設置するものである。

b. 防火・排煙設備

　火災による煙の拡散，火災の延焼を防止し，外部への避難通路を確保するための設備である。

c. 非常用放送設備

　通常業務放送に使用している放送機を，有事の際は，自動的に非常放送に切替え，避難誘導放送を行うものである。

d. 消火設備

　場所に応じた屋内・外消火栓設備，スプリンクラ設備，水噴霧消火設備，不活性ガス消火設備，ハロゲン化物消火設備，泡消火設備などを設置して消火を行う設備である。

e. 防犯設備

　ビルの出入口などを超音波，電波，赤外線の利用による各種センサによって監視するものである。

　これらの防災設備と，電気設備，空調設備，昇降機設備などを連けいさせながら適切な防災システムを構築する。

　このうち消火設備は，万一，火災が起きた場合にできるだけ被害を最小限とし，また，延焼を防止するうえでも防災システムの中での中心的役割をなす設備である。

## 1．2　火災と消火

（1）　火災になるまで

　可燃物が加熱され，発火点に達すると燃焼が始まる。燃えにくい材料であれば，火災にまで発展しないこともあり，また，材料によってはくすぶり続けて煙だけ出すような場合もある。

　発熱量が多くて，空気（酸素）の供給が十分あれば火災は急速に大きくなる。

　消火は，火勢の弱い火災の初期段階で行うのが効果的で，大火災に発展すれば，消防隊の強力な消火力によらない限り消火は不可能となる。

（2）　火災の区分

　火災は，燃焼する物質により次のように区分されている。

　　　　A火災　―　紙，木材，繊維などが燃える火災
　　　　B火災　―　石油類，固体油脂類が燃える火災
　　　　C火災　―　電気設備から発生する火災

　また，次のように追加区分することもある。

　　　　D火災　―　ナトリウム，カリウム，マグネシウム，リチウムなどの活性金属が燃える火災。金属火災ともいう。
　　　　E火災　―　都市ガス，プロパンガスが原因で発生する火災

（3）　消火の方法

　消火の方法には，冷却，窒息，抑制の三つの方法がある。1種類の消火剤で二つ以上の作用を兼ね備えたものであれば相乗効果によって優れた消火能力を発揮する。

　表3－1に消火設備の種類と特長を示す。

表3—1 消火設備の種類と特徴

| 消火設備 | 消火薬剤名 | 冷却 | 窒息 | 抑制* | 対象火災 | 主要機器 | | | |
|---|---|---|---|---|---|---|---|---|---|
| スプリンクラ | 水 | ● | ▲ | | A | スプリンクラヘッド | 水槽 | 警報弁 | ポンプ |
| 水噴霧 | 水 | ● | ◎ | | A,B | 水噴霧ヘッド | 水槽 | 一斉開放弁 | ポンプ |
| 泡 | 水成膜泡消化剤など | ▲ | ● | | B | 泡ヘッド | 原液槽 | 一斉開放弁 | ポンプ |
| 不活性ガス | 窒素など | ◎ | ● | ▲ | A,B,C | ガス噴射ヘッド | ガス容器 | 選択弁 | |
| ハロゲン化合物 | HFC227eaなど | ▲ | ◎ | ● | A,B,C | ガス噴射ヘッド | ガス容器 | 選択弁 | |
| 粉末 | 重炭酸ナトリウムなど | ▲ | ▲ | ◎ | B,C | 粉末ヘッド | 粉末容器 | 選択弁 | |

●印は主作用,◎印は従作用,▲印は補助作用

## 1.3 消火設備の種類

　建築物及び危険物に関する消火設備は法規によって決められており,その設置が義務づけられているが,関連する法律としては,消防法,消防法施行令,消防法施行規則,危険物に関する政令などがある。

　政令,規則によって,消火設備を設けなければならない建築物・工作物などの防火対象物の指定,消防用設備の種類,それらの設備・維持の技術上の基準,消防設備士,消防用機器類の検定など種々の基準及びそれらの施行細目が一律に定められており,さらに各都市では,条例によってそれぞれの都市の気候などを考慮した多くの細目を付加している。

　消防用設備としては,消防法第17条で,①消防の用に供する設備,②消防用水,③消火活動上必要な施設,の三つが示されている。このうち「消防の用に供する設備」としては消防法施行令第7条で,ⓐ消火設備,ⓑ警報設備,ⓒ避難設備の3設備が定められ,さらにⓐの消火設備については,「水その他の消火剤を使用して消火を行う機械器具又は設備」として次の10種類を指定している。

 1) 　消火器及び次に掲げる簡易消火用器具
   　　（イ）水バケツ　（ロ）水槽　（ハ）乾燥砂　（ニ）膨張ひる石又は膨張真珠岩
 2) 　屋内消火栓設備
 3) 　スプリンクラ設備
 4) 　水噴霧消火設備
 5) 　泡消火設備

---

＊　抑制：酸素濃度を低下させたり,可燃性液体の濃度を低下させたりする効果をいう。

6) 不活性ガス消火設備

7) ハロゲン化物消火設備

8) 粉末消火設備

9) 屋外消火栓設備

10) 動力消防ポンプ設備

また，同じく消防法施行令第7条では，消火活動上必要な施設として，①排煙設備，②連結散水設備，③連結送水管，④非常コンセント設備及び無線通信補助設備が定められている。これらの諸設備のうち，消火設備に，連結散水設備，連結送水管設備を加えたものを，通常，消火設備と呼んでいる。

## 1．4 消火設備と維持管理

消火設備は，建築物の火災予防を担うものであり，その役割は大変重要である。深夜，人ひとりいない建築物において，発生した火災を感知して宿直室や防災センターへ通報する自動火災報知設備，火災を感知して自動的に水を放射して大火災を未然に防止するスプリンクラ設備などの機能は，人力では遠く及ばないところである。

しかし，これら消火設備はいざ火災というときにはじめて用いられるものである。したがって，通常の設備のように日々使用しているうちにその不備や欠陥が発見され，徐々に改善していくという方法はとることができない。

消防設備士制度は，消防用設備などの工事又は整備が正しく適切に行われ，その結果消防用設備などが正しく完全に機能することを確保しようとする制度である。この趣旨は，一定の消防用設備などの工事又は整備に関して，これらに必要な知識及び技能を有する消防設備士にゆだねようとするものである。表3—2に昭和47年以後の主な火災事例を示す。

表3—2 火災事例（1件で10名以上の死者が発生した火災）

| 年月日 | 火災名 | 死者数 |
|---|---|---|
| 昭和47.5.13 | 大阪市千日前デパート | （死者 118名） |
| 48.3.8 | 北九州市済生会八幡病院 | （死者 13名） |
| 48.11.29 | 熊本市大洋デパート | （死者 104名） |
| 51.12.26 | 沼津市三沢ビル（らくらく酒場） | （死者 15名） |
| 52.6.24 | 大阪市柳井建設寄宿舎 | （死者 12名） |
| 53.3.15 | 新潟市エル・アドロ | （死者 11名） |
| 55.8.16 | 静岡市ゴールデン街第一ビル | （死者 14名） |
| 55.11.20 | 川治プリンスホテル | （死者 45名） |
| 57.2.8 | ホテルニュージャパン | （死者 33名） |
| 58.2.21 | 山形県蔵王観光ホテル火災 | （死者 11名） |
| 58.11.22 | 掛川市ヤマハレジャーセンター | （死者 14名） |
| 61.2.11 | 熱川温泉大東館 | （死者 24名） |
| 61.6.6 | 東村山昭青会松寿園 | （死者 17名） |
| 平成 2.3.18 | 長崎屋尼崎店 | （死者 15名） |
| 13.9.1 | 新宿歌舞伎町明星50ビル | （死者 44名） |

表3—3には，点検と点検結果の報告をしなければならない防火対象物を，表3—4には，点検する設備の種類と点検資格者及び点検期間を示す。

表3－3　消防用設備等の点検と点検結果を報告しなければならない防火対象物

| 防火対象物<br>（消防法施行令別表1） | | | 点検結果報告の期間 | 有資格者の点検が必要なもの | |
|---|---|---|---|---|---|
| | | | | 延べ面積が1000m²以上のもの | 同左で消防長又は消防署長が指定するもの |
| (1) | イ | 劇場, 映画館, 演芸場, 観覧場 | 1年に1回 | ○ | |
| | ロ | 公会堂, 集会場 | | | |
| (2) | イ | キャバレー, カフェー, ナイトクラブ, バー, サロン等 | 〃 | ○ | |
| | ロ | 遊戯場, ダンスホール | | | |
| (3) | イ | 待合, 料理店等 | 〃 | ○ | |
| | ロ | 飲食店 | | | |
| (4) | | 百貨店, マーケット, その他物品販売業を営む店舗又は展示場 | 〃 | ○ | |
| (5) | イ | 旅館, ホテル, 宿泊所 | 〃 | ○ | |
| | ロ | 寄宿舎, 下宿, 共同住宅 | 3年に1回 | | |
| (6) | イ | 病院, 診療所, 助産所 | 1年に1回 | | ○ |
| | ロ | 老人福祉施設, 老人ホーム, 更生施設, 児童福祉施設等 | | ○ | |
| | ハ | 幼稚園, 盲学校, 聾学校, 養護学校 | | | |
| (7) | | 小学校, 中学校, 高等学校, 高等専門学校, 大学, 各種学校等 | 3年に1回 | | ○ |
| (8) | | 図書館, 博物館, 美術館等 | 〃 | | ○ |
| (9) | イ | 蒸気浴場, 熱気浴場等 | 1年に1回 | ○ | |
| | ロ | イに掲げる以外の一般公衆浴場 | 3年に1回 | | |
| (10) | | 車両の停車場, 船舶又は航空機の発着場等 | 〃 | | ○ |
| (11) | | 神社, 寺院, 教会等 | 〃 | | ○ |
| (12) | イ | 工場, 作業場 | 〃 | | ○ |
| | ロ | 映画スタジオ, テレビスタジオ | | | |
| (13) | イ | 自動車車庫, 駐車場 | 〃 | | ○ |
| | ロ | 飛行機又は回転翼航空機の格納庫 | | | |
| (14) | | 倉庫 | 〃 | | ○ |
| (15) | | 前各項に該当しない事業場 | 〃 | | ○ |
| (16) | イ | 特定防火対象物の用途が存する複合用途防火対象物 | 1年に1回 | ○ | |
| | ロ | イに掲げるもの以外の複合用途防火対象物 | 3年に1回 | | ○ |
| (16-2) | | 地下街 | 1年に1回 | ○ | |
| (16-3) | | 建築物の地階（16-2項に掲げるものの各階を除く）で連続して地下道に面して設けられたものと，当該地下道とを合わせたもの（(1)項から(4)項まで，(5)項イ，(6)項又は(9)項イに掲げる防火対象物の用途に供される部分が存するものに限る。） | 〃 | | |
| (17) | | 重要文化財, 重要民俗資料史跡等の建造物 | 3年に1回 | | ○ |
| (18) | | 延長50メートル以上のアーケード | 〃 | | ○ |

○印の有資格者の点検が必要なものについては，施行令第36条2項により規定されている。

第3章 消火設備 75

表3-4 点検する消防用設備等の種類と点検資格者及び点検の期間

| 消防用設備等の種類 | | 点検者の資格 | | 点検の種類及び期間 | |
|---|---|---|---|---|---|
| | | 消防設備士（甲種・乙種） | 消防設備点検資格者 | 外観点検及び機能点検 | 総合点検 |
| 消火設備 | 消火器 | 第6類 | 第1類 | 6箇月<br><br>※注<br>動力消防ポンプ設備は作動点検も併せて行うこと。 | 1年 |
| | 簡易消火用具 | | | | |
| | 屋内消火栓設備 | 第1類 | | | |
| | スプリンクラー設備 | | | | |
| | 水噴霧消火設備 | | | | |
| | 泡消火設備 | 第2類 | | | |
| | 二酸化炭素消火設備 | 第3類 | | | |
| | ハロゲン化物消火設備 | | | | |
| | 粉末消火設備 | | | | |
| | 屋外消火栓設備 | 第1類 | | | |
| | 動力消防ポンプ設備 | 第1類・第2類 | | | |
| 警報設備 | 自動火災報知設備 | 第4類 | 第2類 | | 1年 |
| | ガス漏れ火災警報設備 | | | | |
| | 漏電火災警報器 | 第7類 | | | |
| | 消防機関へ通報する火災報知設備 | 第4類 | | | |
| | 非常警報器具 | 第4類・第7類 | | | |
| | 非常警報設備 | | | | |
| 避難設備 | 避難器具 | 第5類 | 第2類 | | |
| | 誘導灯及び誘導標識 | 第4類・第7類で電気工事士又は電気主任技術者 | | | |
| 消火活動に必要な施設 | 消防用水 | 第1類・第2類 | 第1類 | | 1年 |
| | 排煙設備 | 第4類・第7類 | 第2類 | | |
| | 連結散水設備 | 第1類・第2類 | 第1類 | | |
| | 連結送水管 | | | | |
| | 非常コンセント設備 | 第4類・第7類 | 第2類 | | |
| | 無線通信補助設備 | | | | |
| 電源関係 | 非常電源専用受電設備 | 当該電源が付属する各消防用設備に掲げる者 | | ※注<br>自家発電設備は作動点検も必要。 | 1年 |
| | 蓄電池設備 | | | | |
| | 自家発電設備 | | | | |
| | 配線 | | | | |

（消防法施行規則第31条）

## 第2節　屋内消火栓設備

### 2.1　屋内消火栓設備の構成

屋内消火栓設備は火に直接放水して冷却消火を行う設備で，消防法施行令により床の延べ面積が一定以上（例えば，耐火構造でない学校700m²以上）である建物に設置することが義務づけられている。設備は一般に図3—1に示す屋内消火栓箱，消火ポンプ，消火用高置水槽，配管などで構成される。

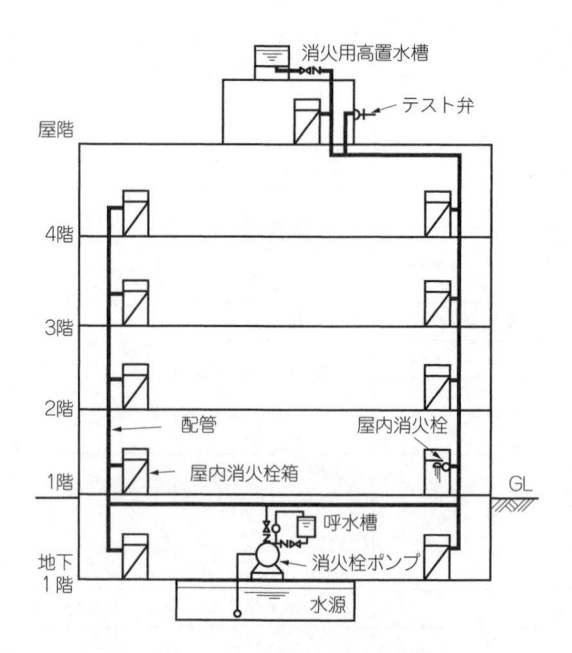

図3—1　屋内消火栓設備の系統

### 2.2　各機器の構造

屋内消火栓には，1号消火栓，2号消火栓，易操作性1号消火栓があり，易操作性1号消火栓とは1号消火栓の操作性を向上させたものである。工場，倉庫などには強力な1号消火栓が用いられるが，旅館・ホテル・病院などは操作が容易な2号消火栓を設置するように指導されている。

1号・2号消火栓の基準を表3—5，屋内消火栓箱の構造例を図3—2に示す。

図3—3は消火ポンプ回りの配管の例で，図中のフート弁は図3—4（a）のような構造となっており，弁体を押し上げるステンレスワイヤを床上から上下させてごみを排出させたり，点検時には吸込み管内の水を抜いて図（b）のサクションユニット・吸込み管・フート弁を一体でつり上げることができるようになっている。

第3章 消火設備

表3－5 屋内消火栓の基準

| 項目 | | 屋内消火栓 | |
|---|---|---|---|
| | | 1号消火栓 | 2号消火栓 |
| 水源水量 | 各階に設置する消火栓個数1個のとき | 2.6㎥ | 1.2㎥ |
| | 各階に設置する消火栓個数2個以上のとき | 5.2㎥ | 2.4㎥ |
| ポンプの吐出し量 | 各階に設置する消火栓個数1個のとき | 150ℓ/min | 70ℓ/min |
| | 各階に設置する消火栓個数2個以上のとき | 300ℓ/min | 140ℓ/min |
| 警戒区域半径〔m〕 | | 25 | 15* |
| ノズル先端放水圧力〔MPa〕 | | 0.17（0.7以下） | 0.25（0.7以下） |
| 放水量〔ℓ/min〕 | | 130以上 | 60以上 |
| ノズル口径〔mm〕 | | 13 | 8 |
| 開閉弁呼称径（A） | | 40 | 25 |
| ホース呼称径（A）×長さ〔m〕〔（ ）内は易操作性1号消火栓〕 | | 40×30（32×30） | 25×20 |
| 主配管のうち立上がり管呼称径（A） | | 50以上 | 32以上 |

＊ ロビー，ホール，ダンスフロア，リハビリテーション室，体育館，講堂，その他これらに類する部分で，可燃物の集積が少なく，放水傷害となる間仕切りなどがなく，かつホースを直線的に延長できる場合には，この数値は25mまで緩和できる。また，15mの円内に入らない未警戒部分で，その直近の屋内消火栓からホースを延長して消火活動を行うのに支障ないと認められる部分では，この数値は20mまで緩和できる。

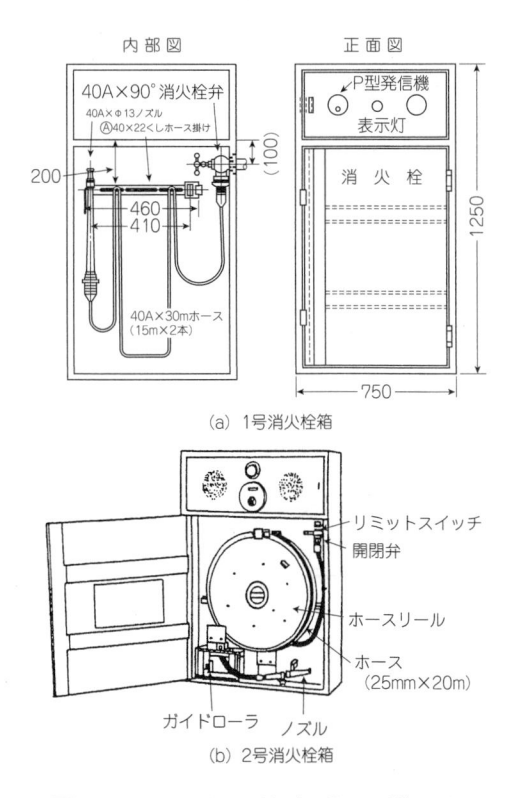

図3－2 屋内消火栓箱（1号・2号）の例

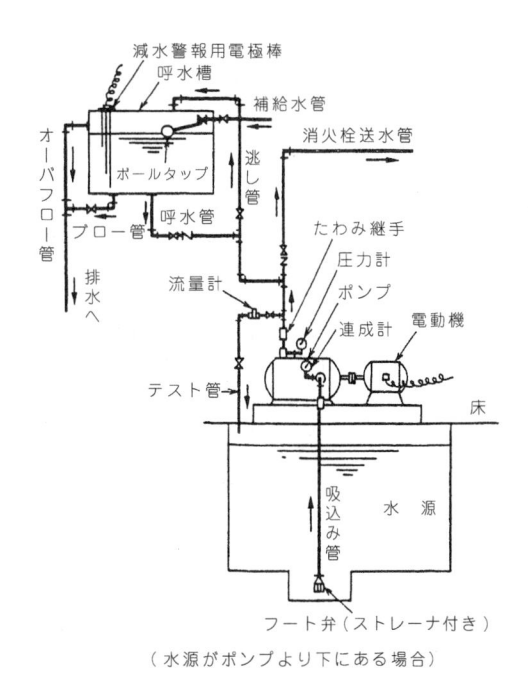

図3－3 消火ポンプ回りの配管例

(a) フート弁の例 　　　(b) サクションユニットの例

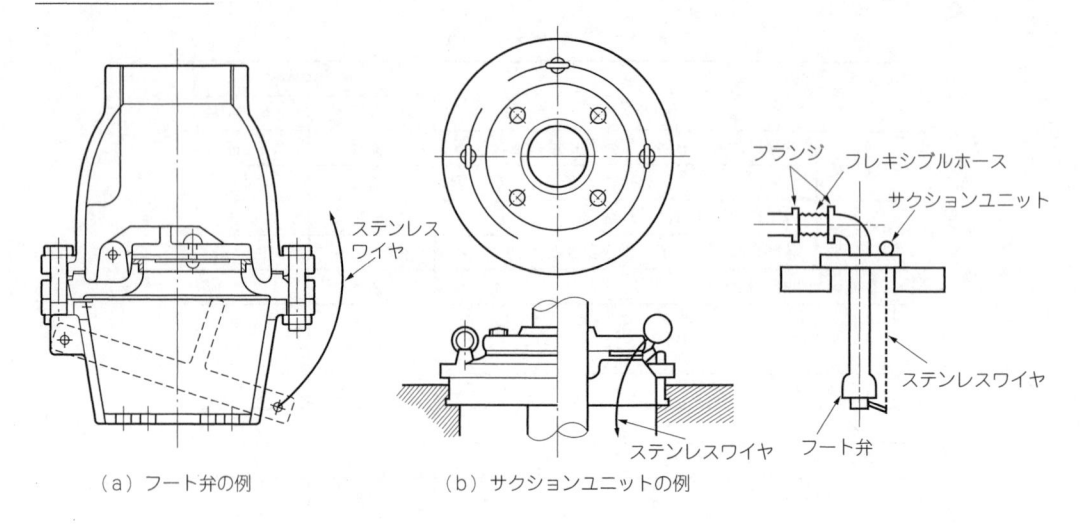

図3—4　フート弁とサクションユニット

　消火ポンプは，1号消火栓の場合は図3—2のP型発信機押しボタンを押すことにより，また2号消火栓の場合は消火栓箱の開閉弁を開くか，ホースを引き出すとリミットスイッチが連動動作し，遠隔起動される。

　屋内消火栓箱は，建物の各階ごとに表3—5に示した警戒区域半径でその階の床面積をカバーできるように配置する。

　図3—5に1号消火栓箱の配置例を示すが，なるべく人目につきやすい通路や廊下を選び，また各階ともできるだけ同一位置として火災発生時に混乱しないようにする。

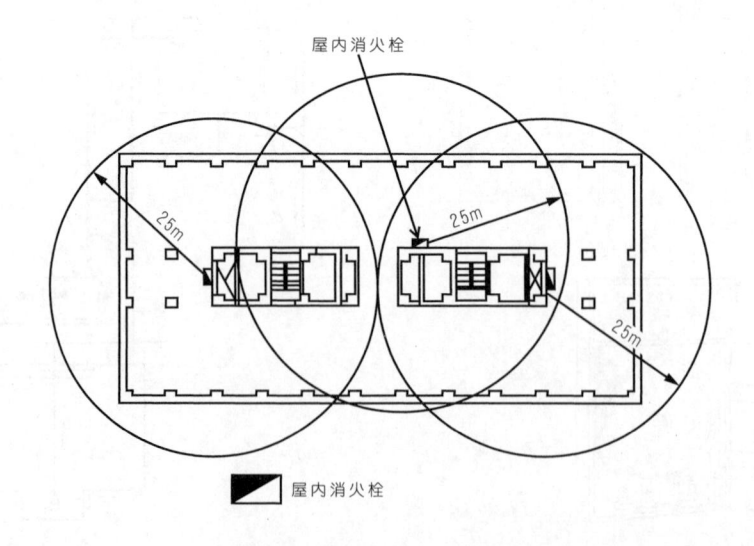

図3—5　屋内消火栓（1号消火栓）の配置

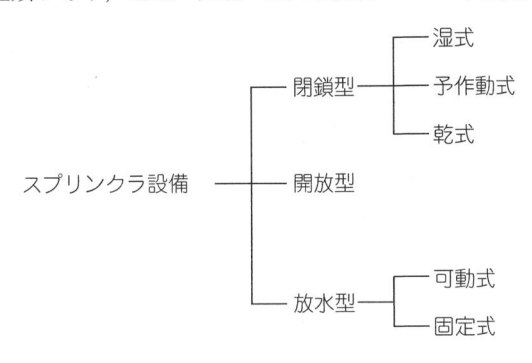

# 第3節　スプリンクラ設備

## 3.1　スプリンクラ設備の種類

スプリンクラ設備は，火災を感知して自動的に放水し冷却消火を行う設備で，百貨店・ホテル・病院・地下街・マンションの11階以上などは設置が義務づけられている。

図3―6に示すような種類があり，地域・建物・室の用途などにより選定される。

```
                        ┌─ 湿式
              ┌─ 閉鎖型 ─┼─ 予作動式
              │         └─ 乾式
スプリンクラ設備 ─┼─ 開放型
              │
              └─ 放水型 ─┬─ 可動式
                        └─ 固定式
```

図3―6　スプリンクラ設備の種類

## 3.2　各方式の特徴

### (1)　閉鎖型湿式スプリンクラ設備

閉鎖型湿式スプリンクラは，一般に広く用いられているもので，図3―7に系統図，図3―8にシステム概念図を示す。

この方式は，スプリンクラヘッドまで常時圧力水が充満している方式で，ヘッドが火災で加熱されると内蔵しているヒューズメタル又はグラスバルブなどの止水機構が作動し，自動的にポンプ始動用圧力水槽の圧力水で放水が開始される。同時に自動警報弁が開き，電気信号によって警報ベルを鳴らすとともに，ポンプ始動用圧力水槽の圧力が下がることにより付属の圧力スイッチの電気信号によってスプリンクラポンプが始動する。

図3―7の補助散水栓とは，階段などスプリンクラ設備の死角となる箇所に設置する2号消火栓と同構造のものである。

80 配管 [I]

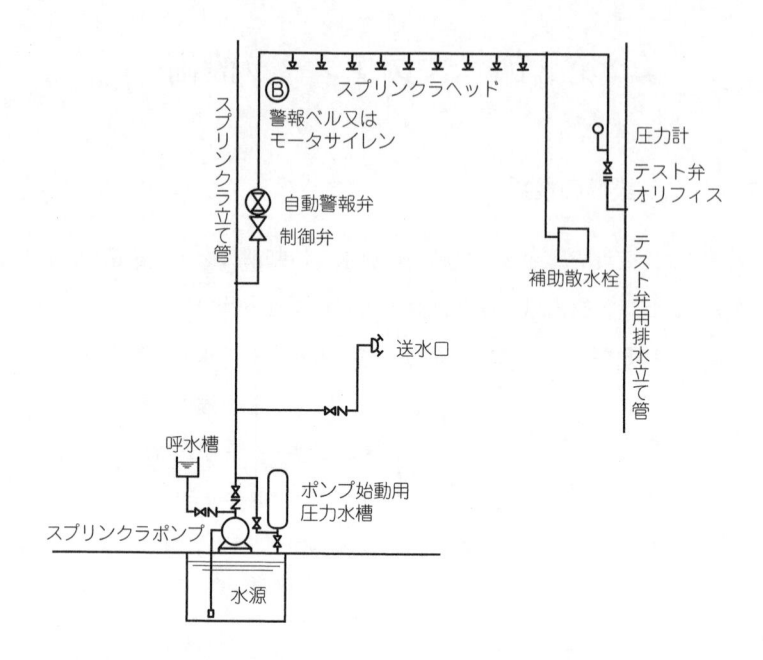

図3-7 閉鎖型湿式スプリンクラ設備系統図

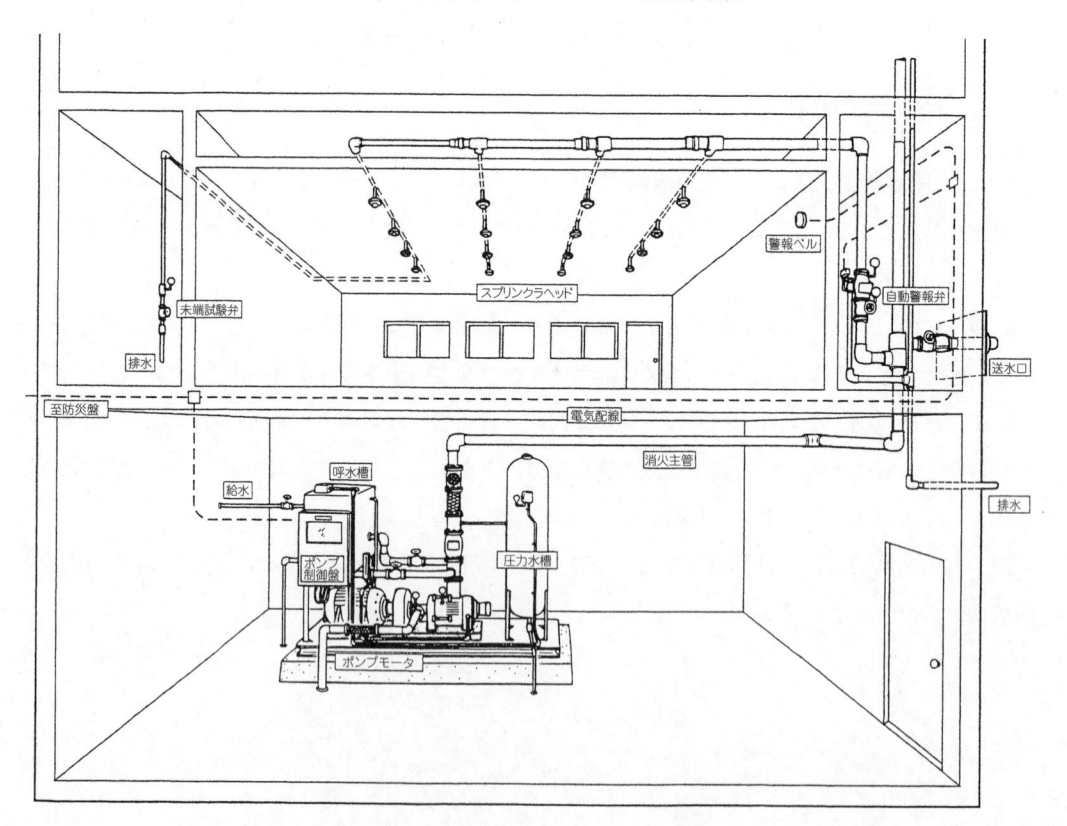

図3-8 閉鎖型湿式スプリンクラ設備概念図

### (2) 閉鎖型予作動式スプリンクラ設備

図3—9に系統図を示す。この方式は電子計算機室や高級家具売場，高級呉服売場のように誤作動などの理由によって機器・商品に大きな損害が発生するのを防ぐため，火災感知器とスプリンクラヘッドの両方が作動して始めて放水するようになっているものである。

圧力水はポンプ始動用圧力水槽から予作動弁まで充満されているが，予作動弁からスプリンクラヘッドまでは空気圧縮機で加圧された圧縮空気が充てんされている。火災感知器が動作すると，その電気信号によってまず予作動弁が開き待機状態に入る。この状態でスプリンクラヘッドが感熱・開放すると，圧縮空気に引き続いてポンプ始動用圧力水槽の圧力水がヘッドから噴出し，警報ベルを鳴らすとともにポンプ始動を行う。

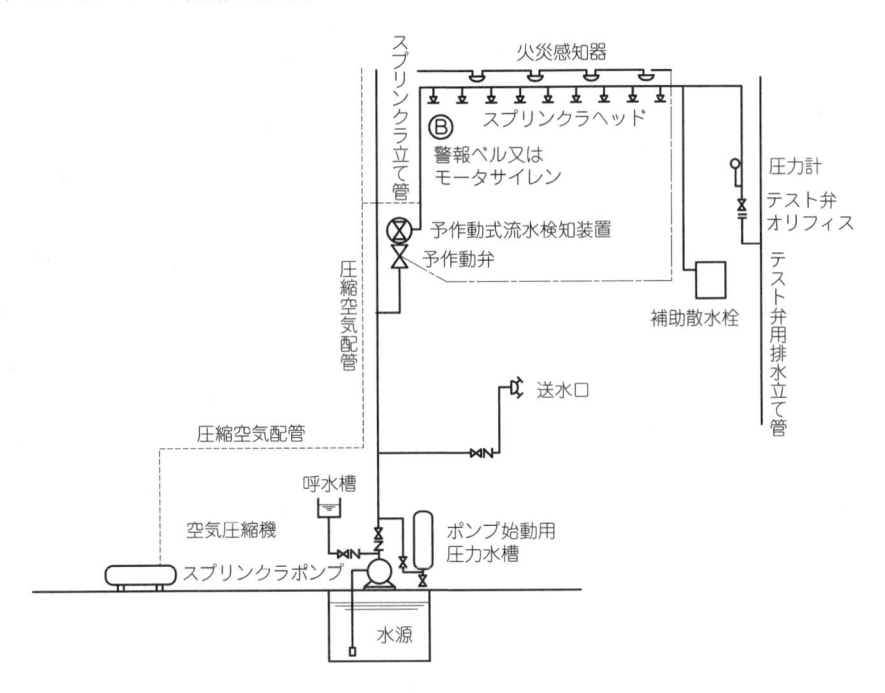

図3—9 閉鎖型予作動式スプリンクラ設備系統図

### (3) 閉鎖型乾式スプリンクラ設備

この方式は，寒冷地などで配管内の水が凍結する恐れがある地区で用いられる。図3—10にその系統図を示す。(2)の予作動式と似ており，乾式自動警報弁からスプリンクラヘッドまでは圧縮空気が充てんされているが，この方式はスプリンクラヘッドが感熱・開放すると直ちに圧縮空気，引き続いてポンプ始動用圧力水槽の圧力水が噴出する。

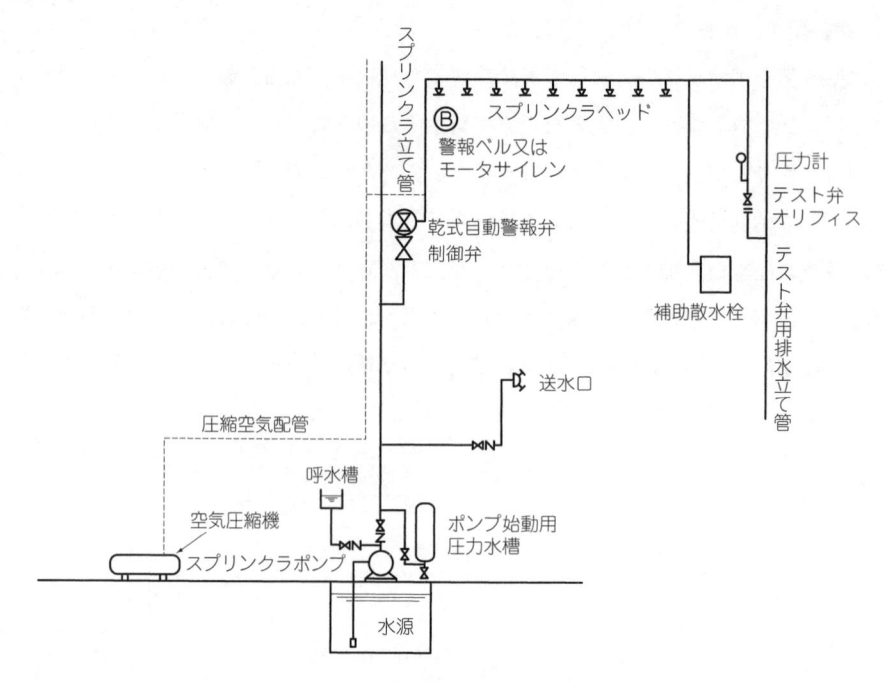

図3—10 閉鎖型乾式スプリンクラ設備系統図

### （4） 開放型スプリンクラ設備

この方式は，劇場・映画館・公会堂などの「舞台部」と呼ばれる客席前方の空間に設置するよう消防法施行規則で定められている。図3—11に系統図を示す。

この方式のスプリンクラヘッドは止水機構を持っておらず，常に開放状態にある。火災感知器で火災を監視しており，火災が発生すると電気信号によって電動弁を動作させ一斉開放弁を開き，放水を開始する。

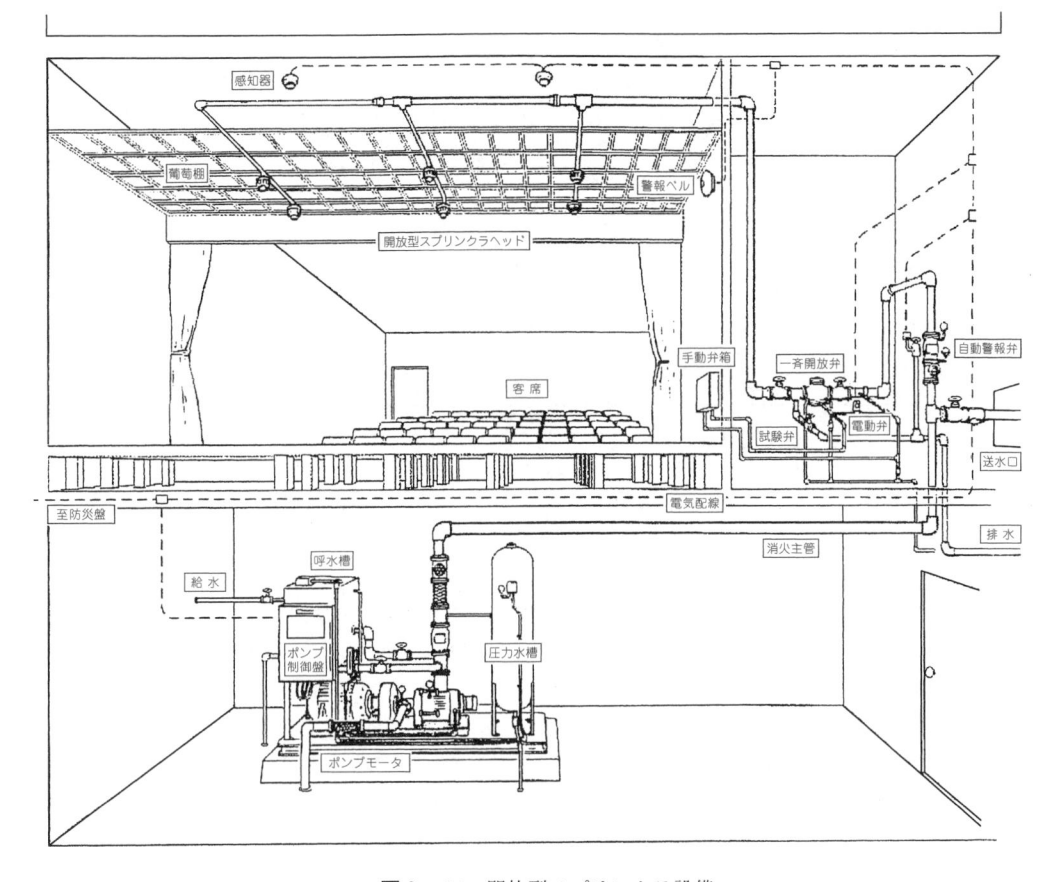

図3—11 開放型スプリンクラ設備

(5) 放水型スプリンクラ設備

　この方式は，平成8年から天井高さが10m以上（店舗，展示会場などは6m以上）の高天井部分に設置するように消防法施行令で規定された。固定式，可動式の2方式があり，図3—12に固定式の系統図を示す。開放型スプリンクラと同様に，感知器の電気信号によって一斉開放弁を開き放水する。

　可動式は，約15～20秒で0～200度の角度を旋回する走査型火災検出器で火災の位置検出を行い，火災が発生したら放水銃という筒状のヘッドを自動旋回させて目標の位置へ放水を行う。

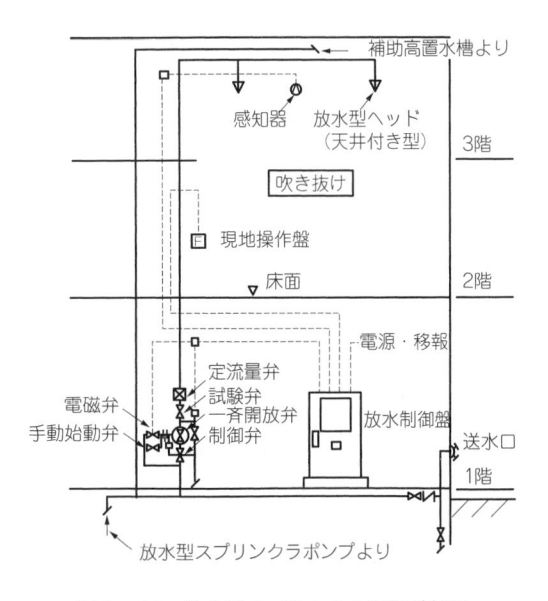

図3—12 放水型スプリンクラ設備系統図

## 3.3 スプリンクラヘッドの種類と数量

湿式,乾式のスプリンクラヘッドには表3—6のような種類があり,有効散水半径 r(m) が確保されるように製作されている。この有効散水半径と感度種別(1種,2種)によって表3—7に示す「ヘッド防護半径」が規定されており,このヘッド防護半径で室全体が覆い隠されるようにヘッドの配置と個数を計画する。表3—7には,ポンプ吐出し量,水源の必要水量も参考として示してある。

**表3—6 スプリンクラヘッド単体性能**

|  | 閉鎖型 | | | | 開放型 |
|---|---|---|---|---|---|
|  | 湿式 | | | | 乾式 |
|  | 標準型 | 高感度型 | 小区画型 | 側壁型 |  |
| 有効散水半径 r | 2.3m | 2.6m | 2.6m相当 | 3.6m×3.6m | 2.3m |
| 放水量 (0.1MPa) | 80ℓ/min | 80ℓ/min | 50ℓ/min | 80ℓ/min | 80ℓ/min |
| 感度種別 | 1種、2種 | 1種 | 1種 | 1種 | — |

**表3—7 スプリンクラヘッド設置基準(例)**

●標準型スプリンクラヘッドの設置基準(高感度型)

| 防火対象物の区分 | | | | | | 高感度型(標準型・1種・r2.6m以上)ヘッド(ラック式倉庫は標準型・1種・r2.3mヘッドの場合) | | | | |
|---|---|---|---|---|---|---|---|---|---|---|
|  | | | | | | ヘッド防護半径 | ヘッド取付け高さ | 同時開放個数 | ポンプ吐出し量 | 水源水量 |
| 開放型スプリンクラ設備 | 舞台部 | 10階以下の階に存する場合 | | | | | | | | |
| | | 11階以上の階に存する場合 | | | | | | | | |
| 閉鎖型湿式スプリンクラ設備 | ①ラック式倉庫 | 等級 | 収納物の区分 | | 水平遮蔽板有 I | 棚以外の部分 2.1m以下 | 4m以下毎 | 24個 | 3120ℓ/min以上 | 82.08㎥ |
| | | I | 下記除く指定可燃物1000㎡以上 | 高熱量溶融性物品10㎡以上300㎡以下 | II | | | | | 54.72㎥ |
| | | II | 下記除く指定可燃物300㎡以上 | 高熱量溶融性物品その他のもの | III | 棚部分 2.5m以下 かつ 2連結毎 | 6m以下毎 | 16個 | 2080ℓ/min以上 | 36.48㎥ |
| | | III | | 高熱量溶融性物品10㎡以上 | 無 IV | | 4m以下毎 | 24個 | 3120ℓ/min以上 | 82.08㎥ |
| | | IV | その他のもの | その他のもの | V | | 6m以下毎 | 16個 | 2080ℓ/min以上 | 54.72㎥ |
| | ②地下街・準地下街 | | 地下街 | | | 火気使用部分1.9m以下 その他 2.3m以下 | 店舗、事務所等に供される部分 6m以下 地下道 10m以下 | 12個 | 1080ℓ/min以上 | 19.2㎥ |
| | | | 準地下街 | | | 火気使用部分1.9m以下 その他 耐火以外 2.3m以下 耐火 2.6m以下 | 6m以下 | | | |
| | ③「指定可燃物」を危険物の規制に関する政令別表第四で定める数量の千倍以上貯蔵し、又は取り扱うもの | | | | | 1.9m以下 | 6m以下 | 16個 | 1440ℓ/min以上 | 25.6㎥ |
| | ④準特定防火対象物 | 百貨店、マーケット、物品販売を行っている複合ビル | 百貨店及び1000㎡以上の小売り店舗 | | | 耐火以外 2.3m以下 | 6m以下 | 12個 | 1080ℓ/min以上 | 19.2㎥ |
| | | | その他 | | | | 10m以下 | 8個 | 720ℓ/min以上 | 12.8㎥ |
| | | 地階を除く階数が11以上 | | | | 2.6m以下 | 6又は10m以下 | 12個 | 1080ℓ/min以上 | 19.2㎥ |
| 乾式・予作動式の同時開放個数、ポンプ吐出し量及び水源水量 | | | | | | | | | | |

図3—13~図3—15に各種スプリンクラヘッド,図3—16に自動警報弁,図3—17にポンプ始動用圧力水槽の外観を示す。

図3—13 閉鎖型スプリンクラヘッド
（高感度型1種 r =2.6m）

図3—14 放水型固定ヘッド
（天井型 r =5.0m）

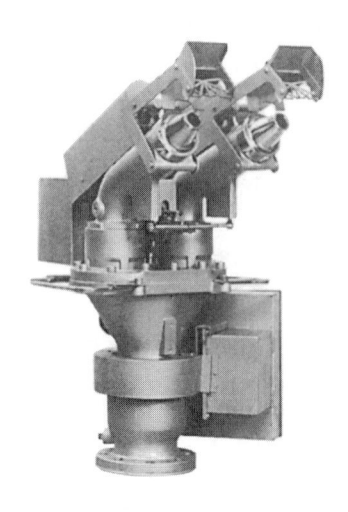

図3—15 可動式放水銃
（放水量3500 ℓ /min）

図3—16 湿式自動警報弁
（200A）

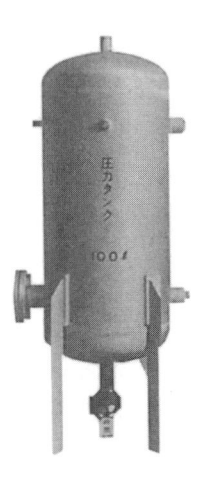

図3—17 ポンプ始動用圧力水槽（100 ℓ）

## 第4節　その他の消火設備

### 4.1　水噴霧消火設備

　水噴霧消火装置と次節の泡・不活性ガス・ハロゲン化物・粉末消火設備は駐車場，電気室，機械室，通信機室などの油火災，電気火災が発生する可能性がある施設に使用されるもので，消防法施行令により表3—8に示す箇所に設置するよう規定されている。

表3—8　水噴霧消火設備等の設置対象

| 防火対象物又はその部分 | 設置すべき消火設備 ||||| 
|---|---|---|---|---|---|
|  | 水噴霧消火設備 | 泡消火設備 | 不活性ガス消火設備 | ハロゲン化物消火設備 | 粉末消火設備 |
| ヘリコプタなどの格納庫や建物屋上の発着所 |  | ○ |  |  | ○ |
| 自動車の修理又は整備に使用される部分で，地階又は2階以上の階にあっては200m²以上，1階にあっては500m²以上のもの |  | ○ | ○ | ○ | ○ |
| 道路の用に供される部分で，屋上部分にあっては600m²以上，屋上以外の部分にあっては400m²以上のもの | ○ | ○ | ○<br>移動式のみ |  | ○<br>移動式のみ |
| 地階又は2階以上の階にあっては200m²以上，1階にあっては500m²以上，また，屋上にあっては300m²以上の駐車場 | ○ | ○ | ○ | ○ | ○ |
| 収容台数が10台以上の機械駐車場 |  |  |  |  |  |
| 床面積が200m²以上の発電機室，変圧器室などの電気室部分 |  |  | ○ | ○ | ○ |
| 床面積が200m²以上のボイラ室など大量の火気を使用する部分 |  |  | ○ | ○ | ○ |
| 床面積が500m²以上の通信機器室 |  |  |  |  |  |

　水噴霧消火は，水を微細な霧状として放射し冷却と空気遮断により消火を行うもので，システムは開放型スプリンクラ設備と同様であるが，ヘッドの形状が開放型と異なる。図3—18に水噴霧用スプリンクラヘッドの外観を示す。

　この方式は地下駐車場では排水溝や排水ピットを設けるなどの規定があるので，代わりに次節の泡消火設備が多く用いられている。

図3—18　水噴霧用スプリンクラヘッド

## 4．2　泡消火設備

　泡消火設備は，水と泡消火薬剤とを混合して水溶液とし，泡放出口（フォームヘッドなど）で周囲の空気と混合・発泡させて噴射し，窒息・冷却効果により消火を行う。

　泡消火薬剤は，いわゆるシャボン玉のシャボンに相当するもので，水97・薬剤3の3％型と水94・薬剤6の6％型があり，薬剤の種類から次の4種がある。

- ・水成膜泡消火薬剤（3％型，6％型）
- ・合成界面活性剤泡消火薬剤（ニュートフォーム，3％型）
- ・たんぱく泡消火薬剤（3％型）
- ・耐アルコール泡発泡薬剤（ライトウォータATC，6％型）

　この設備のシステム概念図を図3—19に示す。薬剤は図の混合器で水の流速により吸引・混合される。その他は開放型スプリンクラ設備のシステム構成と類似である。

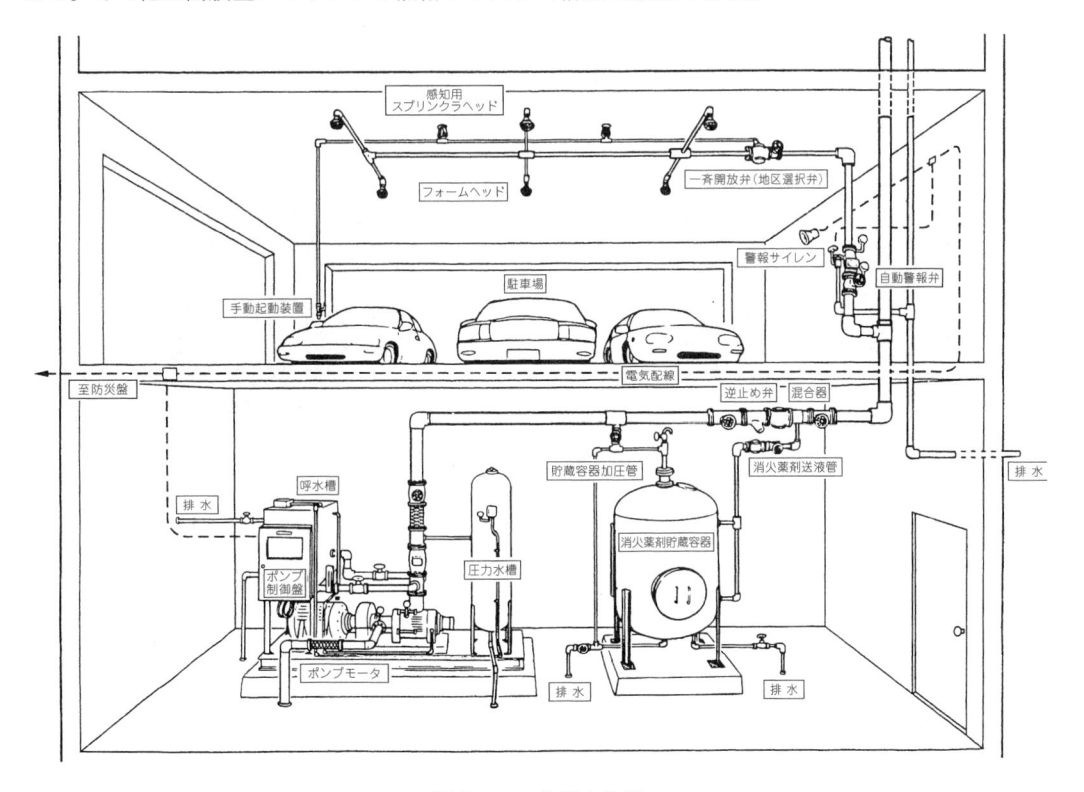

図3—19　泡消火設備

図3—20に消火薬剤貯蔵容器, 図3—21に混合器, 図3—22にフォームヘッドの外観を示す。

図3—20 消火薬剤貯蔵容器

図3—21 混合器

図3—22 フォームヘッド

## 4．3　不活性ガス消火設備

　不活性ガス消火設備は, 密閉した室に不活性ガスを放出して空気中の酸素濃度を低下させ窒息消火を行うもので, 不活性ガスには従来二酸化炭素（NN100）が用いられていたが, 平成7年に酸素欠乏による死亡事故があり, これを契機に消防法施行令が改正され, 二酸化炭素消火設備は部外者・不特定の者が出入りする可能性がある室, 人が常駐する可能性のある室では設置することが禁止されるなど, 規制が強化された。代わって安全性が比較的高い窒素（IG100）, 窒素50％・アルゴン50％のIG55（アルゴナイト）, 窒素52％・アルゴン40％・二酸化炭素8％のIG541（イナージェン）などの窒素系ガスが使用されるようになりつつある。

システム概念図（窒素系ガス）を図3—23に示す。始動は火災感知器からの信号か，手動始動装置の押しボタンを押すことにより電気的に始動用ガス容器の弁を開き，その圧力によって消火剤貯蔵容器ユニットの出口弁と選択弁を開いてガス噴射ヘッドからガスを噴射させる。シャッタ，ダクトのダンパはこれと連動して電動又はガス圧により閉鎖される。この消火設備は，防護区画の室内圧力上昇を防ぐため，避圧口を設ける。

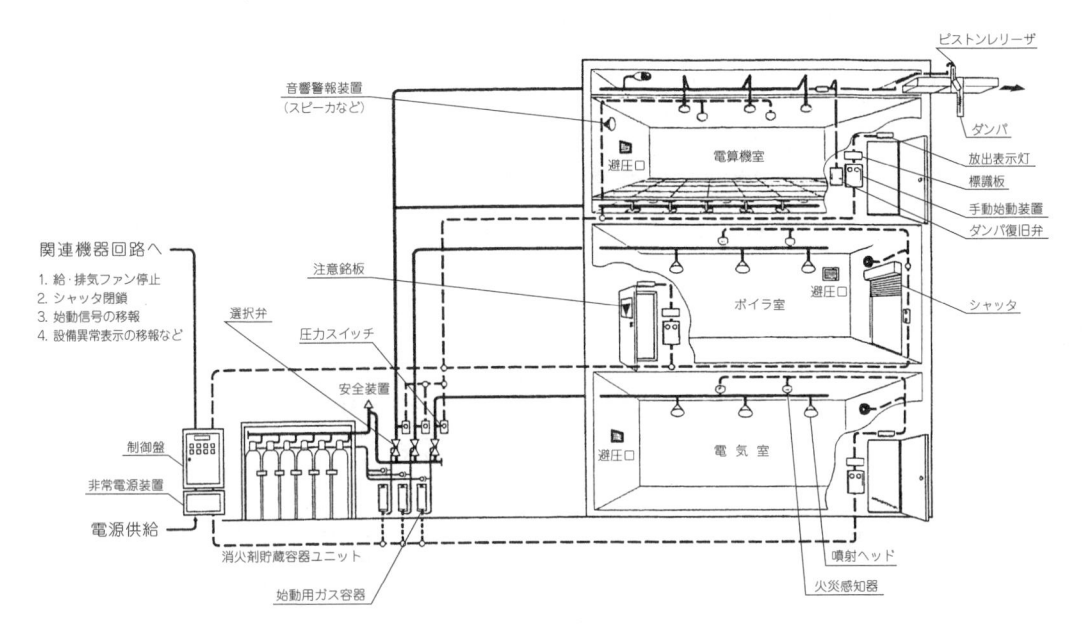

図3—23 不活性ガス消火設備（窒素系ガス）

二酸化炭素消火設備の場合は，火災感知器により自動始動を行ってはならず手動始動装置のみで始動すること，始動ボタンを押してから20秒以上経過してからガスが放出する遅延回路を設けることなどの制限事項が課せられている。

図3—24 (a), (b)はガス噴射ヘッドの外観例である。

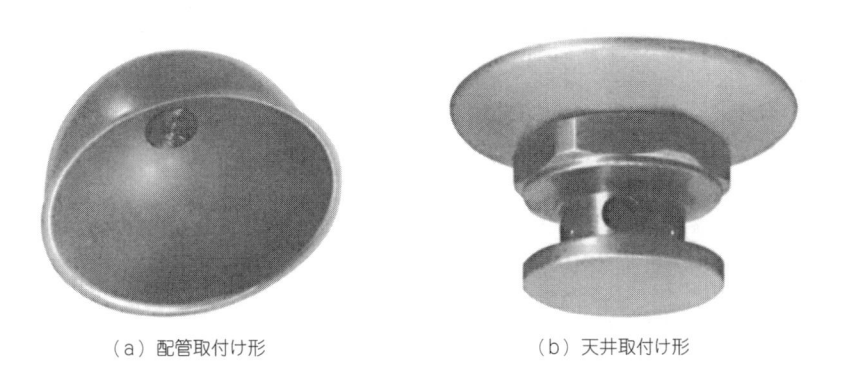

(a) 配管取付け形　　　　(b) 天井取付け形

図3—24 ガス噴射ヘッド

## 4.4 ハロゲン化物消火設備

ハロゲン化物消火設備は，消火剤として気体のハロゲン化合物を使用し，窒息作用ではなく燃焼の連鎖反応を停止させる触媒作用（負の触媒作用という）により消火を行うので，不活性ガスより人体に安全である。しかし，従来使用されていたハロン1301（化学式$CF_3Br$）がオゾン層破壊の原因物質であるため平成5年より生産が中止され，代わってオゾン層を破壊しないハロゲン化物HFC－23（化学式$CHF_3$，名称FE13），HFC－227ea（化学式$CF_3CHFCF_3$，名称FM－200）が使用されるようになった。

システム概念図を図3－25に示す。不活性ガス消火設備と構成はほぼ等しく，「始動装置」とあるのは図3－23の始動用ガス容器を内蔵したユニットである。この消火設備では，不活性ガス消火設備と同様，避圧口を設ける。

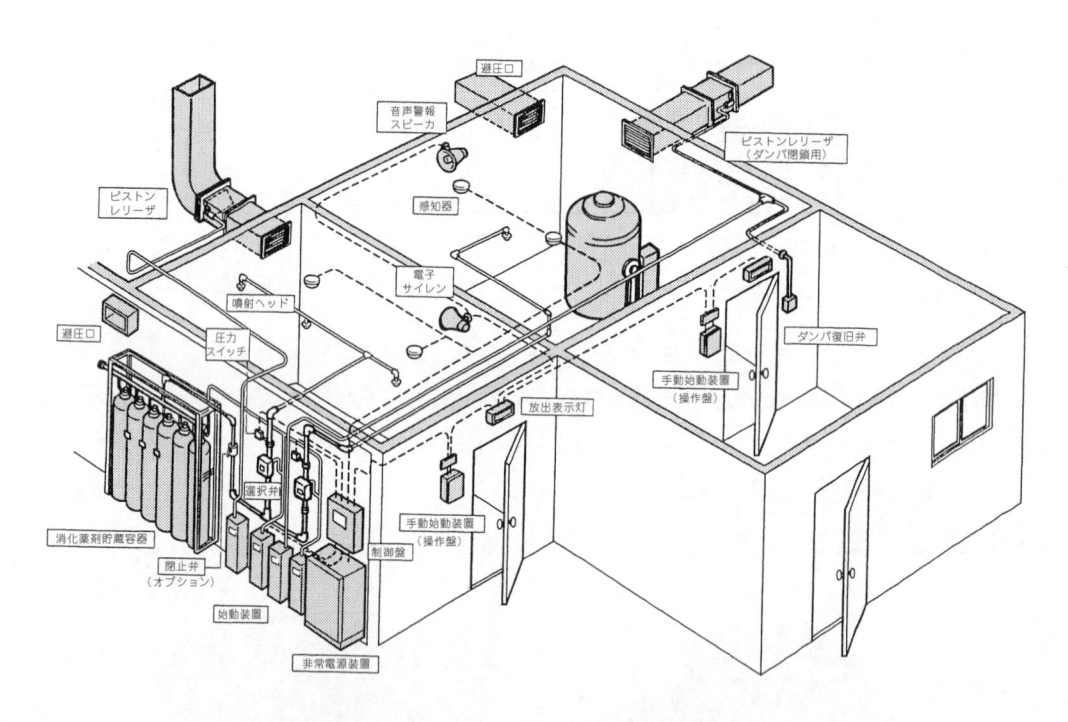

図3－25 ハロゲン化物消火設備（FM200）

## 4．5　粉末消火設備

　粉末消火設備は，炭酸水素ナトリウム（第1種粉末），炭酸水素カリウム（第2種粉末），りん酸塩類（第3種粉末），炭酸水素カリウムと尿素の反応物（第4種粉末）などの微細な粉末を放射して，消火粉末が熱によって分解し発生する二酸化炭素により窒息消火・空気遮断消火を行う。

　図3—26にシステム概念図を示すが，この方式は加圧ガス容器と粉末薬剤貯蔵容器が別になっている加圧式と呼ばれるもので，粉末薬剤貯蔵容器の中に加圧ガスを一緒に封入した蓄圧式という方式もある。図3—27に粉末薬剤貯蔵容器の外観を示す。

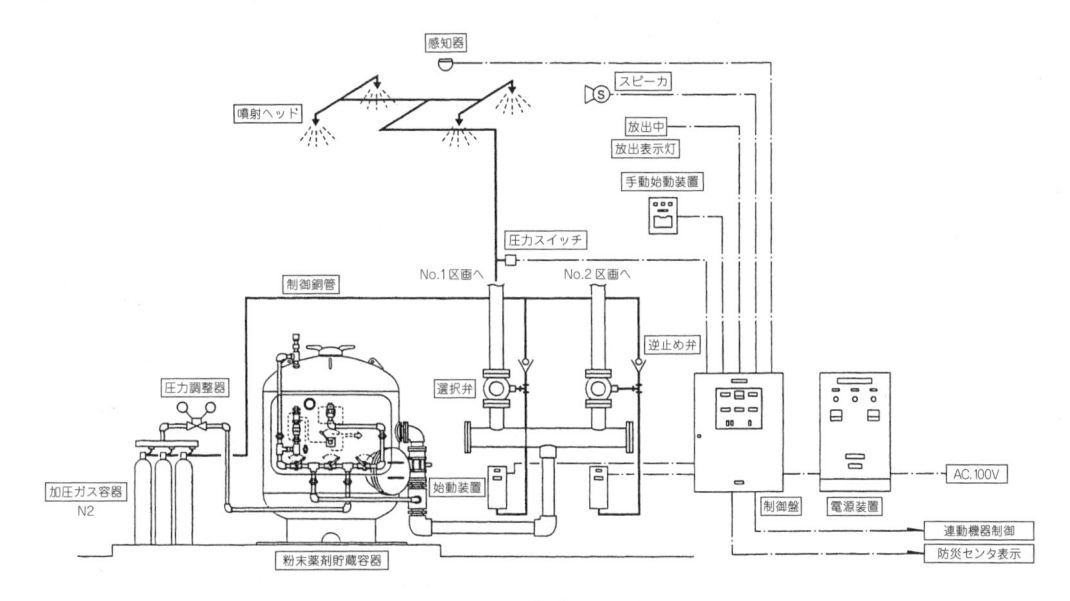

図3—26　粉末消火設備

図3—27　粉末薬剤貯蔵容器

粉末消火設備は粉体による視界不良や呼吸障害を発生する可能性があるため，消火剤放出前の警報と退避通路の確保が重要である。

## 第5節　屋外消火栓設備

屋外消火栓設備は，屋外に消火栓を設置して建物の外から1・2階の火災を消火する設備で，1・2階の床面積が広い建物周囲に設置される。

図3—28に系統図を示す。屋外消火栓設備の設置基準は表3—9のようになっており，警戒区域半径40mの円内に建物の1階部分が含まれるようにする。広い建物で，この円内でカバーしきれない場合は屋内消火栓を追加する。

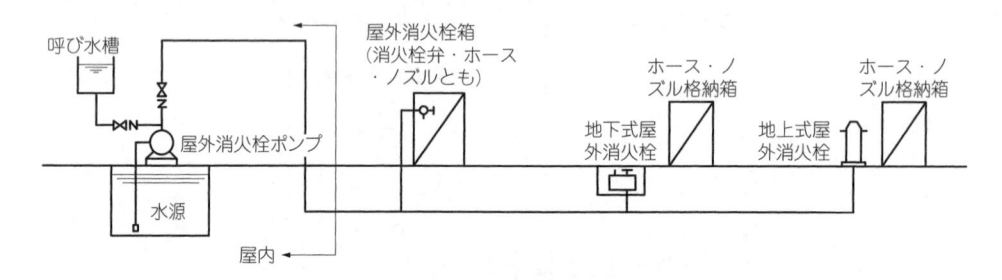

図3—28　屋外消火栓設備系統図

表3—9　屋外消火栓設置基準

| 項目 | | 屋外消火栓 |
| --- | --- | --- |
| 水源水量 | 消火栓個数1個のとき | 7.0m³ |
| | 消火栓個数2個以上のとき | 14.0m³ |
| ポンプの吐出し量 | 消火栓個数1個のとき | 400ℓ/min |
| | 消火栓個数2個以上のとき | 800ℓ/min |
| 警戒区域半径〔m〕 | | 40 |
| ノズル先端放水圧力〔MPa〕 | | 0.25 (0.6以下) |
| 放水量〔ℓ/min〕 | | 350 |
| ノズル口径〔mm〕 | | 19 |
| 開閉弁呼称径（A） | | 65 |
| ホース呼称径（A）×長さ〔m〕 | | 65×40 |
| 主配管のうち立上がり管呼称径（A） | | 65以上 |

屋外消火栓は，据付け位置・接続口の数などから表3—10のような種類がある。図3—29に屋外消火栓の外形，図3—30に屋外消火栓箱の外形を示す。

表3—10 屋外消火栓の種類

| 据付け位置 | ホース接続口の数 | 排水装置の有無 |
|---|---|---|
| 地下式 | 単口型 | 非排水式（普通式） |
| 地上式 | 双口型、三方口型＊ | 排水式（不凍式） |

＊ 主として防衛庁で使用されている。

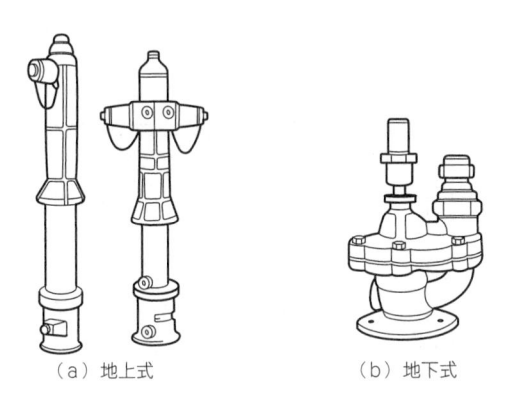

（a）地上式　　　　　（b）地下式

図3—29　各種屋外消火栓

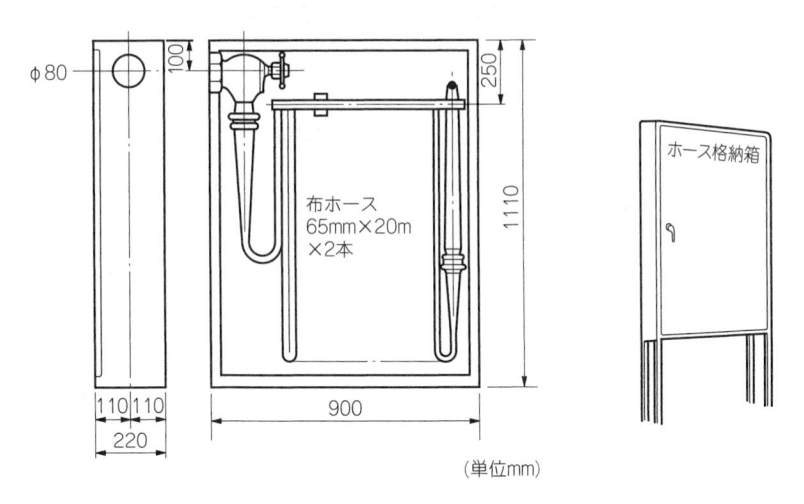

（単位mm）

図3—30　屋外消火栓箱

## 第6節　自動火災報知設備

　自動火災報知設備は火災受信機，感知器などからなり，システムの構成例を図3—31に示す。このシステムは3回線の例で，感知器からの火災信号を火災受信機が受けて火災の箇所を特定し，消火ポンプの自動始動，火災表示，警報ベル報知などを行う。図中のPは消火栓箱の押しボタンである。終端抵抗とは，常時この抵抗に微弱電流を流し，断線などの故障を検出するものである。

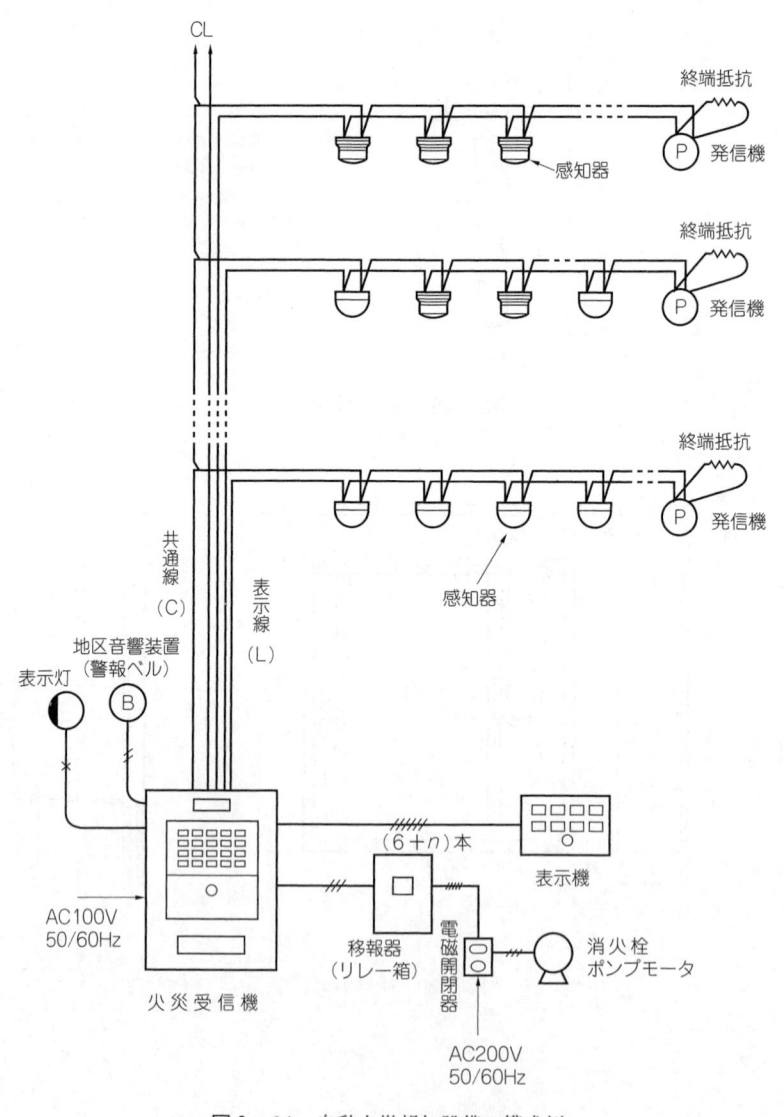

図3—31　自動火災報知設備の構成例

## 6.1 感知器

　感知器には，大別して熱感知器，煙感知器，炎感知器の3種があり，表3—11に示すような種類がある。各感知器の動作原理は以下のようになっている。

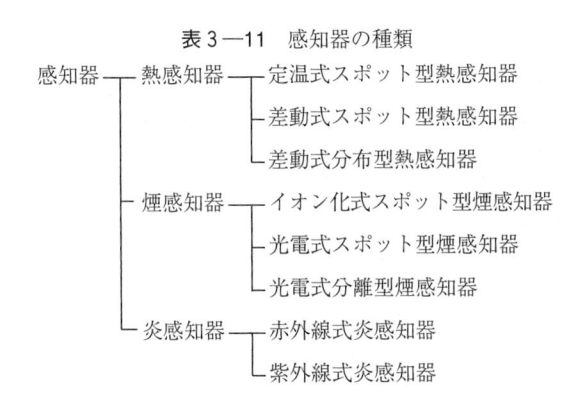

表3—11　感知器の種類

```
感知器 ─┬─ 熱感知器 ─┬─ 定温式スポット型熱感知器
        │            ├─ 差動式スポット型熱感知器
        │            └─ 差動式分布型熱感知器
        ├─ 煙感知器 ─┬─ イオン化式スポット型煙感知器
        │            ├─ 光電式スポット型煙感知器
        │            └─ 光電式分離型煙感知器
        └─ 炎感知器 ─┬─ 赤外線式炎感知器
                     └─ 紫外線式炎感知器
```

### （1）　定温式スポット型熱感知器

　内部の感熱部が一定の温度に達すると作動するもので，バイメタルという熱変形する金属でスイッチを押すもの，サーミスタという半導体素子を利用するものなどがある。作動するときの温度を「公称作動温度」と呼び，65～75℃としたものが多い。この型は防水構造にすることができるので，厨房や浴場などに使用される。

### （2）　差動式スポット型熱感知器

　この感知器は，内部にチャンバと呼ばれる箱があり，リーク穴という小穴で外部と連絡されている。室温が徐々に変化したときはリーク穴から空気が出入りして作動しないようになっているが，急激に室温が上昇するとチャンバ内の空気が膨張し，リーク穴の空気の出入りが間に合わなくなり隔膜（ダイヤフラム）を押し上げてスイッチを作動させる。

### （3）　差動式分布型熱感知器

　差動式スポット型のチャンバの代わりに，室の天井へ外径約2mmの銅管を張り巡らし，両端を感知器に接続する。動作原理は差動式スポット型と同じであるが，銅管が短いとチャンバの役目を果たさないので最低20mを必要とし，室が狭い場合は一部分をコイル状に巻いておく。銅管の長さは最大100mまでとなっている。

### （4）　イオン化式スポット型煙感知器

　スイスのサーベラス社が開発した製品で，現在は国産化されている。アメリシウム241という放射性物質がイオン室に入っており，内部の空気を電離させている。このイオン室にある一対の電極に直流電圧をかけるとイオン電流が流れるが，火災の煙がイオン室に入ってくると燃焼ガスによって電離状態が弱められ，イオン電流が減少する。これをスイッチ素子で検出し通報する。

### （5） 光電式スポット型煙感知器

この感知器は内部に送光器と受光器をもっており，相互は遮光板により遮断されている。感知器内に煙が入ってくると点滅する送光器からの光が煙に乱反射されて受光器に入るので，これを電気信号に変換して通報する。

### （6） 光電式分離型煙感知器

送光器と受光器が独立しているもので，室の両端に向かい合わせで設置し送光器からの光線がまっすぐ受光器に入るようにする。これを光軸合わせという。送光器と受光器の間に煙が入ると光線が遮へい・散乱されるので，これを電気信号に変換する。

### （7） 赤外線式炎感知器

炎から発生する光のうち，波長$4.4\mu m$付近の赤外線のちらつき（$CO_2$共鳴放射帯という）をフィルタを通して焦電素子という半導体で検出・増幅して通報する。この感知器は人工光線のような安定した光源には反応しないが，太陽光線には反応してしまうので，直射日光の差し込まない場所に設置しなければならない。

### （8） 紫外線式炎感知器

放射管を用い，炎から発生する$0.2\mu m$付近の紫外線をパルスとしてカウントし，一定値以上に達すると通報する。太陽光・水銀灯などに反応してしまうので，これらの届かない場所に設置する必要がある。

以上の各感知器のうち，煙感知器，炎感知器は消防法施行規則で危険性の高いホテル・百貨店・地下街などの特定防火対象物に設置しなければならないことになっている。(2), (3), (4), (6)及び(7)の感知器の外観を図3—32に示す。

（a）差動式スポット型熱感知器　（b）差動式分布型熱感知器　（c）イオン化式スポット型煙感知器

（d）光電式分離型煙感知器　（e）赤外線式炎感知器

図3—32　各種感知器

## 6.2 火災受信機

火災受信機には，次の3種類がある。
- P型1級火災受信機
- P型2級火災受信機
- R型火災受信機

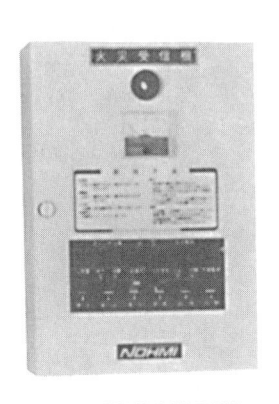

### (1) P型1級火災受信機

最も一般的な受信機で，盤面には「地区窓」と呼ばれる警戒区域の名称板が並んでおり，火災が発生するとその区域の地区窓が照光され，ブザー警報するとともに該当区域ごとに設置された警報ベルを鳴らす。また，必要に応じて消火設備・防火防煙設備・放送設備などを始動させる。図3—31に示す終端抵抗による断線警報機能を備える。

### (2) P型2級火災受信機

比較的小規模のシステムに用いられ，回線数は5回線以下となっている。P型1級受信機にある発信機～受信機間の電話機能は通常もっていない。

### (3) R型火災受信機

R型とはレコードを意味する略号で，P型受信機のような地区ごとの監視ではなく，各感知器に番号（アドレス）を付けて，どの地区のどの感知器が作動したかを表示させる。しばしばガス漏れ火災機能と一体化され，GR型火災受信機と呼ばれる。情報量が多いので，液晶ディスプレイで表示させる機種が多い。

各火災受信機の外観を図3—33に示す。

(a) P型1級火災受信機　　(b) P型2級火災受信機　　(c) R型火災受信機

図3—33　火災受信機

## 第3章の学習のまとめ

　消火設備は，火災が発生しなければ通常は作動しないものであり，設備の健全性は消防法で定められた定期点検によって始めて確認されるという特殊性がある。そのため，設置者・居住者は設備の正しい使用法，避難通路の確保など，日常心がけておかなければならない事項は数多い。本章で述べた内容とともに，防火体制の整備が重要であることを理解すること。

## 【練　習　問　題】

次の各問に答えなさい。
（1）　図3—34の事務所に，屋内2号消火栓を配置しなさい。
（2）　開放型スプリンクラを設置するのはどのような場所か，また，その理由について述べなさい。

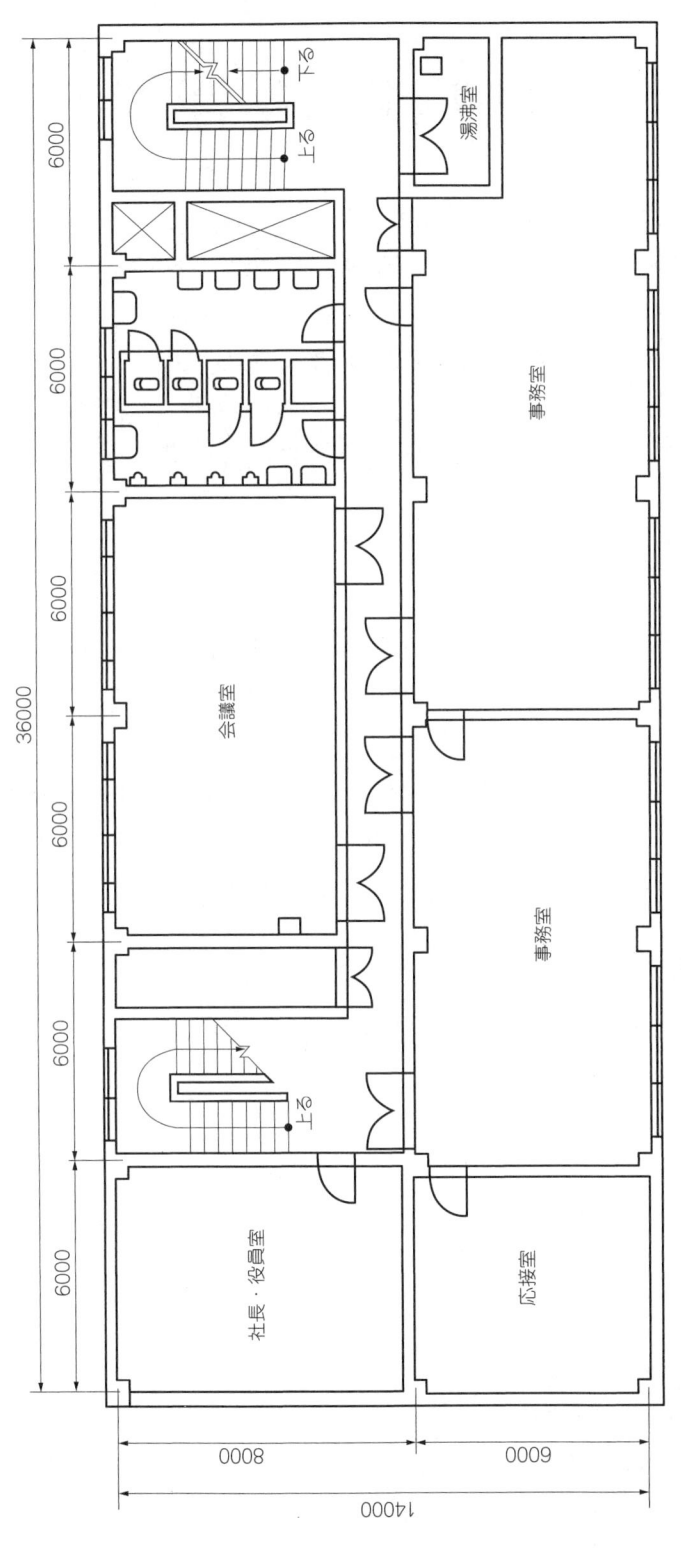

図3—34　事務所2階平面図

# 第4章 給湯設備

湯は水と同様，飲用・入浴・洗面・食器洗いなど日常生活に重要なものである。一般家庭ではガス湯沸器，電気湯沸器が広く普及しているが，ホテル・病院・浴場などは業務用に多量の湯を必要とする関係から，給湯用の大がかりなシステムを設置することが多い。

本章では，水を加熱しそれを供給する給湯設備について述べる。

## 第1節 給湯設備

### 1.1 給湯方式

入浴・洗顔・洗濯などに使用する温水をつくり，供給する設備を給湯設備という。給湯設備は給湯の供給方式により，局所給湯方式，中央給湯方式の2種に大別される。

局所給湯方式は，個人住宅のように湯の使用箇所ごとに加熱装置を設けて給湯する方式で，中央給湯方式は湯の使用箇所が多いホテル・病院など，1箇所の機械室で温水をつくり配管で各室へ供給する方式である。ただし，どちらか一方のみということはなく，事務所などでは中央給湯方式のほかに，飲料水を各室の専用給湯器で供給する部分的な局所給湯方式をとる場合もある。

### 1.2 給湯量の算定

湯の使用量は，地域・生活様式・施設の性格などにより大きく変化するため決定的な算出方法は確立されていないが，比較的に多く用いられているのは，

・使用人員による方法
・適流量・適温度による方法

の2種である。使用人員による方法は主として中央給湯方式の加熱器や貯湯槽の容量を決定するときに使用され，適流量・適温度による方法はガス瞬間湯沸器などを使用する局所給湯方式に使用される。

(1) 使用人員による方法

建物の用途から1日当たりの給湯量と時間当たりの最大給湯量を推定し，加熱器の能力と貯湯槽の貯湯量を求めるもので，給湯量については各種の表が発表されているが一例を表4—1に示す。

表4—1　設計用給湯量

| 建物種別 | 給湯量<br>(年平均1日当たり) | 時間最大給湯量<br>〔ℓ/h〕 | 時間最大給湯量<br>の継続時間〔h〕 | 備　考 |
|---|---|---|---|---|
| 事　務　所 | 7～10 ℓ/人 | 1.5～2.5 (1人当たり) | 2 | |
| ホテル(客室) | 150～250 ℓ/人 | 20～40 (1人当たり) | 2 | |
| 総　合　病　院 | 2～4 ℓ/m² | 0.4～0.8 (m²当たり) | 1 | |
| | 100～200 ℓ/床 | 20～40 (床当たり) | 1 | |
| レストラン | 40～80 ℓ/m² | 10～20 (m²当たり) | 2 | (客席+ちゅう房)面積当たり |
| 軽　食　店 | 20～30 ℓ/m² | 5～8 (m²当たり) | 2 | 同上：そば・喫茶・軽食 |
| 集　合　住　宅 | 150～300 ℓ/戸 | 50～100 (戸当たり) | 2 | |

同表から，時間最大給湯量に建物を利用する人数を掛けて全体の時間最大給湯量とする。加熱器の加熱能力H(W)は式(4—1)による。

$$H \geqq \frac{1.163 \left\{ \left( \frac{t_{h1}+t_{h2}}{2} - t_c \right) QT - (t_{h1}-t_{h2})V \right\}}{T} \cdots\cdots (4-1)$$

ここに，H　：加熱器の加熱能力（W）

　　　　$t_{h1}$　：給湯最大使用時前の貯湯槽内水温（一般に60℃とする）

　　　　$t_{h2}$　：給湯最大使用時後の貯湯槽内水温（一般に55℃とする）

　　　　$t_c$　：給水温度（冬季で5℃程度）

　　　　Q　：時間最大給湯量（ℓ/h）

　　　　T　：時間最大給湯量の断続時間（h）

　　　　V　：貯湯槽内の有効貯湯量（ℓ）

貯湯槽内の有効貯湯量Vは，V≒Q程度にとるが，貯湯槽の設置場所に制約があるときはVを小さくし，(4—1)式でHを大とする。一例として宿泊客数200人のホテルで下記の条件における加熱器の加熱能力Hを求める。

　　　　$t_{h1}$=60℃

　　　　$t_{h2}$=55℃

　　　　$t_c$=5℃

　　　　Q=20 ℓ/h×200人=4000 ℓ/h

　　　　T=2h

　　　　V=Q=4000 ℓ

$$H \geqq \frac{1.163 \left\{ \left( \frac{60+55}{2} - 5 \right) \times 4000 \times 2 - (60-55) \times 4000 \right\}}{2} = 232600W$$

したがって，240kWの加熱器を選定する。貯湯槽の実際の容量V′は有効容量Vから，

$$V' ≒ \frac{V}{0.7}$$

程度とし，この例では V′=4000 / 0.7≒5700ℓ とする。

**（2）　適流量・適温度による方法**

この方法は，一般家庭におけるガス湯沸器の大きな目的である浴槽への湯の供給（湯張りという）が適正時間で行うことができるかを検討し，その他の給湯を必要とする器具について補足検討を行うものである。

浴槽の湯張り時間の目安を表4—2に示す。一般に湯張り時間は10～15分が適当とされるが，計算で求める場合は式（4—2）による。

表4—2　湯張り時間の目安
45℃の湯を落とし込む場合（湯水混合の計算値）

（単位：min）

| 湯張り量〔ℓ〕 | 給水温度〔℃〕 | 給湯能力 | | | | |
|---|---|---|---|---|---|---|
| | | 13号 | 16号 | 20号 | 24号 | 32号 |
| 180 | 5(冬季) | 22 | 18 | 14 | 12 | 9 |
| | 25(夏季) | 11 | 9 | 7 | 6 | 4.5 |
| 200 | 5(冬季) | 24 | 20 | 16 | 13 | 10 |
| | 25(夏季) | 12 | 10 | 8 | 6.5 | 5 |
| 220 | 5(冬季) | 27 | 22 | 18 | 14.5 | 11 |
| | 25(夏季) | 14 | 11 | 9 | 7.3 | 5.5 |

（注）1．水圧，混合水栓の抵抗により異なる場合がある。
　　　2．湯張りの湯温は，入浴の適温40.5℃よりかなり高いが，浴槽による温度降下などを考慮して，45℃としている。

$$H = \frac{4.186 V_b (t_h - t_c)}{t} \quad \cdots\cdots\cdots (4\text{—}2)$$

ここに，$H$：湯沸器の能力（kJ/min）

　　　　$V_b$：浴槽の湯張り量（ℓ）　浴槽容量×0.8

　　　　$t_h$：浴槽への供給温度（℃）　43℃程度

　　　　$t_c$：給水温度（5℃程度）

　　　　$t$：湯張り時間（min）

浴槽以外の器具に対する湯沸器必要能力Hは式 (4―3) で求める。

$$H = \Sigma \{4.186n(t_h - t_c)q\} \cdots\cdots\cdots\cdots\cdots\cdots\cdots\cdots\cdots\cdots\cdots\cdots (4-3)$$

ここに，H ：湯沸器の能力 (kJ/min)

　　　　n ：器具の数

　　　　$t_h$ ：表4―3の使用適温 (℃)

　　　　$t_c$ ：給水温度 (5℃程度)

　　　　q ：表4―3の適流量 (ℓ/min)

表4―3　用途別使用適温・適流量

| 使用用途 | 使用適温〔℃〕 | 適流量〔ℓ/min〕 | 備　考 |
|---|---|---|---|
| 食　器　洗　浄 | 39.0 | 7.5 | 普通吐水 |
|  |  | 5.0 | シャワー吐水 |
| 洗　　　　　顔 | 37.5 | 8.5 |  |
| 洗　　　　　髪 | 40.5 | 8.0 |  |
| 入　　　　　浴 | 40.5 | ― |  |
| ハンドシャワー | 40.5 | 8.5 |  |
| 壁掛けシャワー | 42.0 | 13.0 |  |
| 皿　　洗　　機 | 70～80 |  | 機種による |

表4―2において，給湯能力「号」とは，給水温度を25℃上昇させた湯が1ℓ/min供給できる能力を1号と定めたもので，熱量表示では下記のようになる。

　　　　1号＝104.65kJ/min＝1.74kW

例題として，洗面器（洗顔），台所流し（食器洗浄・普通吐水），ハンドシャワー各1台，浴槽（容量200ℓ）1台の場合は次のようになる。

　　　　$V_b$＝200×0.8＝160ℓ

　　　　$t_h$＝43℃

　　　　$t_c$＝5℃

　　　　t＝10min

式 (4―2) から，

$$H = \frac{4.186 \times 160 \times (43-5)}{10} = 2545 \text{kJ/min}$$

浴槽以外の器具については式（4—3）から，

　　洗面器　　　　：4.186×1×(37.5−5)　×8.5＝1156kJ/min
　　台所流し　　　：4.186×1×(39−5)　　×7.5＝1067kJ/min
　　ハンドシャワー：4.186×1×(40.5−5)　×8.5＝1263kJ/min
　　　　　　　　　　　　　　　　　　　合計　3486kJ/min

したがって，2500kJ/minの湯沸器であると浴槽の湯張りを行っていないときは器具2個の同時使用が可能であり，3500kJ/minのものでは浴槽の湯張りを行いながら台所流しの使用が可能である。前者は2500/104.65≒24号，後者は3500/104.65≒32号となる。浴槽の容量についてはメーカのカタログに表示されているので参考とされたい。

## 1.3　加熱装置

加熱装置はガス・電気・油・太陽熱などで直接水を加熱する直接加熱方式と，蒸気・高温水による間接加熱方式があり，間接加熱方式は給湯以外の蒸気を必要とする病院やホテルに多く使用される。各種加熱装置を図4—1に示すが，このほかにも各種の製品がある。

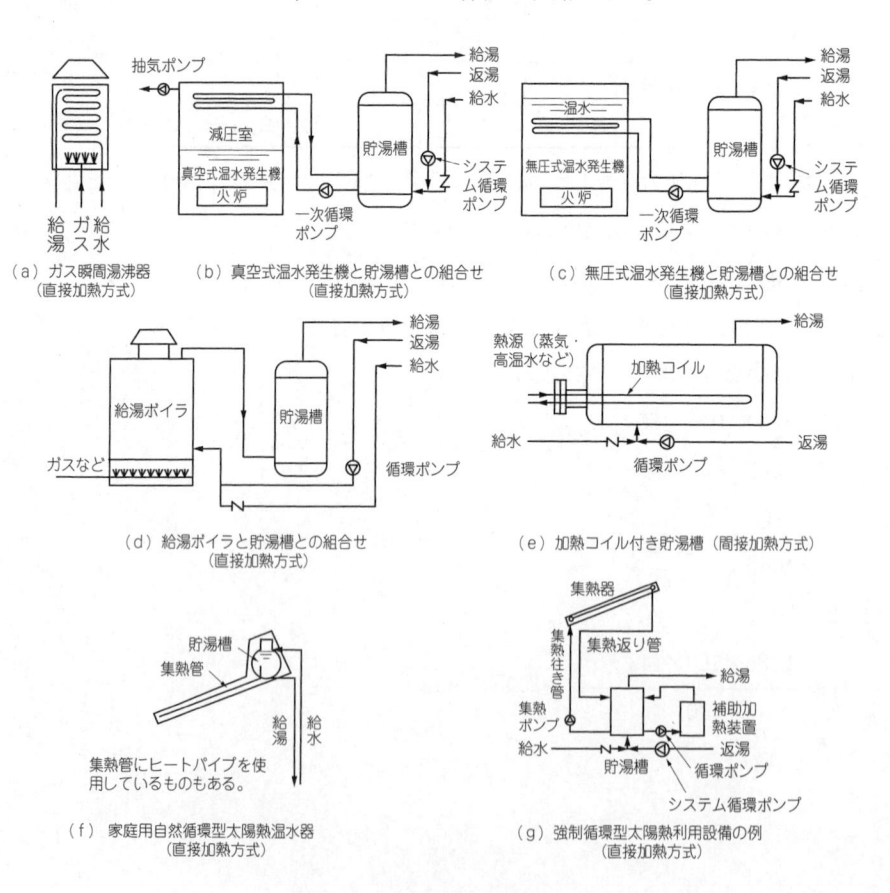

図4—1　各種の加熱装置

図4—2 (a) はガス瞬間湯沸器5号，図 (b) はガス湯沸器24号の外観で，50号までの機種があり、50号以上は数台を連結して容量を増加できる機種もある。ただし，50号以上は所轄消防署へ事前に届け出を要する。

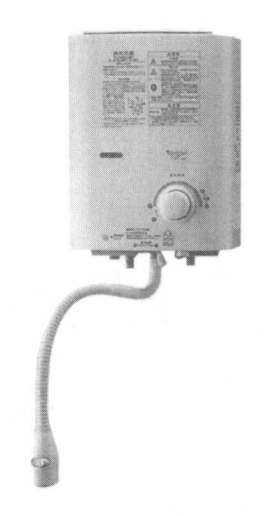

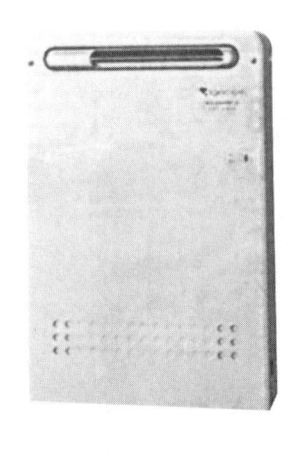

(a) 5号湯沸器　　　　　　　　　(b) 24号湯沸器

図4—2　ガス湯沸器

真空式温水発生器の構造は後出の図7—18に示すが，外観の一例は図4—3のようなもので，これは灯油だきの機種である。図4—4は無圧式温水器の外観例で，これも灯油だきである。これらの温水発生器は低圧であるため「ボイラ及び圧力容器安全規則」による法的な届出，取扱資格を必要としない。

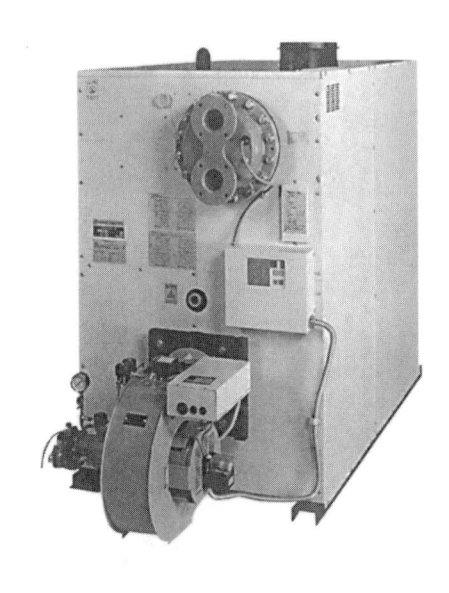

図4—3　真空式温水発生器　　　　　　　図4—4　無圧式温水発生器

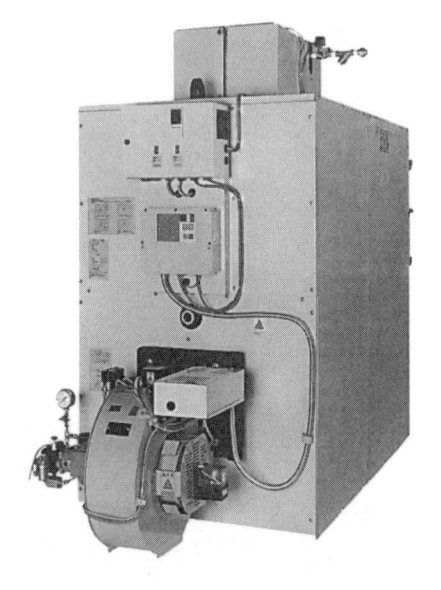

温水発生器に付属させる貯湯槽は，図4—5に示すステンレス鋼製の円筒状容器で，貯湯量は10,000ℓ程度まで製作され，横型と立て型がある。加熱器付き貯湯槽の例は図4—6のようなもので，この例は電熱ヒータで加熱を行っている。また，図4—1に示されていない電気温水器というものがあり，図4—7 (a) は洗面ユニットなどに組み込まれるもの，図 (b) は床置き型のものである。

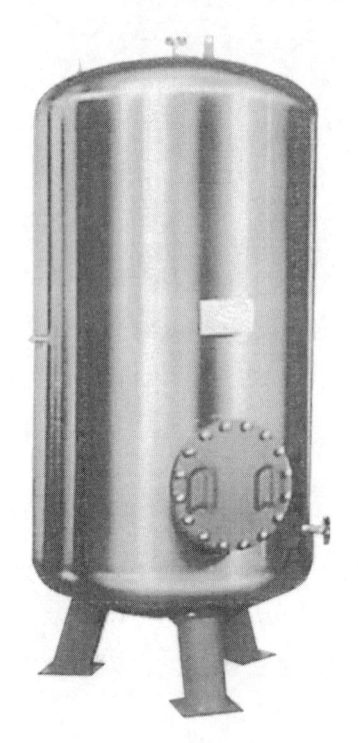

図4—5　貯湯槽（立て形）

図4—6　加熱器付き貯湯槽

(a) 洗面・手洗い用組込み形　　　(b) 洗面・手洗い用床置き形

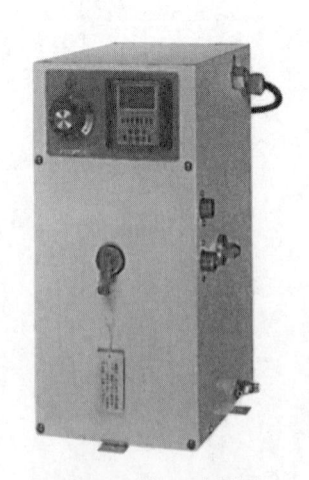

図4—7　電気温水器

## 1.4 中央給湯方式

中央給湯方式は，加熱器・貯湯槽・配管・給湯循環ポンプ・付属器具などからなり，1箇所（若しくは数箇所）で作り出した湯を配管で各所へ配分する。この方式は通常図4—8に示すように，貯湯槽→給湯管→返湯管→給湯循環ポンプ→貯湯槽……と湯を循環させて，給湯栓を開くと直ちに熱い湯が出てくるようにする。

給湯管が下から給湯栓に向かって上がってくる配管方式を「上向き供給方式」（図(a)），上から給湯栓に向かって下がってくる方式を「下向き供給方式」（図(b), (c)）という。いずれの方式でも加熱された水から分離される空気（泡）が配管の中に蓄積しないようにする必要があり，下向き供給方式のほうが蓄積する恐れは少ない。図中の「膨張管」は，水の加熱による体積膨張でシステムの圧力が過大となるのを防止するものである。

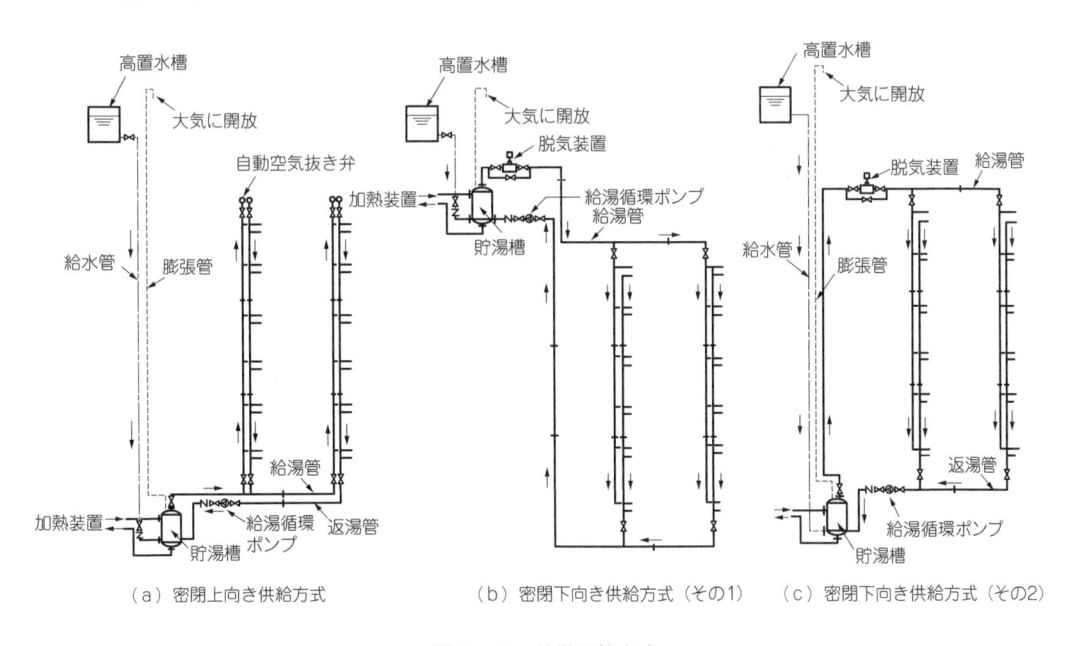

（a）密閉上向き供給方式　　（b）密閉下向き供給方式（その1）　　（c）密閉下向き供給方式（その2）

図4—8　給湯配管方式

**第4章の学習のまとめ**

給湯設備によって供給される湯は，人が飲用・調理用・洗面入浴用に使用するため，給水設備と同様に水質の汚染防止に留意しなければならない。最近話題となっている汚染傷害にレジオネラ菌による呼吸器疾患がある。この菌は自然界の土壌中や河川・湖沼の淡水中に生息しており，30～50℃の環境で細菌や微生物に寄生して増殖し，人が吸入すると肺炎を発症する恐れがある。平成2年以降はレジオネラ感染症と診断された場合には直ちに届け出ることが義務づけられた。給湯設備においては，菌の繁殖温度を長時間保持することのないよう，また配管や湯槽の中に生物膜・付着物（スライムという）が発生しないよう清潔を保つことが重要である。

## 【練習問題】

次の各問に答えなさい。

（1） 有効床面積2,000m²の事務所における給湯設備の加熱器能力と貯湯槽容量を求めなさい。

（2） 20号のガス湯沸器は，水の入口温度10℃のとき出口温度40℃の湯が何ℓ/min供給できるか計算しなさい。

# 第5章　上下水道設備

　水は，降雨によって地表に供給され，様々な用途に利用されて排出された後，ふたたび蒸発して降雨になるという大きなサイクルを形成している。我々が生活し，生産活動を行うための水の利用は上水道設備・工業用水道設備・農業用水設備で始まり，下水道設備で終了する。

　本章では，このうちの上水道設備と下水道設備の概要について述べる。

## 第1節　上水道設備

### 1.1　浄水方式

　河川，湖沼，地下水などから水源（原水）を取り入れ，浄水として送り出すいわゆる浄水施設は，水質基準（水道法第4条）に適合する浄水の必要量を生産するための施設で，原水の水質及び浄水量に応じて浄水方法，施設の内容，規模などが定まる。

　浄水方法には，大別して図5—1，表5—1に示す四つの方式があり，必ず塩素による消毒を行わなければならない（水道法施行規則第16条）。

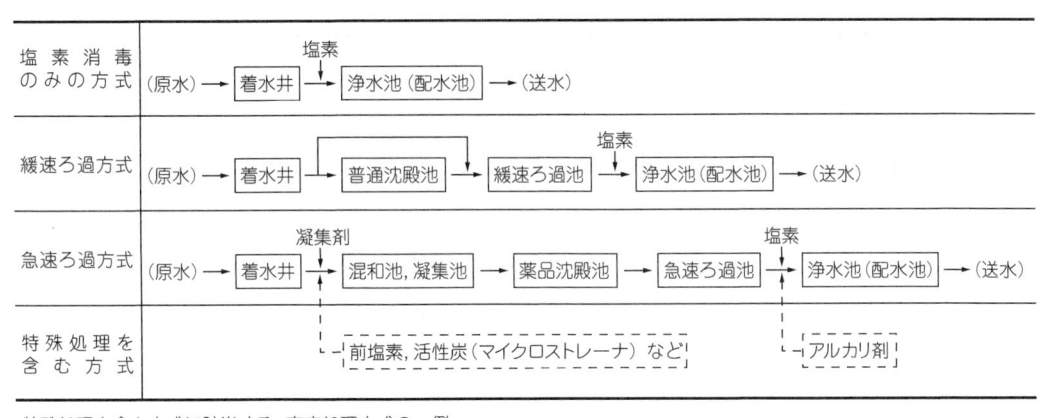

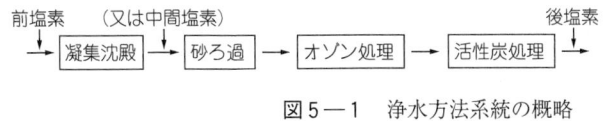

図5—1　浄水方法系統の概略

表5－1 浄水方法の選定の目安

| 方式 | 原水の水質 | 処理法 | | 摘　要 |
|---|---|---|---|---|
| 塩素消毒のみの方式 | ① 大腸菌群（100mℓ MPN）50以下<br>② 一般細菌（1mℓ）500以下<br>③ 他の項目は水質基準に常に適合する | 消毒設備のみとすることができる。 | | |
| 緩速ろ過方式 | ① 大腸菌群（100mℓ MPN）1000以下<br>② 生物化学的酸素要求量（BOD）2ppm以下<br>③ 年平均濁度10度以下 | 緩速ろ過池 | 沈殿池不要 | 原水濁度年最高10度以下 |
| | | | 普通沈殿池 | 原水濁度年最高10～30度 |
| | | | 薬品処理可能な沈殿池 | 原水濁度年最高30度以上 |
| 急速ろ過方式 | 上記以外 | 急速ろ過池　薬品沈殿池 | 横流式沈殿池，傾斜板式等沈殿池 | |
| | | | 高速凝集沈殿池 | ① 原水濁度最低10度前後，最高約1000度以下，変動の幅が極端に大きくないこと。<br>② 処理水量の変動が少ないこと。 |
| 特殊処理を含む方式 | ① 侵食性遊離炭酸<br>② pH値の調整<br>③ 臭　　気<br>④ 色<br>⑤ 鉄<br>⑥ マンガン<br>⑦ 陰イオン界面活性剤<br>⑧ 生　　物<br>⑨ ふっ素<br>⑩ フェノール | MPN=Most Probable Number（最確数）確率論の原理を応用して数学的に算出された数値。培養法という検査法を用いる。 | | |

## 1.2 上水道設備

　取水施設，浄水施設，配水施設を総称して上水道設備という。上水道設備の構成例を図5―2に示す。

　水源としては，河川，湖沼，ダム，地下水が主となっている。このうち地下水の水質はおおむね良好であるが地盤沈下の原因となるため一部の中小都市を除いては河川，湖沼，ダムから取水が行われている。地下水に対して，これらの水源を表流水と呼んでいる。

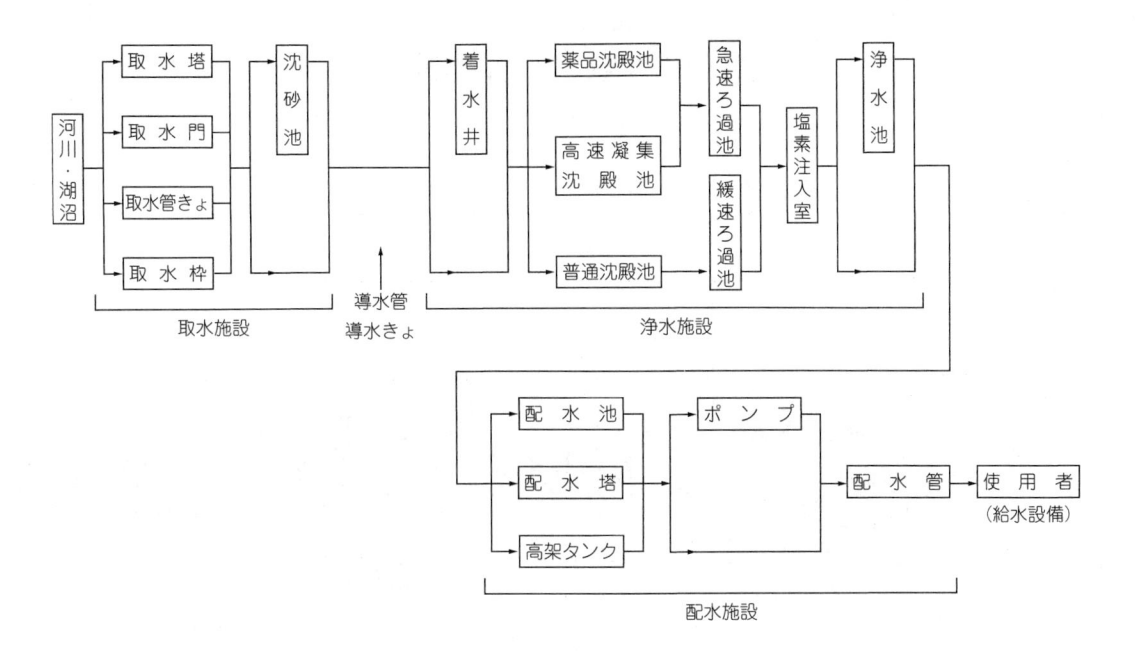

図5-2 上水道設備の構成

## 第2節　取水・浄水施設

表5-2　取水施設の選定（①河川を水源とする場合）

| 表流水・伏流水の別 | 表流水 | | | |
|---|---|---|---|---|
| 取水施設の種別／項目 | 取水ぜき | 取水塔 | 取水門 | 取水管きょ |
| 概略図 | | | | |
| 機能・目的 | 河川水をせき上げし，計画取水位を確保することにより，安定した取水を可能にするための施設であり，せき本体取水口・沈砂池などが一体となって機能する。 | 河川の水深が一定以上の所に設置すれば年間の水位変化が大きくとも安定した取水が可能である。取水口を上下数段に設けて水質的に選択取水ができる。 | 取水口施設でスクリーン，ゲート又は角落とし，砂だめなどと一体となり機能する。 | 取水口部を複断面河川の低水護岸に設けて表流水を取水し，管きょ部を経て堤内地に導水する施設である。 |
| 特徴 | 安定した取水と沈砂効果が大きいことが特徴。開発が進んでいる河川等で，確実な取水を必要とする場合，大量取水の場合，河川の流況が不安定な場合などに適している。 | 大量取水の場合経済的であることが特徴。流況の安定している河川で大量に取水する場合に特に優れている。取水ぜきに比較して，一般に経済的である。 | 流況，河床，取水位が安定していれば工事及び維持管理も比較的容易で安定した取水が可能であるが，渇水時，洪水時，氷結時には，取水量の確保措置及び調整が必要である。 | 流況が安定し水位の変動が少ない河川に適し，施設は地盤以下に築造するので流水の阻害や治水，舟運などに支障がない。 |
| 取水量の大小 | 一般に比較的大量取水に適している。ただし簡易なものは中・少量取水に用いられることもある。 | 一般に大・中量取水に用いられる。特に大量取水の場合に優れている。 | 一般に少量取水に用いられる。ただし，流況が安定している河川や，固定ぜき又は簡易なせきと併用して中量取水に用いられることもある。 | 一般には中量以下の取水に用いられる。ただし河川の流況が安定している場合，固定ぜき等を設けて，計画取水位を確保する場合には大量取水に用いられることもある。 |
| 取水量の安定状況 | 安定した取水が可能である。 | 比較的安定した取水が可能である。 | 河川の流況の影響を直接受けるので不安定である。しかし河川の流況が安定している場合や，小規模な施設で管理が行き届く場合には安定性を増す。 | 比較的安定した取水が可能である。しかし河況の変化が大きい箇所では取水に支障をきたす場合もある。 |

## 2.1 取水施設

河川を水源とした場合と，湖沼・貯水池を水源とした場合とでは取水施設が若干相違する。河川の場合を表5—2に，湖沼・貯水池の場合を表5—3に示す。

|  | 伏 流 水 | | |
|---|---|---|---|
| 取 水 枠 | 集 水 埋 き ょ | 浅 井 戸 | 立形集水井 |
| 表流水を取水する施設のうちでは，最も簡易なものであり，木枠などで作る。主として中小河川の良質な水の取水に使用される。 | 堤内地，堤外地，旧河川敷などの伏流水を取水する施設である。 | 堤内地又は堤外地に設ける。井戸側を組んだものと，ケーシングを打ち込んだものがある。底面又は側面から取水する。 | 堤内地又は堤外地へ設ける。大口径で，井戸底部近くに多孔集水管を放射状に突き出す。一般の浅井戸に比較して多孔集水管を突き出した分だけ集水面積が大きい。 |
| 短期間で完成し，かつ比較的安定した取水が可能である。流失，埋没の恐れがある。 | 伏流水の流況がよければ安定した取水が可能で比較的良好な水質が期待できる。地上構造物が築造できない場合の取水施設として有効である。浅い場合は露出，流失の恐れがある。 | 簡易な取水方法である。 | 多孔集水管の位置が深いので自然の浄化作用を期待でき汚濁の進行している河川などに適している。一般の浅井戸に比較して多量取水ができる。 |
| 比較的簡易な施設であるから，一般的には少量取水に用いられている。 | 一般に少量取水に用いられている。 | 一般に少量取水に用いられる。 | 一般的には少量取水に用いられるが帯水層が厚い場合は中量取水にも用いられる。 |
| 比較的安定した取水が可能である。 | 河床下に没しているため管理が行き届かず閉そくによる取水不良が生じることがある。 | 比較的安定した取水が可能である。 | 過剰揚水がなければ安定した取水が可能である。 |

表5-3 取水施設の選定（②湖沼・貯水池を水源とする場合）

| 取水施設の種別 項目 | 取水塔 | | 取水枠 | 取水門 | 立形集水井（湖沼などの影響を受ける地下水取水の場合に適用） |
|---|---|---|---|---|---|
| | 固定式 | 可動式 | | | |
| 概略図 | | | | | |
| 機能・目的 | 湖沼、貯水池の大量取水施設として多く用いられる。取水口の配置を考慮すれば選択取水が可能である。 | 貯水池などの水深が特に深く、一般的な鉄筋コンクリート造りの取水塔の築造が困難な場合に多く用いられる。 | 湖沼の中・少量取水施設として多く用いられている。構造が簡単で施工も比較的容易である。水中に没して設けられるため、湖沼表面の水は取水できない。 | 取水口でスクリーン・ゲート又は角落とし、砂だめなどと一体となり、機能する。 | 湖沼のわきなどに設置して湖沼からの浸透水を取水する。井戸底部近くに多孔集水管を放射状に突き出し、井戸径を大きくして取水量の増大を図る。 |
| 特徴 | 水位変化の大きい貯水池などでも計画取水量を安定して取水できることが特徴。 | 水位の変動に応じて表面水を取水するのが特徴。必要に応じて任意の深さでの取水も可能である。 | 短期間で完成し、かつ安定した取水が可能である。 | 湖床・取水位が安定し比較的容易で安定した取水が可能であるが、渇水時、水結時には、水槽達や調達が必要である。事故・取水維持管理も比較的容易であるが、渇水時、水結時には、水槽措置及び調達が必要である。 | 汚濁が進行している湖沼などについても自然の浄化作用が期待できる。 |
| 取水量の大小 | 一般に大量取水に適している。 | 取水量の大小にかかわらず用いられている。 | 比較的少量取水の場合に用いられる。 | 一般に中・少量取水に用いられる。 | 一般に少量取水に用いられる。賦存量が安定し、賦存量が豊富な場合は中量取水も可能である。 |
| 取水量の安定状況 | 安定した取水が可能である。 | 左に同じ。 | 比較的安定した取水が可能である。 | 渇水期において湖沼などの取水計画する取水量以下の取水が適切であれば、安定した取水が可能である。 | 設置箇所及び帯水層の選定が適切であれば、一般に安定した取水が可能である。 |
| 取水地点 | 取水上からは水深の大きい箇所のほうが有効であるが、維持管理上からは、満水時にも岸から比較的近い距離が望ましい。 | 水深の大きい箇所での取水ができる。 | 埋没などを考慮して基盤が安定していて、かつ維持管理上より、あまり水深が大きくない箇所が望ましい。 | 湖沼などの安定している箇所で特に、取水門の前面が埋没しない箇所が望ましい。 | 十分な帯水層があれば、特に制約はない。 |
| 湖沼などの大小 | 一般に大規模な湖沼などに用いられる。 | 左に同じ。 | 湖沼などの大小には影響されない。 | 一般に小規模な湖沼などに用いられる。 | ほとんど関係ない。 |

## 2.2 沈砂池

沈砂池は，水中に含まれた土砂を沈降させ取り除くための鉄筋コンクリート製の水槽で，池内の流速は2～7cm/s，池の容量は計画取水量の10～20分間程度とされる。構造の例を図5—3に示す。

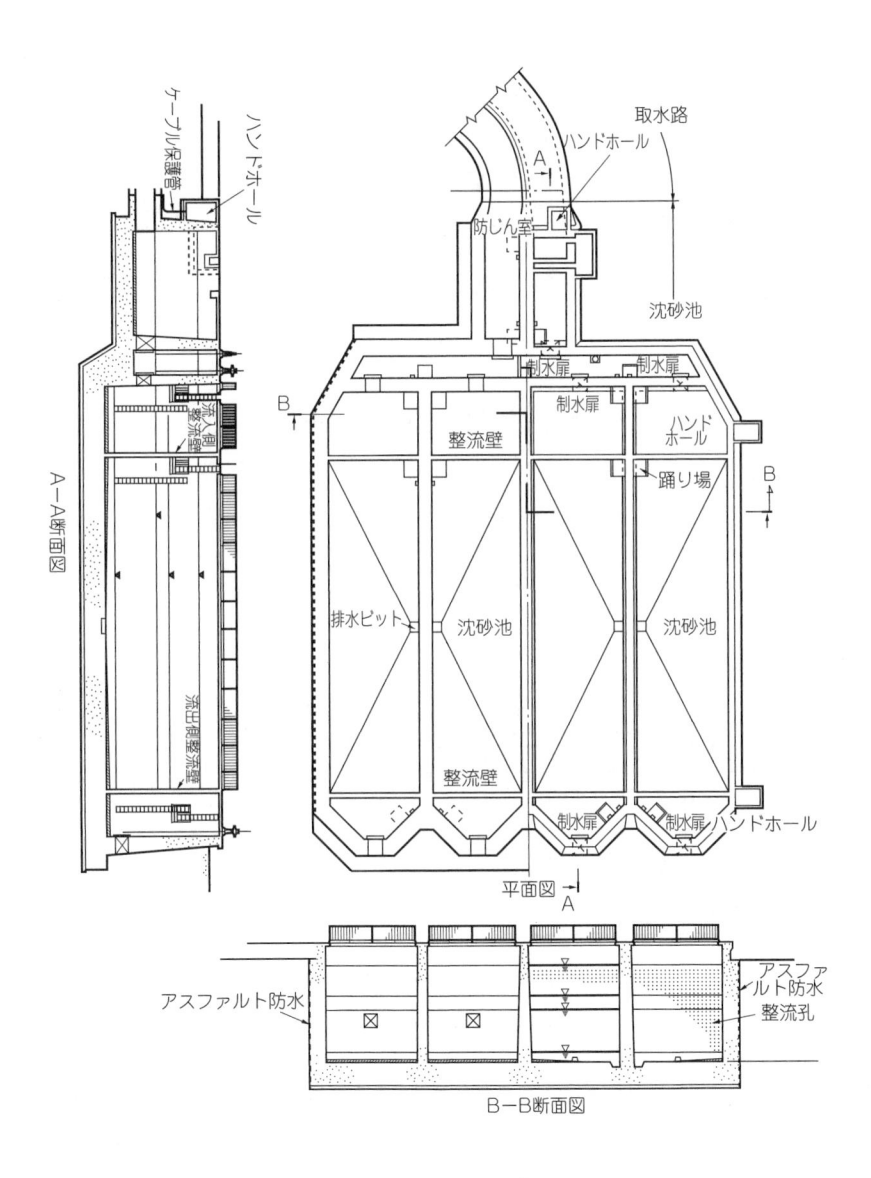

図5—3 沈砂池の構造例

## 2.3 導水管・導水きょ（渠）

取水施設から浄水施設まで水を輸送する通路を導水管又は導水きょという。導水管は内部を水が充満して流れるものをいい，鋳鉄管，ダクタイル鋳鉄管，鋼管，プレストレストコンクリート管などが多く使用される。一方，導水きょのほうは内部に水が充満せず，上に空気がある状態で流れるもので，一般にはコンクリート製である。構造断面図を図5—4に示す。図中，H.W.Lとあるのは最高水位のことである。

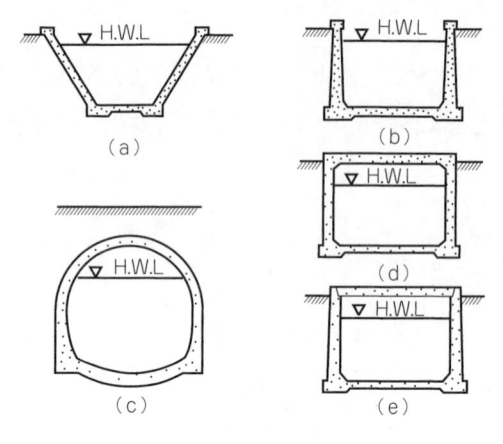

図5—4　導水きょ断面図

## 2.4 着水井

導水管，導水きょから送り出された水流を安定させ，水量を調節・把握するためのもので，整流板などを備えた長方形又は丸形のコンクリート水槽である。構造例を図5—5に示す。ただし，必ず必要というわけではなく，水流が穏やかな場合は省略されることがある。

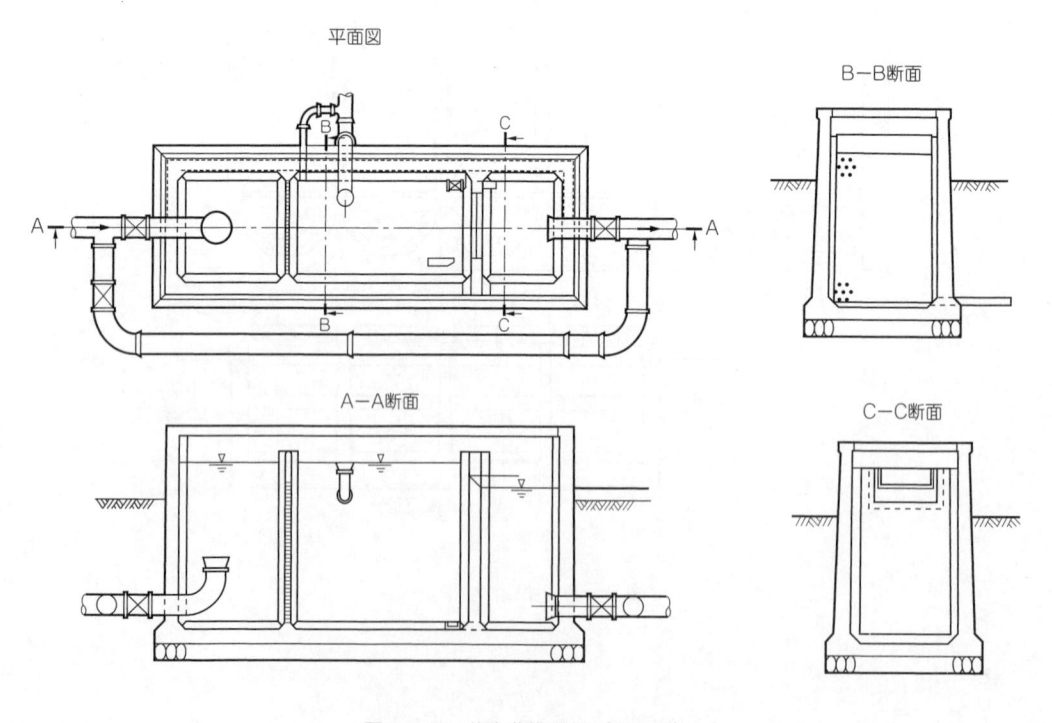

図5—5　着水井構造例（長方形）

## 2.5 沈殿池

沈殿池は，その後に行う処理方法によって大きさや構造が異なってくる。緩速ろ過の場合は普通沈殿池，急速ろ過の場合は一般には薬品沈殿池のうちの横流式沈殿池，特別な場合には高速凝集沈殿池が用いられる。

### (1) 普通沈殿池

土砂を沈降させる鉄筋コンクリート製の池で，水深は3～4m，長さは幅の3～8倍，池内の平均流速は30cm/min以下，容量は計画浄水量の約8時間分とする。構造の一例を図5—6に示す。

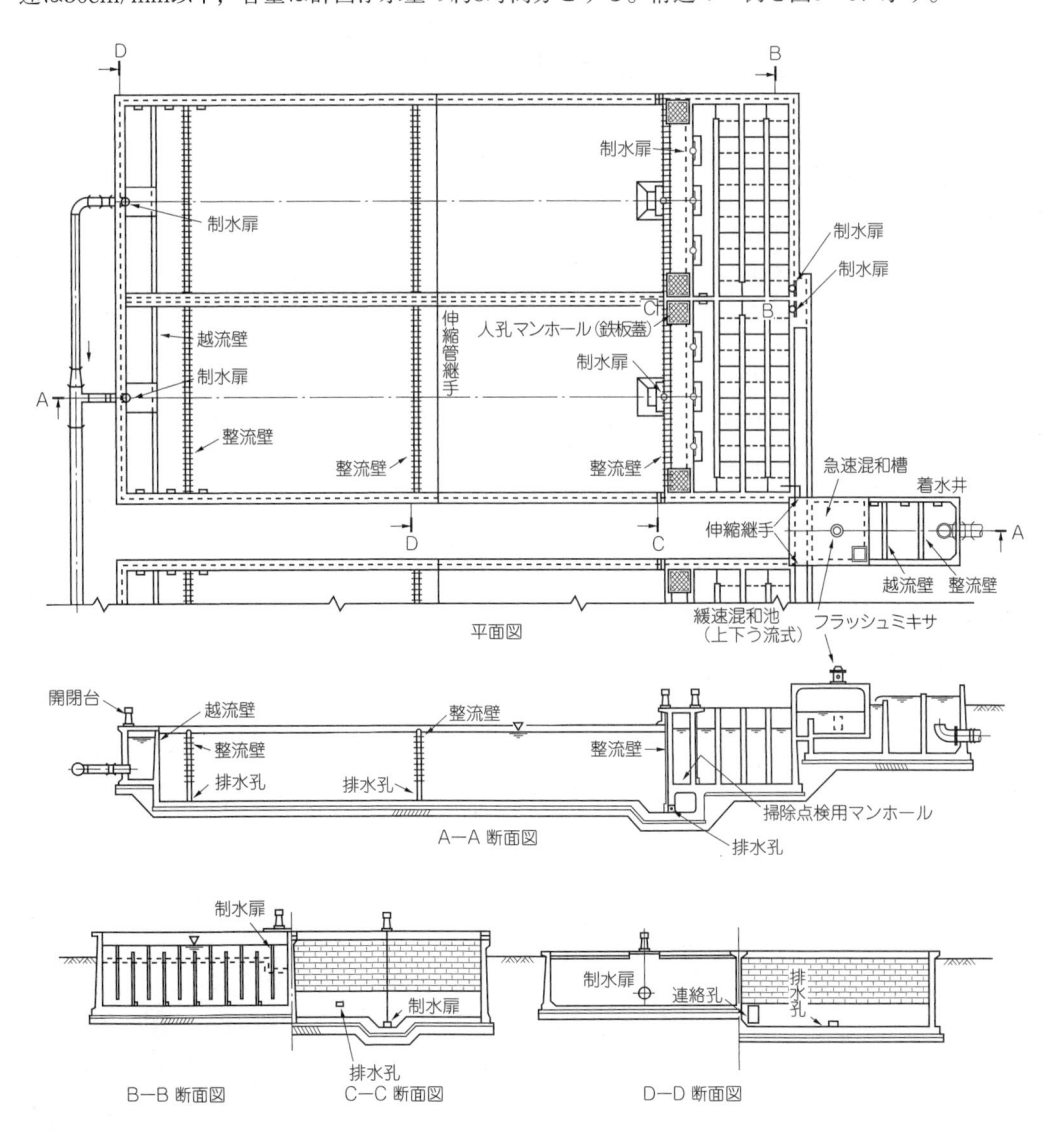

図5—6 普通沈殿池の構造例

### (2) 薬品沈殿池

薬品沈殿池を大別すると表5—4のようになる。

表5—4 沈澱池の分類

| | | |
|---|---|---|
| 横流式沈殿池 | 多階層式 | 単層式 |
| | | 2階層 |
| | | 3階層 |
| | 傾斜板式など | 水平流 |
| | | 上向き流 |
| 高速凝集沈殿池 | スラリー循環形 | |
| | スラッジ・ブランケット形 | |
| | 複合形 | |

(注)高速凝集沈殿池に傾斜板などの沈降装置を設置する場合もある。

#### a. 横流式沈殿池

横流式沈殿池のうち，単層式はきわめて一般的なものであって，その前段に混和池，フロック形成池があり，ここで凝集剤を加えてかくはん（撹拌）し，フロックと呼ばれる金属の水酸化物と水中の浮遊物，細菌及び有機物資とのかたまりを形成させて沈降・除去する。

フロック形成池では，微小なフロックをかくはんすることにより大きく成長させるため，かくはんの機能をもたせるが，これには水流自体のエネルギーを利用したう（迂）流式（図5—7）と，かくはん翼を機械的に回転させるパドル式（図5—8）とがある。

凝集剤は一般的には硫酸アルミニウム（硫酸ばん土），ポリ塩化アルミニウムが用いられ，場合によってアルカリ剤，凝集補助剤などを添加する。硫酸アルミニウムの使用量は原水の濁度によって異なり，その一例を図5—9に示す。

横流式単層沈殿池は水深3～4m，長さが幅の3～8倍の長方形の鉄筋コンクリート製水槽で，池内の平均流速は40cm/min以下，容量は計画浄水量の3～5時間分とされる。構造例を図5—10に示す。

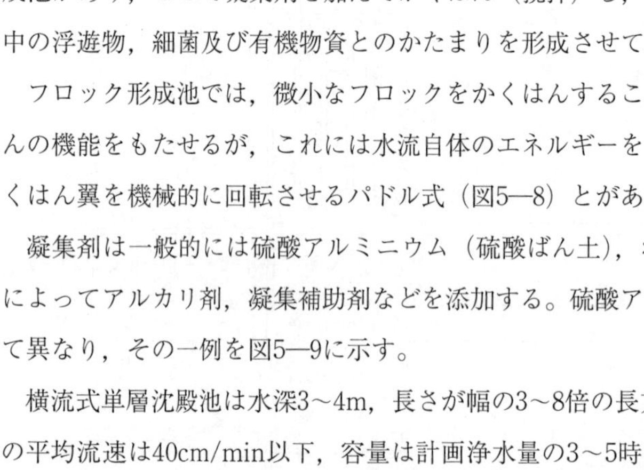

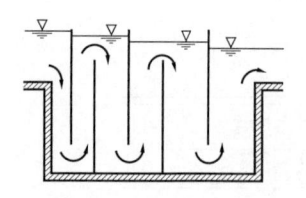

（a）上円う（迂）流式（断面図） （b）水平う（迂）流式（平面図）

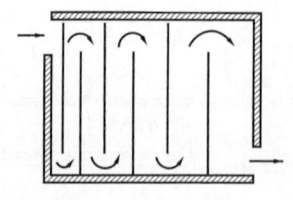

図5—7 う（迂）流式フロック形成池

図5—8 パドル式かくはん装置

第 5 章　上下水道設備　119

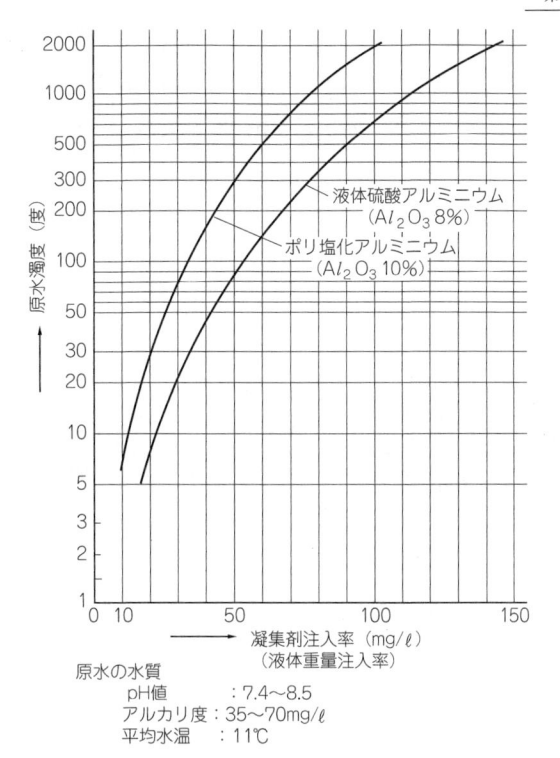

図 5 — 9　原水濁度と凝集剤注入率例

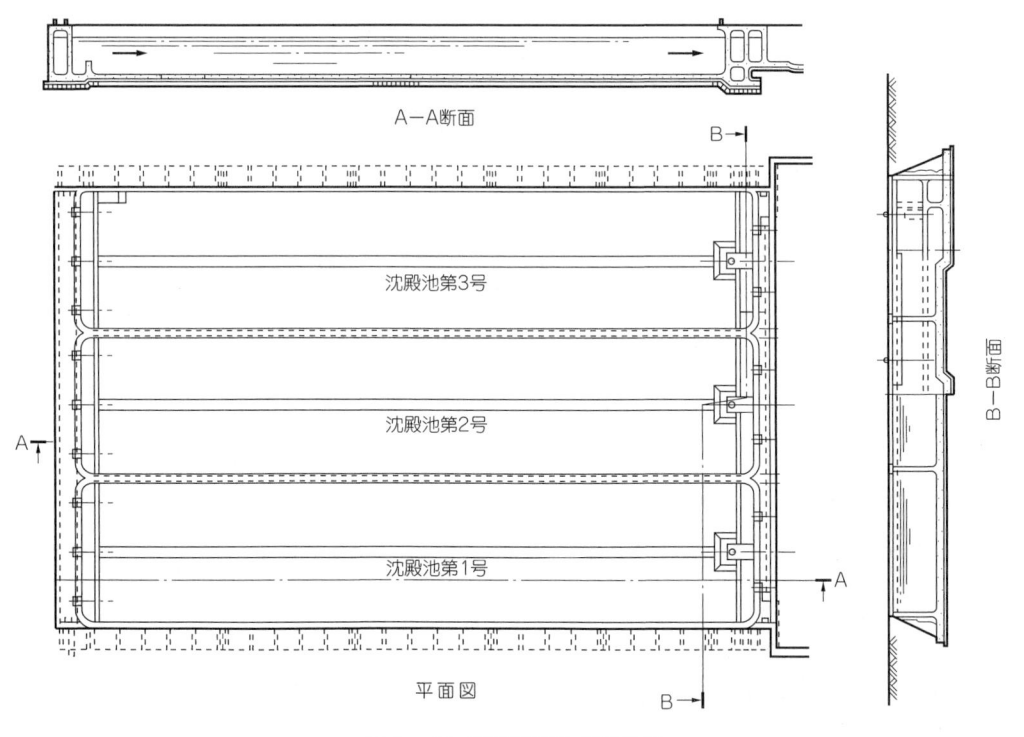

原水の水質
　　pH値　　　：7.4〜8.5
　　アルカリ度：35〜70mg/ℓ
　　平均水温　：11℃

図 5 — 10　薬品沈殿池の構造例

多階層式，傾斜板式はこれを改良したものであって，前者は見かけ上，池の表面積を増加させて沈降効率を上げようとするもの，後者は傾斜した多数の仕切り板や管を池内に配置することによって水流を整え沈降を促進し，かつフロックの沈降距離を短縮しようとするもので，池内の平均流速は60cm/min以下，容量は計画浄水量の20〜40分とされる。

図5—11に3階層式沈殿池の構造例を，図5—12に傾斜板沈降装置の寸法例とそれを取付けた沈殿池構造の例を示す。

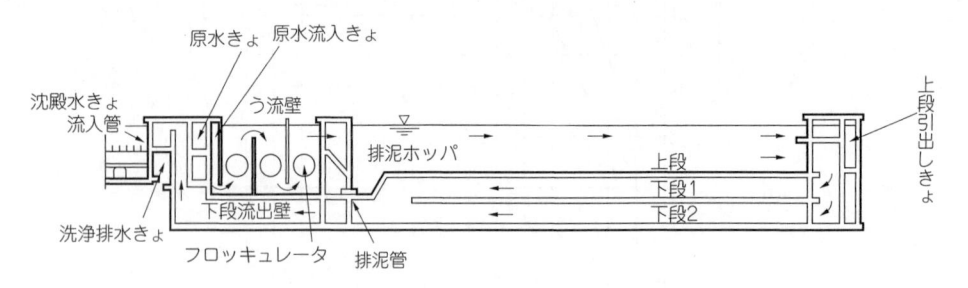

図5—11　3階層式沈殿池の構造例（東京都水道局朝霞浄水場）

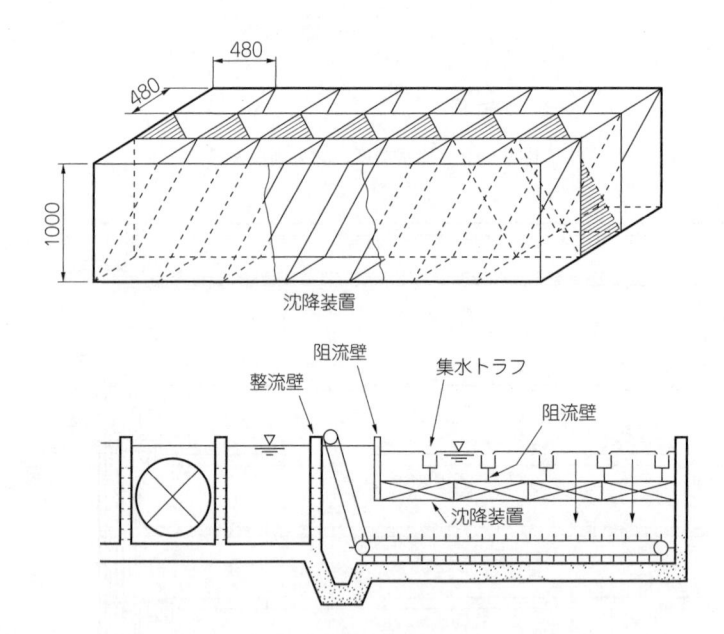

図5—12　傾斜板沈降装置の寸法例とそれを取付けた沈殿池の構造例

### b. 高速凝集沈殿池

前述の混和池，フロック形成池，薬品沈殿池の役割をひとつの池で行うもので，種々の形式がある。図5—13にスラリー循環形の構造例を示す。この沈殿池は新生の，活性ある微小フロックを既成のフロックと積極的に接触させて大きいフロックとし，分離清澄（せいちょう）を効果的に行うもので，池内の平均流速は40〜50mm/min，容量は計画浄水量の1.5〜2時間とされる。原水の平均濁度は10ppm前後，最大でも1000ppm以下であることが望ましいとされている。

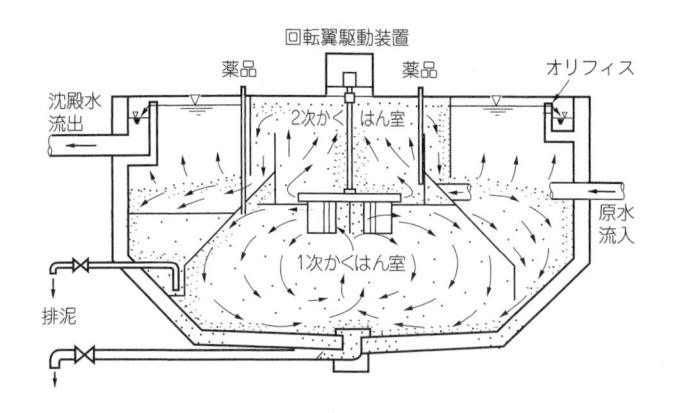

図5—13 高速凝集沈殿池（スラリー循環形）の構造例

## 2.6 ろ過池

### (1) 緩速ろ過池

普通沈殿池の後に設置される鉄筋コンクリート製の水槽で，底に玉砂利，砂を敷き，原水をこれに通過させると砂の表面に残った浮遊物が，分離してろ過膜を作り，その中に繁殖する微生物の浄化作用でろ過が行われる。ろ過する速度は1日約4～5mで，連続してろ過を行っていると砂層が目詰まりを起こすため月に1回ぐらいの割合で表面の砂層を取り出して洗浄する必要がある。次に示す急速ろ過に比べて広い敷地面積を必要とするため大都市での建設計画では最近極めて少なくなりつつある。ちなみに，東京都水道局では境，杉並，砧，砧下浄水場が緩速ろ過池方式である。構造例を図5—14に，断面図を図5—15に示す。

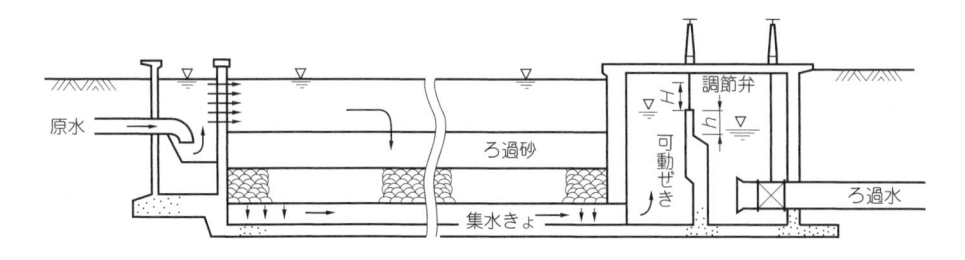

図5—14 緩速ろ過池の構造例

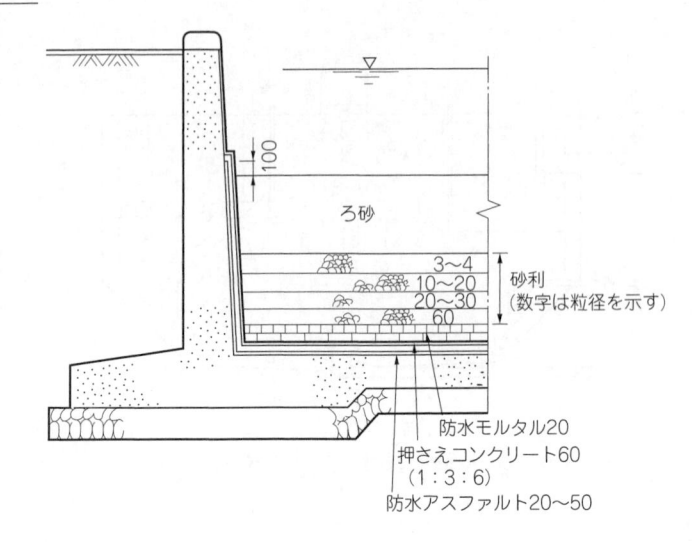

図5—15 緩速ろ過池の断面図（単位mm）

### （2） 急速ろ過池

あらかじめ前段の薬品沈殿池でフロックの状態で浮遊物，細菌，有機物資が除去された水を高速で砂層を通過させろ過する池で，ろ過速度は通常1日120〜150m程度である。緩速ろ過に比べて使用する砂は粒が大きくそろったものが使用される。砂，砂利層を通過した水は水槽底の集水装置から取り出され，次段の消毒設備へ送られる。集水装置には数種類があり，図5—16にホイラー形下部集水装置の構造例を示す。図中，A，B，bは磁器製のボールである。このろ過池も長時間連続してろ過を行うと目詰まりを発生するため，1〜2日に1回の洗浄を行うが，緩速ろ過と異なり水で洗浄する。その方法は水槽底の集水装置から砂利層に向かって圧力水を送り込むとともに，砂層の上5〜10cmの高さに置かれたノズルから圧力水を砂面に噴射させ，上下から洗浄する。前者を逆流洗浄（又は逆洗），後者を表面洗浄（又は表洗）という（図5—17）。

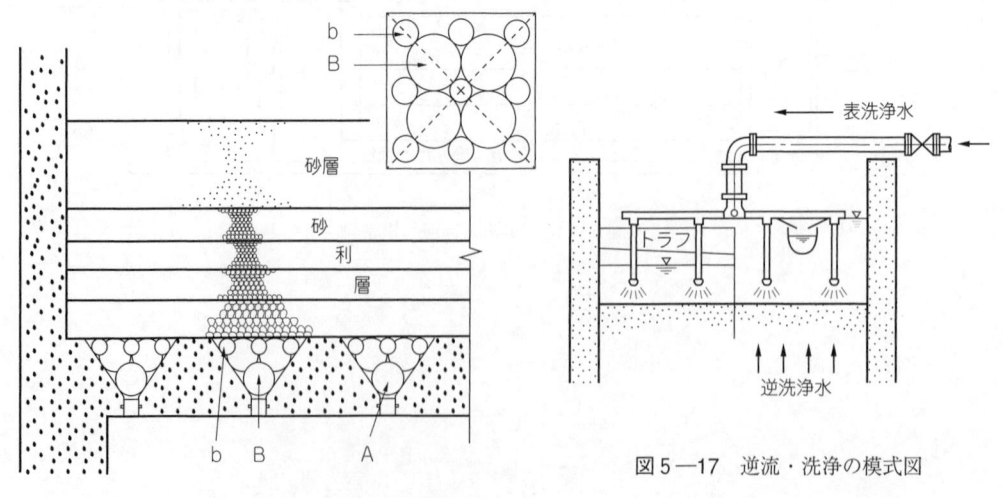

図5—16 ホイラー形下部集水装置の構造例

図5—17 逆流・洗浄の模式図

ちなみに，東京都水道局の最近の大規模浄水場の，金町，長沢，東村山，朝霞，三国浄水場などは急速ろ過池方式である。

## 2.7 消毒設備

安全・衛生的な水を送り出すための塩素滅菌・消毒を行う。塩素の注入量は，給水栓において遊離残留塩素0.1ppm以上（結合残留塩素ならば0.4ppm以上）と定められている。塩素の注入は，一般には加圧されて液体状となりボンベ保管されている塩素を塩素注入機で水と混和し濃厚塩素水として処理水中に送り出す。図5—18は塩素注入機の構成例で，湿式と呼ばれるものである。

次亜塩素酸ナトリウム溶液を使用する方法は，中規模以下の浄水設備で採用されることが多い。なお，塩素ガスは毒性が強いため，保管に当たっては拡散防止装置，検知警報装置，除害設備などの設置が義務づけられている。

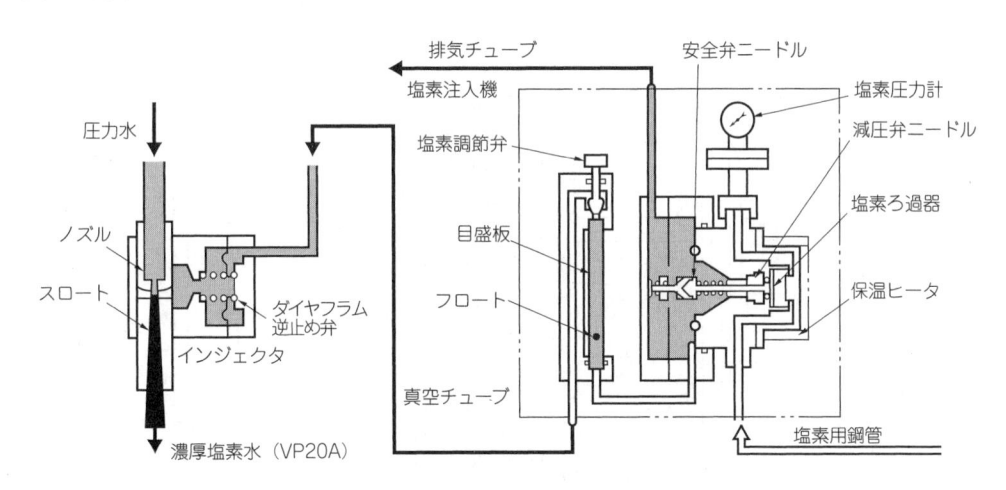

図5—18 湿式塩素注入機の構成例

## 2.8 浄水設備のレイアウト

各設備の配列例を図5—19，図5—20に示す。前者は緩速ろ過，後者は急速ろ過の例である。図中の浄水池は浄化された水を貯水する池で，需要水量と供給水量の差を吸収する役割をもち，夜間に満水状態として翌日に備える。

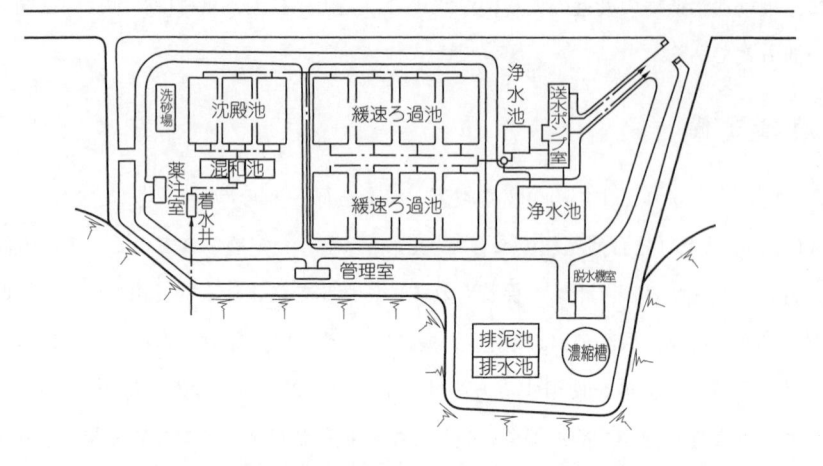

図5−19 浄水場平面図例（緩速ろ過の場合）
（神奈川県企業庁谷ケ原浄水場の緩速ろ過系統部分を一部修正，処理水量：緩速系32800m³/日）

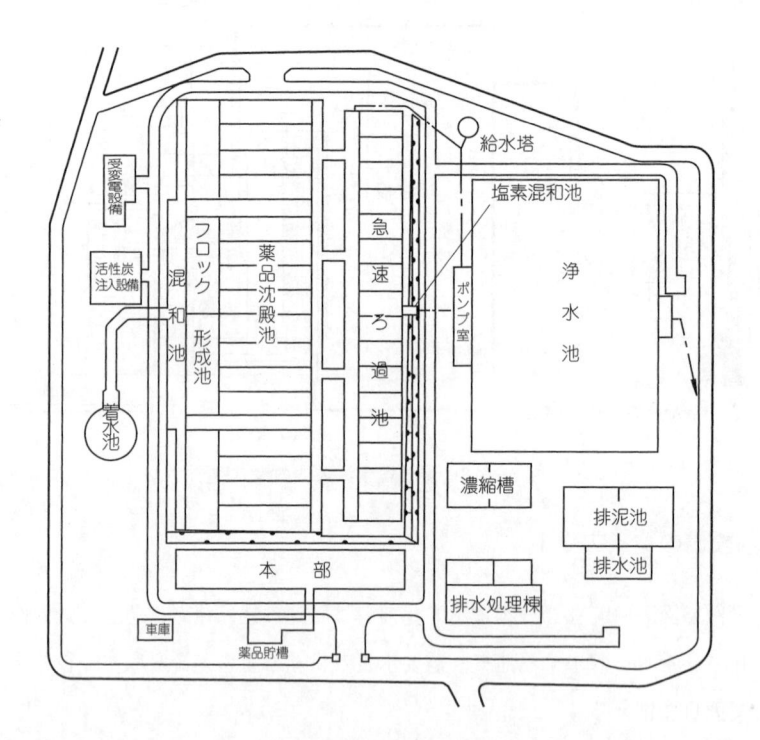

図5−20 浄水場平面図例（急速ろ過の場合）
（神奈川県内広域水道企業団伊勢原浄水場の例 処理水量：220000m³/日）

## 2.9 特殊浄水

前述の標準的な沈殿・砂ろ過法以外に原水中の特殊成分を除去又は改善する方法が各種あり，補助的に使用されている。以下に各方式について述べる。

(1) 生物除去

藻，プランクトンを除去する目的で行われる。薬品注入，マイクロストレーナによる除去などの方法がある。

(2) 硬水軟化

原水中のカルシウム及びマグネシウムの濃度を低下させるもので，石灰ソーダ法，イオン交換法がある。

(3) 除鉄・除マンガン

原水中の鉄，マンガンに起因する濁り，金属臭などを除去するもので，酸化法（エアレーション），凝集法，接触ろ過法，ライムソーダ法，鉄バクテリア法，イオン交換法（除マンガン）などがある。

(4) オゾン処理，活性炭処理

オゾン処理は，塩素よりもはるかに強いオゾンの酸化力を利用し，通常その後段に設ける活性炭吸着装置と一組となって殺菌のほか除臭，除色，除鉄，除マンガン，有害物資（トリハロメタンなど）除去などを行うものである。オゾン処理システムの一例を図5—21に示す。

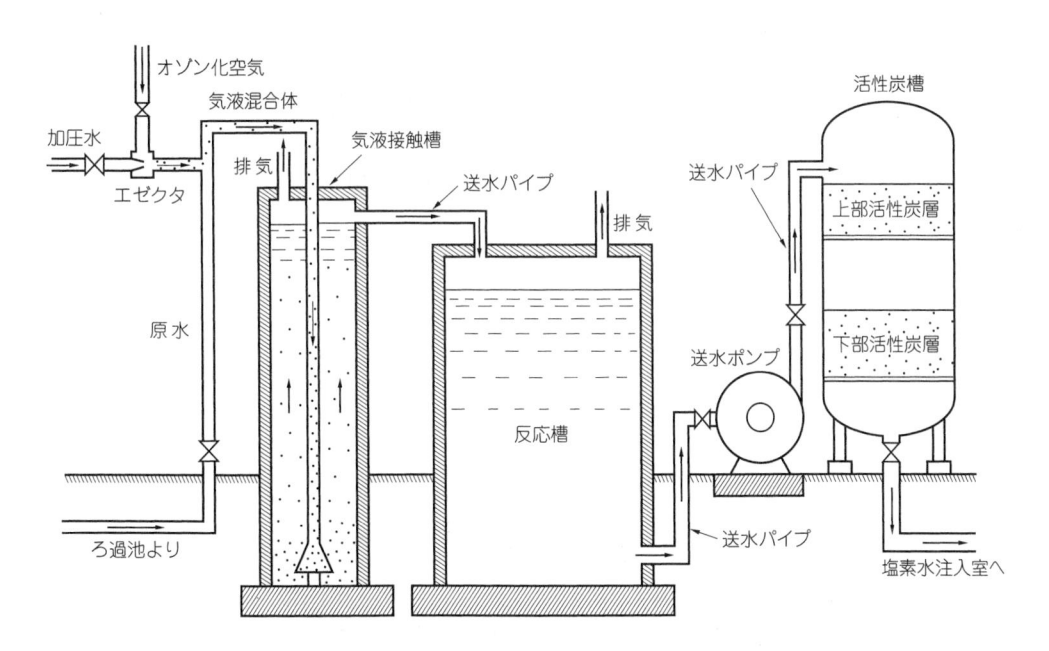

図5—21 浄水場におけるオゾン処理システムの例

## 第3節 配水施設

### 3.1 配水池

　水の使用量は，時間帯によって増減が大きいので，これに対応するように浄水を貯水しておくのが配水池である。配水池を高い地形のところに設けることができるときは，自然流下式で配水するが，配水池の位置が低いときはポンプで加圧直送する方法が用いられる。小規模な施設の場合は，配水塔又は高架タンクを設けて配水する方法もあり，この場合は，配水池から配水塔及び高架タンクにポンプで揚水を行う。

### 3.2 配水管

　配水池から需要者へ浄水を送る管を配水管といい，幹線を配水本管，幹線から分岐して直接給水管を取り付ける管を配水支管と呼ぶ。配水管は給水区域内の水圧が均等になるよう，また水が一部で停滞しないように網目状に敷設することが望ましい。この網目状管路を管網という。

　配水の圧力は，最低動水圧で0.15〜0.2MPa（末端の蛇口に垂直な管を立てたと仮定したとき，その管の中を上ってゆく水の柱の高さが15〜20mという意味），最大動水圧で0.4MPaとされている。

　配水支管から一般家庭などの需要者へ分岐する管を給水管という。詳細は第1章参照。このほか，配水支管には100〜200mおきに公設の消火栓が設置される。

## 第4節 下水道

### 4.1 下水道

　下水とは，汚水と雨水を総称したもので，下水道とはこの下水を排除するため設置される排水施設，処理施設（浄化槽を除く），ポンプ施設などを総合した全体をさしている。これらの関係を下図に示す。

```
        ┌ 汚 水 ┌ 生 活                      ┐
下 水 ┤        └ 事業（耕作の事業を除く） ├ に起因及び付随する廃水
        └ 雨 水……雪どけ水，ゆう水を含む。

下水道……  排水施設       ＋   処理施設       ＋  ポンプ施設など
         （排水管・排水きょ）   （し尿浄化槽を除く）（かんがい排水施設を除く）
```

## 4.2 都市下水路，公共下水道及び流域下水道

下水道法第2条で，下水路，下水道の定義は以下のようになっている。(注)

都市下水路…市街地における下水を排除するためのもので，地方公共団体（市町村）が管理しているが，終末処理場に接続されていないもの

公共下水道…都市下水路と同じであるが，地方公共団体自前の終末処理場に接続されているか，他の市町村と相乗りで流域下水道に接続されるもの

流域下水道…2以上の市町村の下水を終末処理場で受け入れ排出するもの。都道府県が管理する。

これらの関係を図示すると下図のようになる。

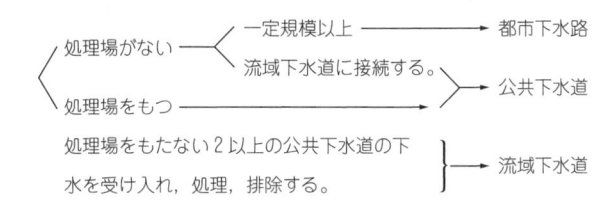

```
            ┌ 処理場がない ┬── 一定規模以上 ──────→ 都市下水路
            │              └── 流域下水道に接続する。┐
            │                                        ├→ 公共下水道
            └ 処理場をもつ ──────────────────────────┘

  処理場をもたない2以上の公共下水道の下
  水を受け入れ，処理，排除する。         }→ 流域下水道
```

（注）上記の処理以外に，次のように扱っているものもある。

特定公共下水道…主として工場排水を処理するものであり，市街地の一定地区に工場が密集しているところ，又は中小企業団地などから発生する下水を集めて処理するものである。

特定環境保全公共下水道…普通の公共下水道が都市の市街地の中に設けられるのに対し，農村や国立公園などを対象にした施設である。

公共下水道，流域下水道及び特定環境保全公共下水道の概念を図5−22に示す。

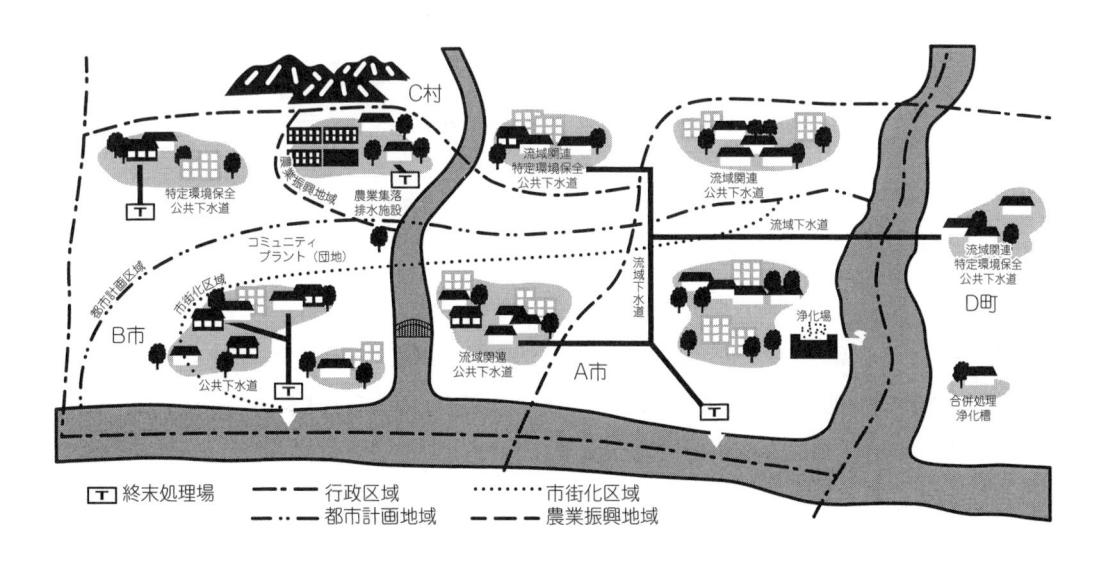

図5−22 公共下水道，流域下水道，特定環境保全公共下水道

## 4.3 合流式と分流式

汚水と雨水をそれぞれ別の下水管きょで排出する方式を分流式，汚水・雨水を同一の下水管きょで排出する方式を合流式という。分流式，合流式の概念を図5—23に示す。

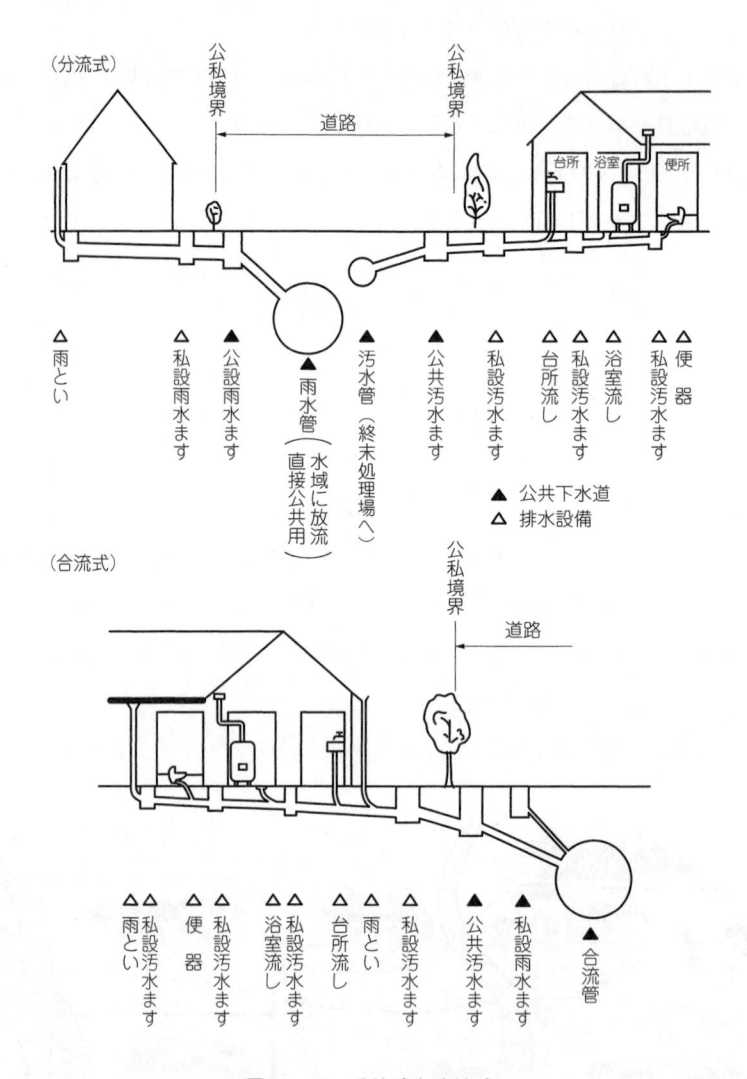

図5—23 分流式と合流式

欧米においては分流式が多く採用されているが，我が国では従来雨水による浸水対策を重点においていた関係から合流式が主体となっていた。しかし，最近では水質汚濁防止の観点から，原則として分流式を採用する傾向になりつつある。両者の比率を表5—5に示す。

表5—5 排除方式別団体数

（1997年3月31日現在）

| 人口区分（人） | | 排除方式 合流 | 一部分流 | 分流 | 一部合流 | 計 |
|---|---|---|---|---|---|---|
| 指定都市 | | | 4 | | 9 | 13 |
| 規模別団体数 | 30万以上 | | 2 | 8 | 41 | 51 |
| | 10～30万未満 | 4 | 10 | 81 | 64 | 159 |
| | 5～10万未満 | | 5 | 186 | 31 | 222 |
| | 5万未満 | | 1 | 1 536 | 22 | 1 559 |
| 計 | | 4 | 22 | 1 811 | 167 | 2 004 |
| 事務組合等 | | | 1 | 34 | 1 36 |
| 合　　計 | | 4 | 23 | 1 845 | 168 | 2 040 |

下水道実務研究会編第1巻「下水道の計画」による

　合流式の場合は晴天時には下水管きょの底を汚水が流れ、これが全量下水処理場へ送られるが、雨天時は下水管きょの中を充満して雨水と汚水の混合水が送られてくる。これを処理場内、又は途中のポンプ場でせき（堰）を設けて上澄みを分離し、これを雨水と解釈して直接河川・海へ放流し、残った水を汚水と解釈して処理場で処理する。図5—24に示す3Qセキがこれに相当し、この例ではせき（堰）の高さは下水管きょの底から53cmとなっている。

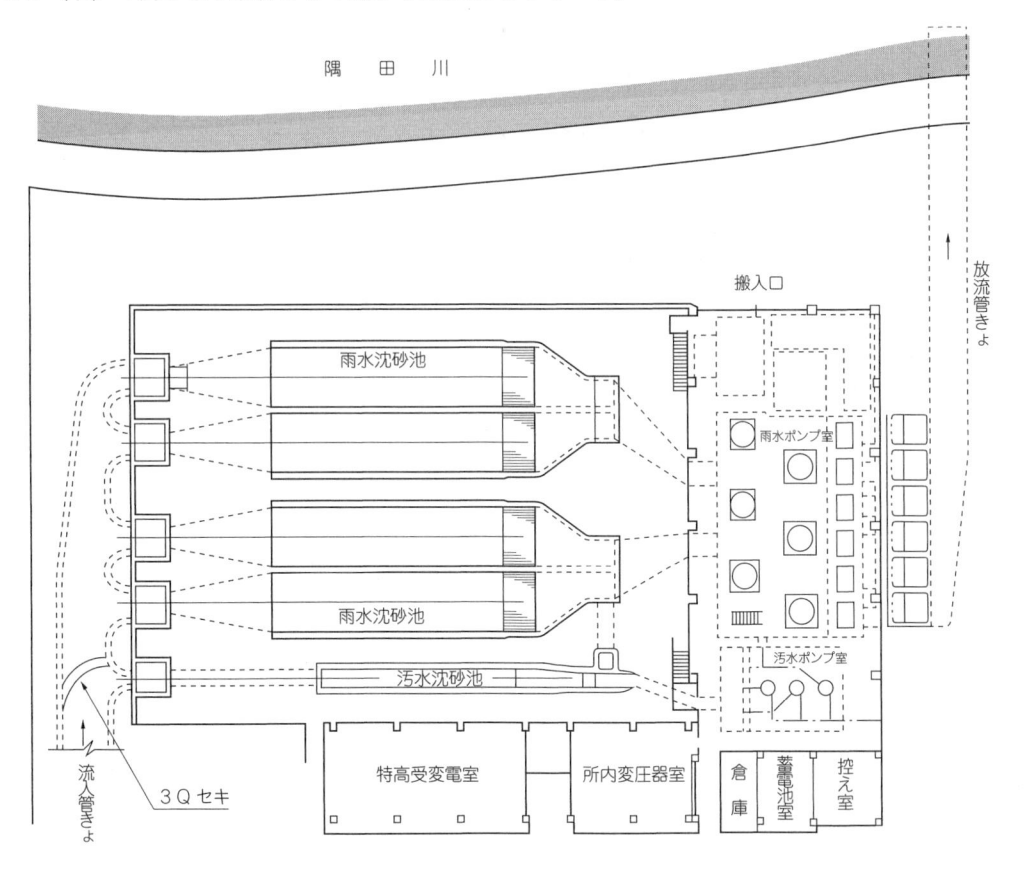

図5—24　合流式ポンプ場の例

## 4.4 計画排水量

### (1) 汚水量

汚水量は，上水道の給水量との関係が深く，上水道の給水量が大きい都市ほど汚水量が大きい。また，温泉観光地などは営業用の汚水量が他都市の数倍となることがあるので計画時の注意が必要である。一般的には下記のような式を用いて汚水量を算出する。

$$1人1日当たり，最大汚水量 \quad A = 450～600\ell \quad \cdots\cdots(5-1)$$

計画1日最大汚水量　　$B = A \times 計画人口 + 工場排水量 + 地下水量 + その他$

　　　処理場の容量を決定するのに使う。

計画1日平均汚水量　　$C = (0.7～0.8)B$ $\cdots\cdots(5-2)$

　　　年平均流入汚水量・処理費用の算定に使う。

計画時間最大汚水量　　$D = (1.3～1.8)\dfrac{B}{24}$ $\cdots\cdots(5-3)$

　　　管路施設・ポンプ場施設の容量を決定するのに使う。

地下水量　　$E = (0.1～0.2) \times A$ $\cdots\cdots(5-4)$

工場排水　　業種別出荷額当たり，敷地面積当たりで計算する。将来増設計画も見込む。

表5—6は都市の規模別計画1人1日最大給水量で，これをもととして汚水の排水計画がなされる。また，各家庭の下水道料金も給水量を基礎として算出されることが多い。

表5-6　都市人口ランク別の1人1日当たり給水量の推移　　（単位：ℓ/人・日）

| 都市人口ランク | 昭和 56 | 57 | 58 | 59 | 60 | 61 | 62 | 63 | 平成 元 | 2 |
|---|---|---|---|---|---|---|---|---|---|---|
| 100万人以上 | 204 | 207 | 212 | 216 | 217 | 221 | 225 | 229 | 236 | 241 |
| 50万～100万人 | 220 | 229 | 234 | 238 | 240 | 263 | 267 | 273 | 275 | 287 |
| 25万～50万人 | 212 | 217 | 222 | 231 | 226 | 225 | 235 | 240 | 249 | 257 |
| 10万～25万人 | 203 | 204 | 208 | 220 | 216 | 216 | 221 | 231 | 236 | 243 |
| 5万～10万人 | 204 | 205 | 208 | 211 | 212 | 214 | 219 | 219 | 226 | 231 |
| 3万～5万人 | 174 | 185 | 196 | 203 | 202 | 205 | 208 | 210 | 215 | 222 |
| 2万～3万人 | 167 | 171 | 180 | 184 | 183 | 185 | 191 | 197 | 200 | 209 |
| 1万～2万人 | 161 | 164 | 171 | 178 | 180 | 183 | 191 | 193 | 200 | 207 |
| 5千～1万人 | 150 | 154 | 161 | 166 | 169 | 169 | 173 | 175 | 180 | 187 |

（生活用1人1日平均使用水量）

## （2） 雨水流出量

雨水流出量の算定方法にはいろいろの計算方式があるが，合理式と称する下式を用いることが多い。

$$Q = \frac{1}{360} C \cdot I \cdot A \quad \cdots\cdots\cdots\cdots\cdots\cdots\cdots\cdots\cdots\cdots\cdots (5\text{—}5)$$

ここに，$Q$：最大計画雨水流出量（m³/s）

　　　　$C$：流出係数（表5—7参照）

　　　　$I$：平均降雨強度（mm/h）

　　　　$A$：排水面積（ha）

平均降雨強度$I$は，5～10年に一度の大雨を想定して決定する。また，流出係数$C$は，その地区の何割が道路であるか，何割が住宅地であるかなどを調査して表5—7の$C$に面積を掛け，全面積で割り平均$C$を求める。この結果を表5—8の$C$と比較し，検討を行う。

表5—7　工種別基礎流出係数の標準値

| 工　種　別 | 流出係数($C$) | 工　種　別 | 流出係数($C$) |
|---|---|---|---|
| 屋　　根 | 0.85～0.95 | 間　　地 | 0.10～0.30 |
| 道　　路 | 0.80～0.90 | 芝，樹木の多い公園 | 0.05～0.25 |
| その他の不透面 | 0.75～0.85 | こう配の緩い山地 | 0.20～0.40 |
| 水　　面 | 1.00 | こう配の急な山地 | 0.40～0.60 |

表5—8　用途別総括流出係数の標準値

| 用　　途　　例 | 流出係数($C$) |
|---|---|
| 敷地内に間地が非常に少ない商業地域及び類似の住宅地域 | 0.80 |
| 浸透面の野外作業場などの間地を若干もつ工場地域及び庭が若干ある住宅地域 | 0.65 |
| 住宅公団団地などの中層住宅団地及び1戸建て住宅の多い地域 | 0.50 |
| 庭園を多くもつ高級住宅地域及び畑地などが割合残っている郊外地域 | 0.35 |

## 第5節　管路・管きょ及びポンプ場

### 5．1　管路・管きょ

　いわゆる下水管のことで，円形の管路と正方形，馬てい（蹄）形などの管きょに大別される（図5—25）。管路に使用される円形管は，遠心力鉄筋コンクリート管（ヒューム管），硬質塩化ビニル管，陶管などが使用される。管きょのほうは一般に鉄筋コンクリート製で現場打ちで製作される。管路，管きょは自然流下を原則とし，落差のとれないところでは中継ポンプ場を設けて水位を高めるが，以後はまた自然流下で送水する。

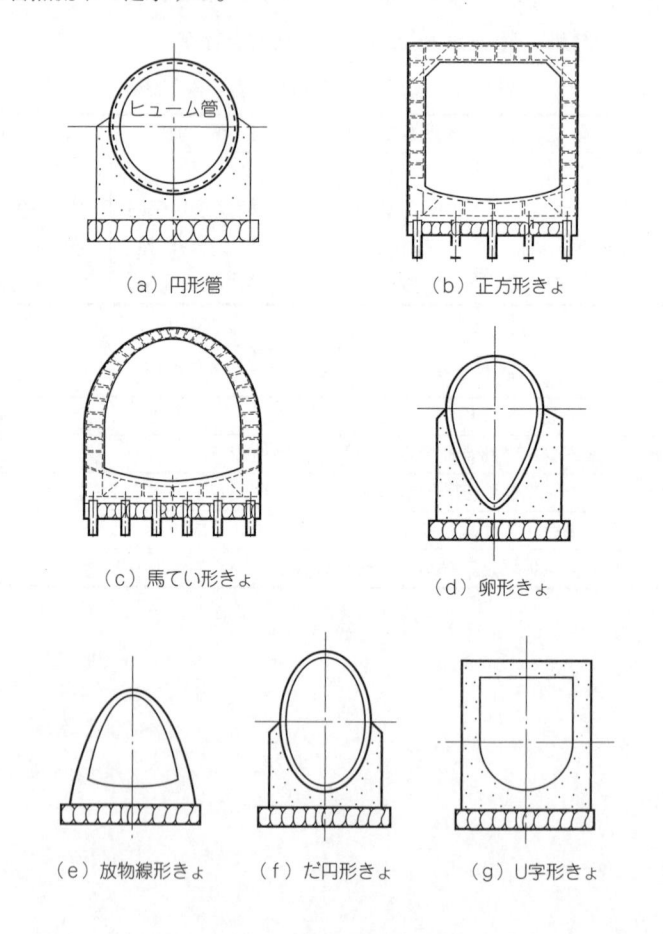

（a）円形管　　　（b）正方形きょ
（c）馬てい形きょ　　　（d）卵形きょ
（e）放物線形きょ　　（f）だ円形きょ　　（g）U字形きょ

図5—25　管路・管きょ断面

　管路・管きょには雨水を受け入れる雨水ます，汚水を受け入れる汚水ます，点検用のマンホールなどを設ける。分流式の場合を図5—26に，合流式の場合を図5—27に示す。

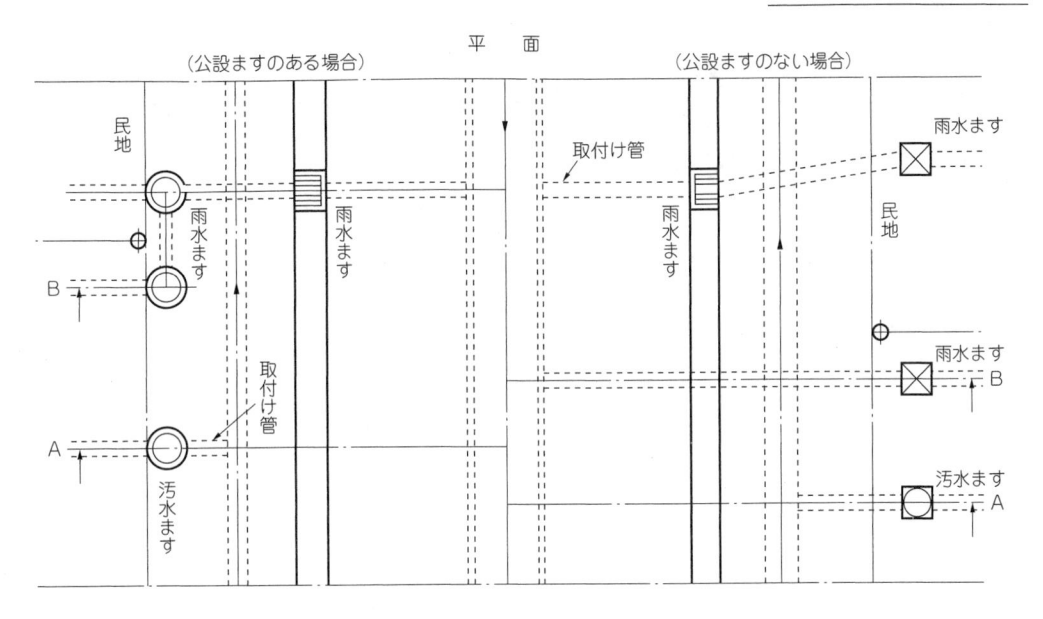

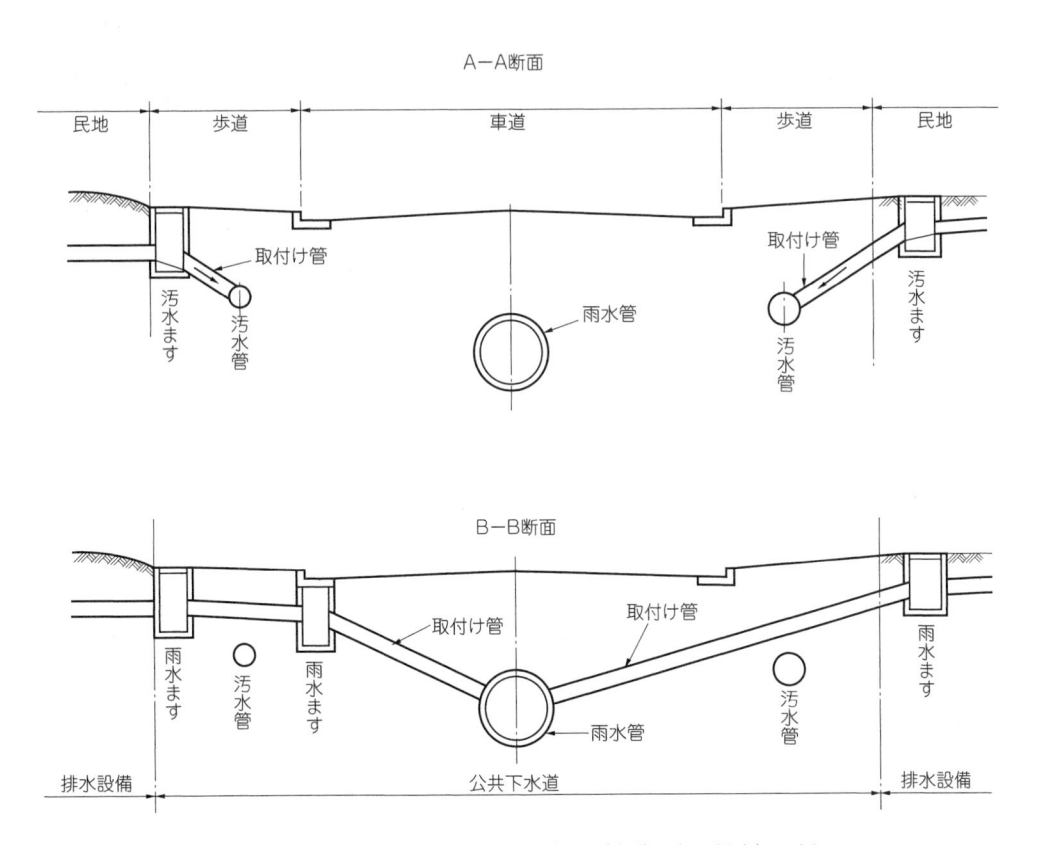

図5—26 分流式下水道の管きょ布設（歩道のある場合）の例

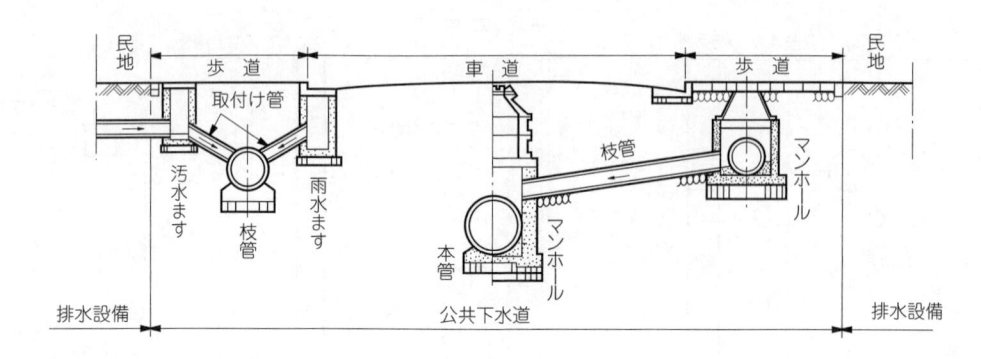

図5—27 合流式下水道の管きょ敷設の例

## 5.2 ポンプ場

　ポンプ場には，排水ポンプ場，中継ポンプ場及び処理場内ポンプ場がある。これらはすべての下水道で必ず必要というわけではなく，中継ポンプ場のない下水道もある。

　排水ポンプ場は前出の図5—24に示すようなもので，雨水はポンプでそのまま河川や海（図の場合は隅田川）へ放流し，汚水のほうはポンプで加圧して最寄りの処理場へ圧送する。中継ポンプ場は前述のように管路・管きょの水位を高めてやるもので，一例を図5—28に示す。本例では水中ポンプを使用しているが，陸上形のポンプも多く使用される。

第5章 上下水道設備　135

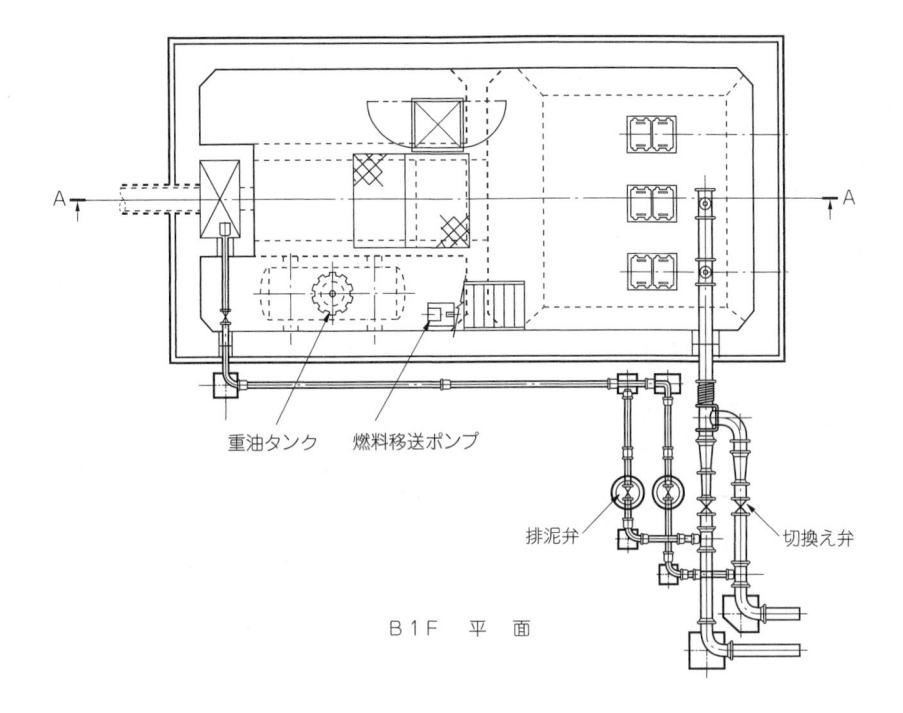

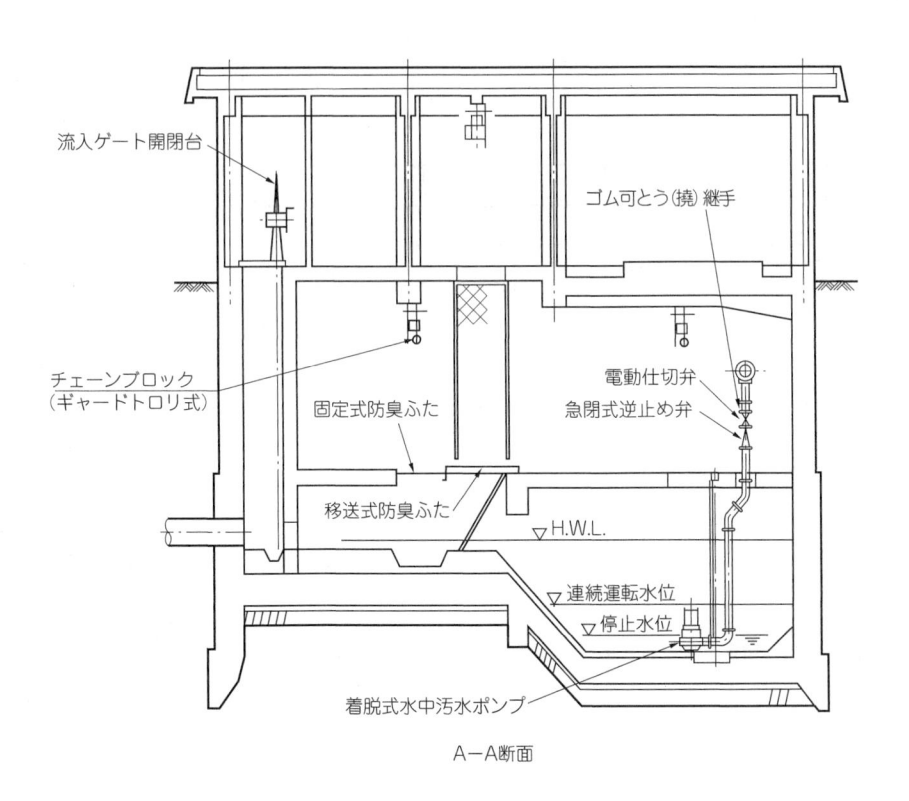

B1F 平面

- 重油タンク
- 燃料移送ポンプ
- 排泥弁
- 切換え弁

A-A断面

- 流入ゲート開閉台
- ゴム可とう(撓)継手
- チェーンブロック（ギャードトロリ式）
- 電動仕切弁
- 急閉式逆止め弁
- 固定式防臭ふた
- 移送式防臭ふた
- H.W.L.
- 連続運転水位
- 停止水位
- 着脱式水中汚水ポンプ

図5-28 中継ポンプ場の例

# 第6節 下水処理場

## 6.1 下水処理の方式

　下水の処理には各種の方式があって，必ずしも全国的に統一されたものはない。表5—9は処理方式別の処理場数の集計であるが，大規模処理場においては標準活性汚泥法，中小規模の処理場ではオキシディションディッチ法が主流となっている。以下標準活性汚泥法，オキシディションディッチ法について述べる。

表5—9 処理方式別処理場数

(1999年3月31日現在)

| 処理方式 | | 計画晴天時日最大処理水量 (千m³/日) 5未満 | 5～10 | 10～50 | 50～100 | 100～500 | 500以上 | 計 |
|---|---|---|---|---|---|---|---|---|
| 一次処理 | 沈　殿　法 | 1 | 1 | | | | | 2 |
| 二次処理 | 標　準　活　性　汚　泥　法 | 45 | 60 | 287 | 123 | 142 | 12 | 669 |
| | ステップエアレーション法 | | | 11 | 11 | 9 | 6 | 37 |
| | 酸　素　活　性　汚　泥　法 | 1 | 2 | 3 | 1 | 4 | | 11 |
| | 長　時　間　ばっ気　法 | 15 | 2 | 3 | | | | 20 |
| | オキシディションディッチ法 | 357 | 59 | 24 | | | | 440 |
| | コンタクトスタビリゼーション法 | | 1 | | | | | 1 |
| | 回　分　式　活　性　汚　泥　法 | 55 | 4 | 4 | | | | 63 |
| | 高速エアレーション沈殿池法 | | | 9 | | 1 | | 10 |
| | 回　転　接　触　ばっ気　法 | 12 | 6 | 5 | 1 | | | 24 |
| | 貯　水　ろ　床　法 | | 2 | 2 | | | | 4 |
| | 接　触　酸　化　法 | 23 | | | | | | 23 |
| | 好　気　性　ろ　床　法 | 13 | 1 | | | | | 14 |
| | そ　の　他 | 7 | | 3 | | | | 10 |
| 高度処理 | 循　環　式　硝　化　脱　窒　法 | 1 | 1 | 3 | 1 | 3 | 1 | 10 |
| | 硝　化　内　三　脱　窒　法 | 3 | | | | | | 3 |
| | 嫌気－無酸素－好気法 | | | | 4 | 3 | | 7 |
| | 嫌気－好気活性汚泥法 | 9 | 3 | 10 | 4 | 11 | 1 | 38 |
| | 計 | 542 | 142 | 363 | 141 | 173 | 20 | 1,386 |

(日本の下水道：日本下水道協会)

## 6.2 標準活性汚泥法

標準活性汚泥法のフローシート例を図5—29に，下水処理の過程模式図を図5—30に，処理場平面図の例を図5—31にそれぞれ示す。

図5—29の上段は下水中の砂・汚泥などの固形分を除去し，消毒して清澄な水として放流する水処理施設，図の下段は分離した汚泥を濃縮・脱水して焼却処理する汚泥処理施設である。

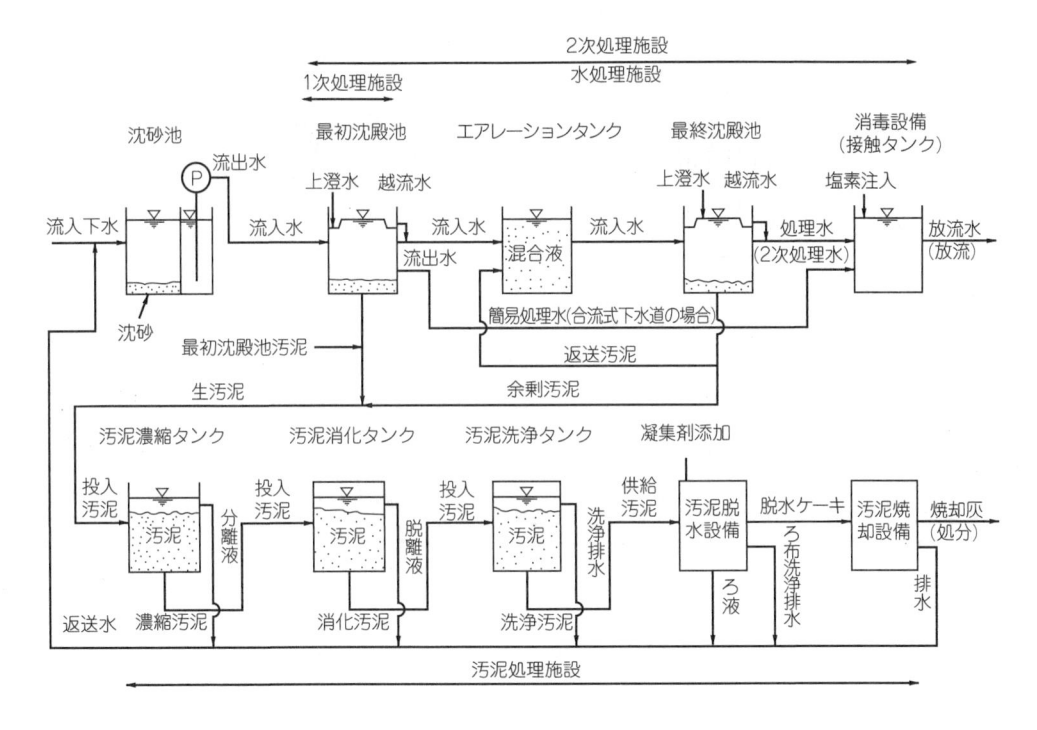

図5—29 標準活性汚泥法のフローシート例

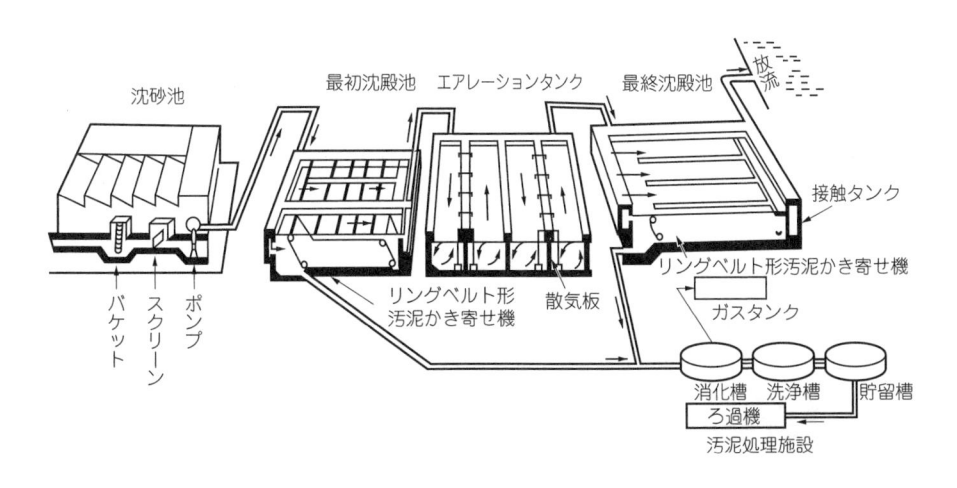

図5—30 下水処理の過程模式図（標準活性汚泥法）

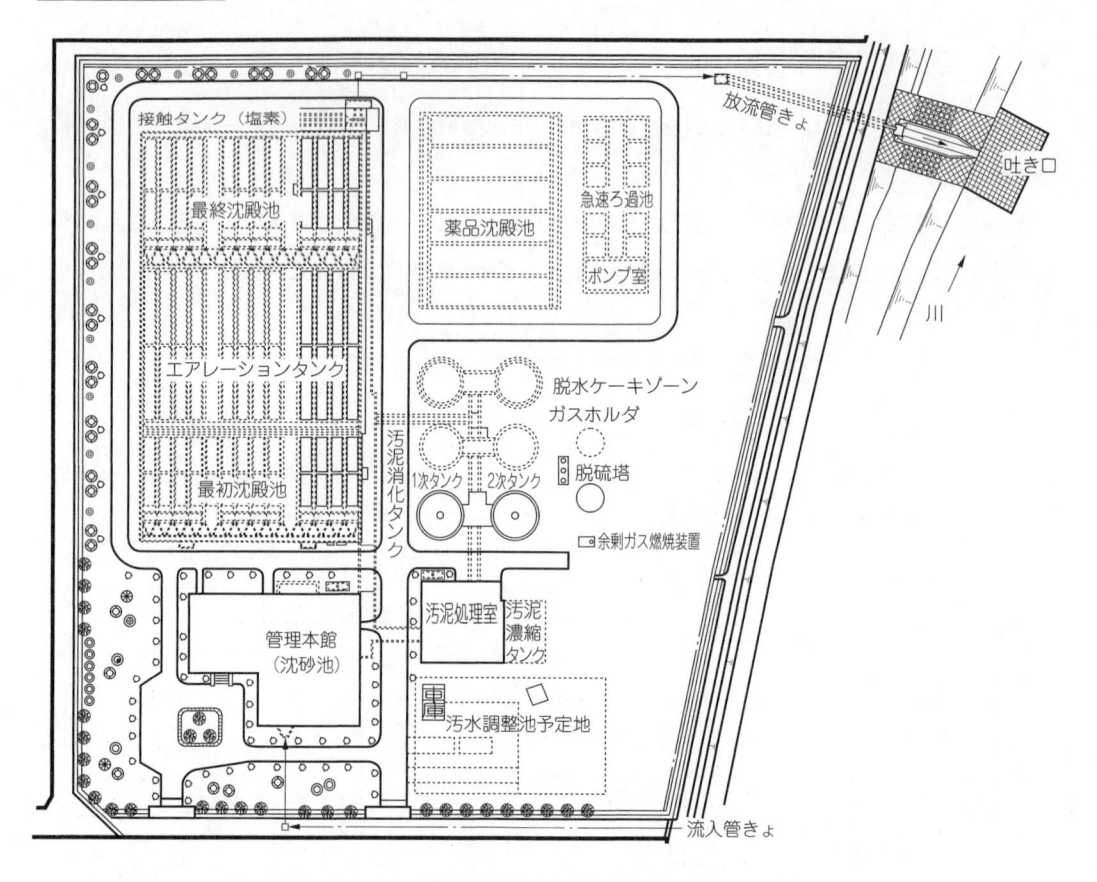

図5—31 処理場平面図の例（山形市鶴岡終末処理場）

## (1) 最初沈殿池

下水中に浮遊している物質（SSという）を沈殿させる鉄筋コンクリート製の水槽で，沈んだ汚泥をかき寄せる汚泥かき寄せ機，それを抜き取る汚泥引抜き設備，水面に浮上している油脂，固形物（スカムという）を除去するスカム除去装置を設ける。図5—32は円形の最初沈殿池の一例で，回転式汚泥かき寄せ機が使用されている。汚泥かき寄せ機は，このほかチェーンフライト式（長方形沈殿池用），走行サイフォン式（長方形沈殿池用）など，各種の形式がある。

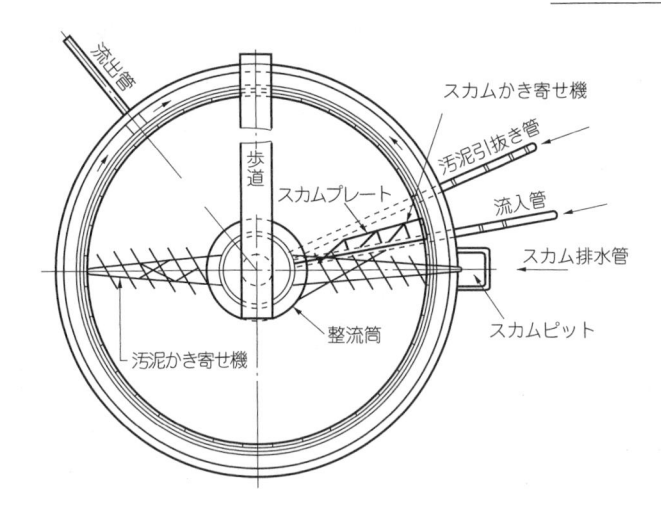

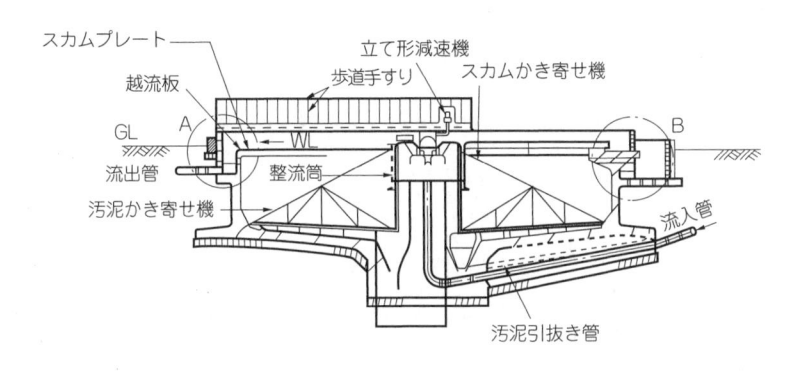

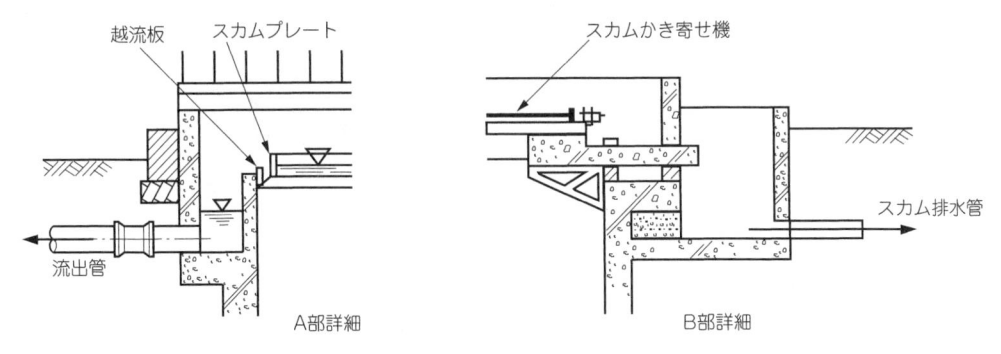

図5—32 円形の最初沈殿池の例

(2) エアレーションタンク

　ばっ気槽とも呼ばれる。この水槽で下水中に空気を吹き込むと，水中の有機物を栄養源として種々の好気性微生物が繁殖する。これが空気のかくはん作用で水中の浮遊物（SS）やコロイド状物質を凝集し，ゼラチン状の活性汚泥と呼ばれるものになる。この汚泥は有機物の吸着，酸化の能力に優れ，かつ沈降する性質もきわめて大きい。次段の最終沈殿池で，この汚泥と水は分離され，汚泥の一部は種（たね）としてエアレーションタンクに戻される。これを返送汚泥と呼ぶ。

空気の吹込み（ばっ気）方法には数種があるが，一般的には水槽の底へ図5—33に示すような散気装置を並べ，地上に置かれた送風機で加圧した空気を送り込み，微細な空気泡として水槽内へ噴出させる。

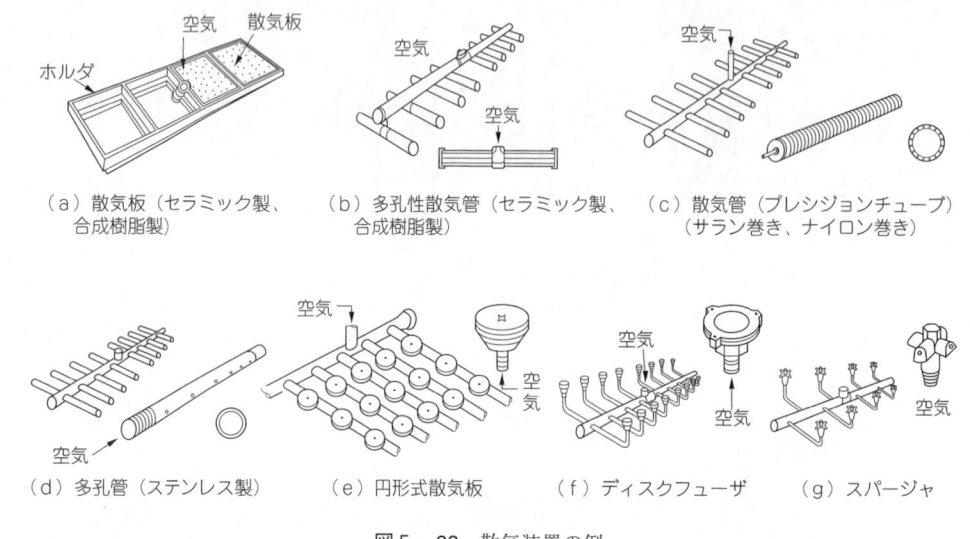

（a）散気板（セラミック製，合成樹脂製）
（b）多孔性散気管（セラミック製，合成樹脂製）
（c）散気管（プレシジョンチューブ）（サラン巻き，ナイロン巻き）
（d）多孔管（ステンレス製）
（e）円形式散気板
（f）ディスクフューザ
（g）スパージャ

図5—33　散気装置の例

### （3）　最終沈殿池

前述のエアレーションタンクで生成された活性汚泥と処理水を受けて，汚泥だけを沈降させ，一部を返送汚泥としてエアレーションタンクへ，他を汚泥処理施設へ送るのを目的としたコンクリート水槽である。最初沈殿池と同様，汚泥かき寄せ機，汚泥引抜き装置を付属させるが，スカム除去装置は必ずしも必要ではない。

### （4）　消毒設備

下水道法施行令第6条によって，放流水の水質は$1cm^3$中に大腸菌が3000個以下であるように定められている。そのため，最終沈殿池の後で滅菌のための塩素注入を行う。一般には次亜塩素酸ナトリウムを使用する。

### （5）　汚泥処理施設

汚泥の処理には図5—34に示すような各種の方式があるが，この中では③，⑥の方法が比較的多い。以下この方式について述べる。

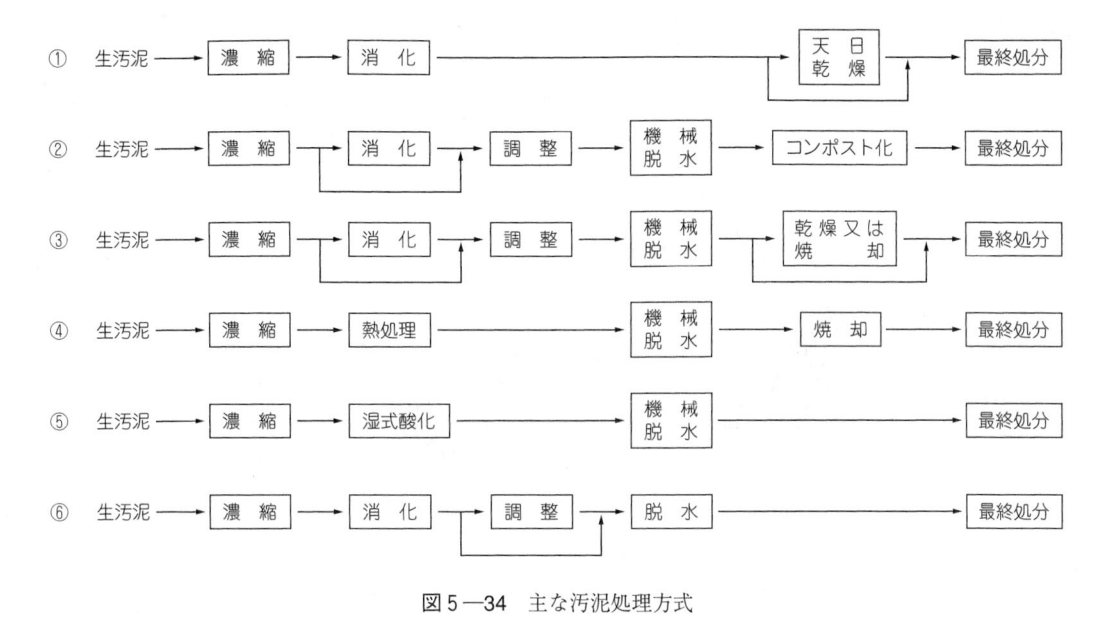

① 生汚泥 → 濃縮 → 消化 → 天日乾燥 → 最終処分

② 生汚泥 → 濃縮 → 消化 → 調整 → 機械脱水 → コンポスト化 → 最終処分

③ 生汚泥 → 濃縮 → 消化 → 調整 → 機械脱水 → 乾燥又は焼却 → 最終処分

④ 生汚泥 → 濃縮 → 熱処理 → 機械脱水 → 焼却 → 最終処分

⑤ 生汚泥 → 濃縮 → 湿式酸化 → 機械脱水 → 最終処分

⑥ 生汚泥 → 濃縮 → 消化 → 調整 → 脱水 → 最終処分

図5—34　主な汚泥処理方式

a. 濃　　縮

　重力式，浮上式及び遠心式の3種がある。重力式は図5—35に示すような円形の水槽で，汚泥を自然沈降させるものである。浮上式は図5—36のフローシート例に示すように，汚泥の粒子に気泡を付着させて浮き上がらせ回収する方法である。遠心式脱水機は何種類かの方法があるが，図5—37にその構造例を示す。

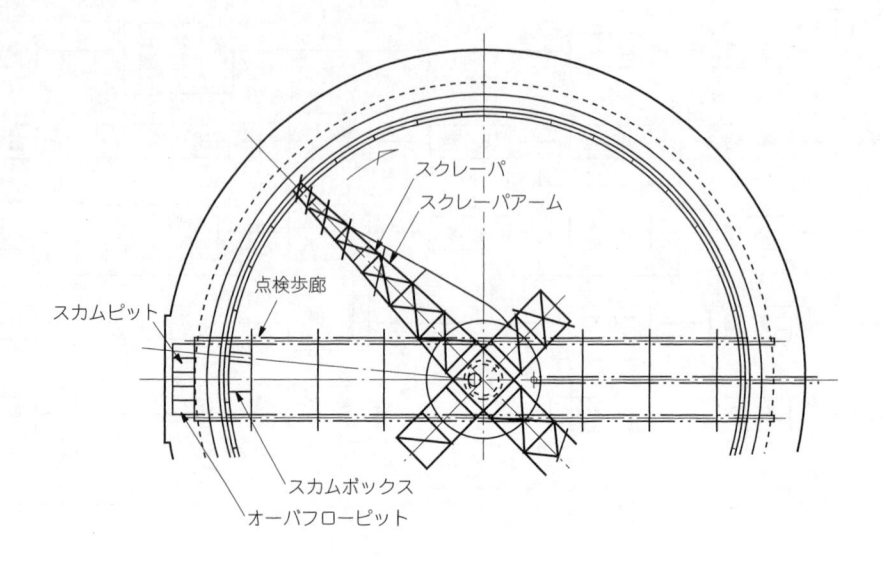

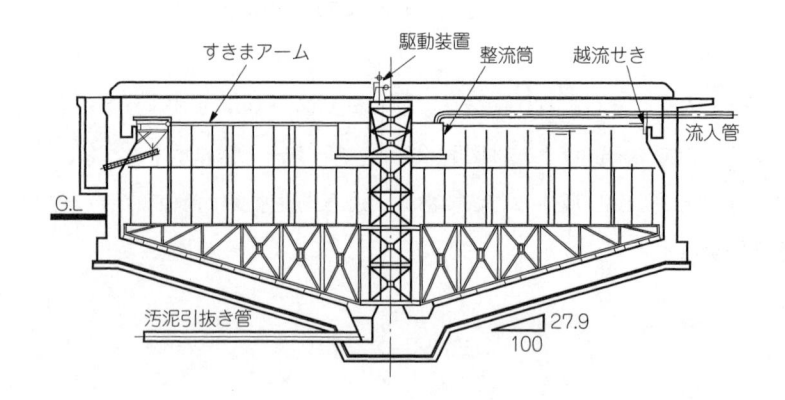

図 5—35　重力式汚泥濃縮タンク（東京都南部汚泥処理プラント）

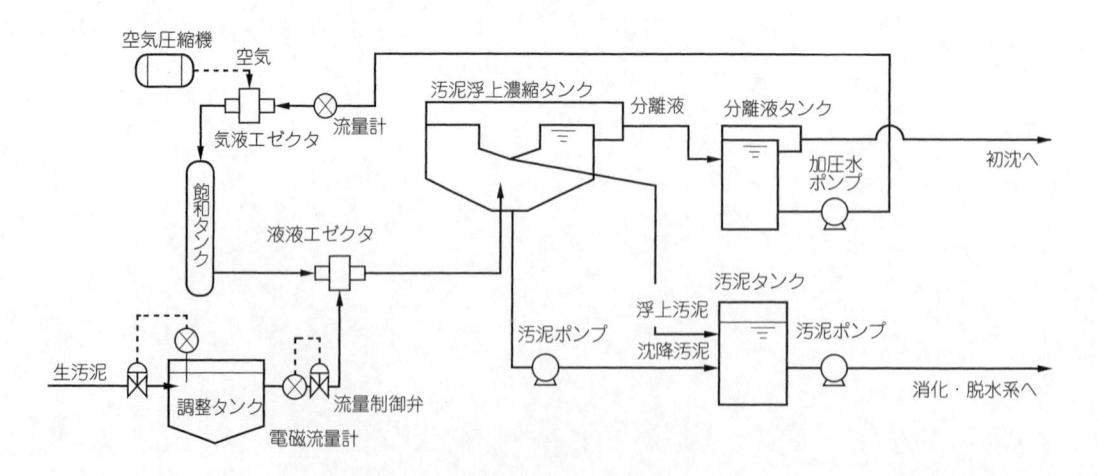

図 5—36　円形汚泥浮上濃縮タンクのフローシート例

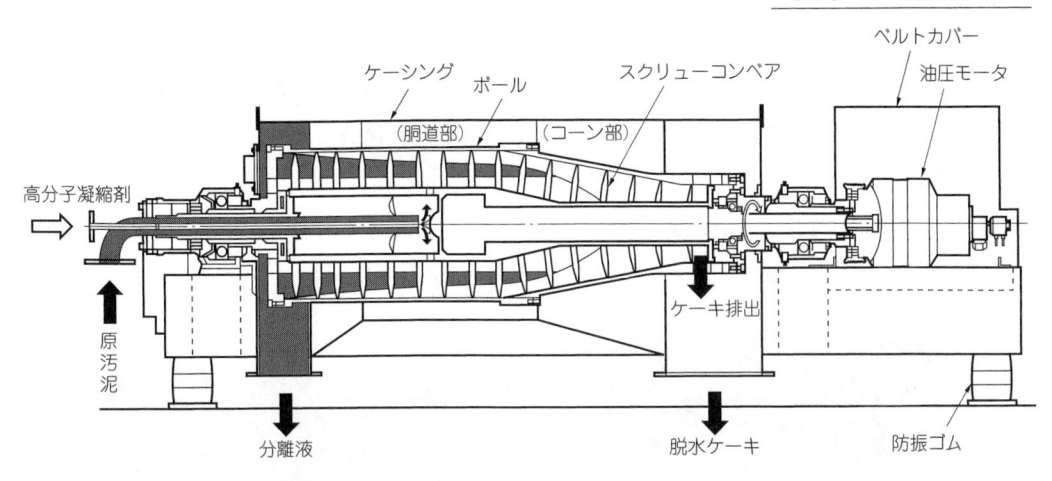

図5―37 遠心式脱水機の構造例

### b. 消　　化

消化には嫌気性消化及び好気性消化の2種があるが，一般には嫌気性消化が用いられる。そのフローシート例を図5―38に示す。1次タンクへ送られた汚泥は，ここでかくはん・混合・加温され，酸素が希薄な環境下で嫌気性細菌の作用による消化が行われ，2次タンクでその消化液を放置させると汚泥と脱離液とに分離される。1次，2次タンクの上部には，消化によってメタンガス及び炭酸ガスが発生するが，そのガスを脱硫装置を通してガス中の硫化水素を除去し，タンクの加温用熱源などに再利用される。

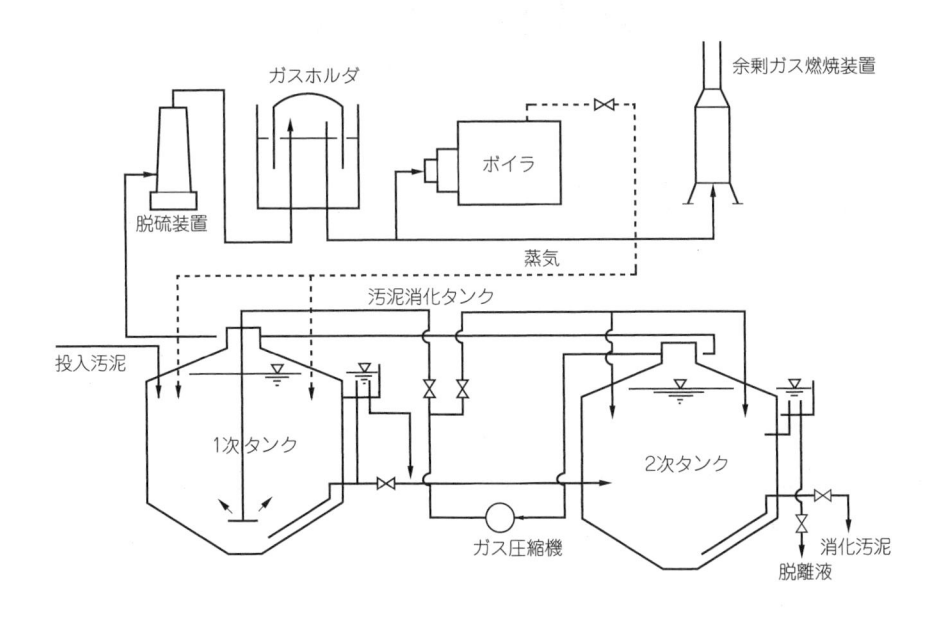

図5―38 汚泥消化（2段消化）のフローシート例

### c. 調　整

消化後の汚泥は、そのままでは水ときわめて混合しやすく、直接機械脱水するのが困難であるため、洗浄・凝集を行って脱水しやすい状態とする。この行程を調整という。

### d. 機械脱水

最後に行う脱水に使用する機械式脱水機には種々のものがあり、大別すると遠心脱水機、加圧脱水機及びベルトプレス脱水機がある。それぞれの外観を図5—39に示す。

（a）遠心脱水機　　　　　　（b）加圧脱水機（プレスフィルタ）

（c）ベルトプレス脱水機

図5—39　機械式脱水機

## 6．3　オキシディションディッチ法

この方式では最初沈殿池が省略され、図5—40のフローシート例に示すような長だ（楕）円形の回流プール状水槽へ汚水を流入させる。この水槽は水深1～3mで、標準法におけるエアレーションタンクに相当するものであるが、ばっ気には図5—41に示すような多数の翼をもった機械式ばっ気装置を使用して、汚水を回流させるとともに汚水中に満遍なく空気を引き込むようにする。なお、この水槽以降の沈殿槽、消毒設備、汚泥処理施設などは標準活性汚泥法のものと同じである。図5—42に回流水槽の外観を示す。

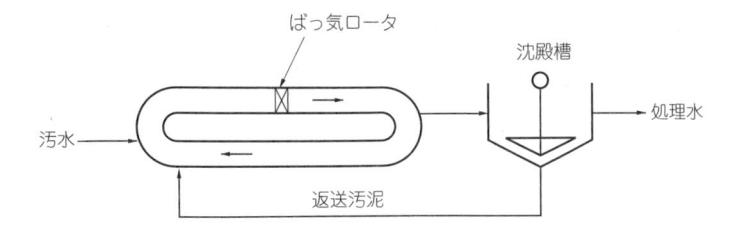

図5—40　オキシディションディッチ法フローシート例

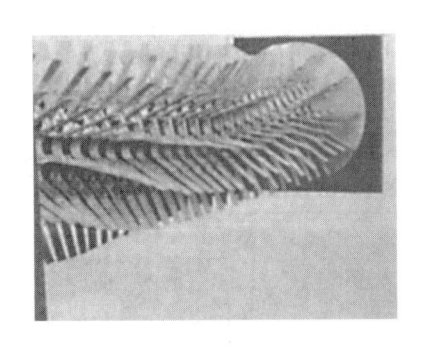

(a) 横軸型　　　(b) 縦軸型

図5—41　機械式ばっ気装置

図5—42　オキシディションディッチ法回流水槽

## 第7節　圧力式下水道と真空式下水道

　第5節で述べたように，現在下水の移送は管路・管きょを用いて自然落差を利用しているものが主流となっているが，農村集落，都市内の低地などの下水移送は自然流下法によると建設費が大幅に増加することがある。これを解消する方法として，圧力式下水道と真空式下水道が実用化されている。

　圧力式下水道は，1戸又は数戸に1箇所のポンプユニットを設け，自然流下で集まった汚水をこのユニットのグラインダポンプ（図5―43）で汚水中の固形物を粉砕しながら圧送するもので，圧送管には内径50～100mmの塩化ビニル管，ポリエチレン管が用いられる。この管内の流速は比較的大きくとられ，管内に固形物がたい積しないように設計される。

　真空式下水道は，バキュームカーの原理と同じで，下水管を真空とし，汚水ますに集まった汚水を吸い出す方式で，各汚水ますには真空弁という，一定以上汚水がたまったら自動的に弁が開き下水管で汚水を吸ってもらう装置が付いている。圧力式，真空式とも，自然流下方式でないため，下水管の埋設深さを浅くすることができる。図5―44に両方式の概念図を示す。

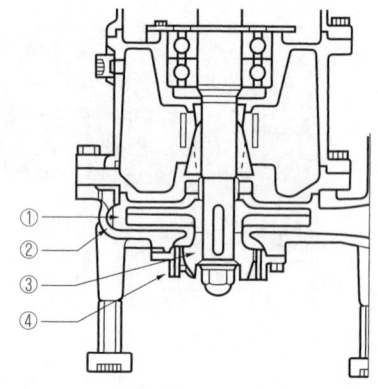

| 番号 | 名称 | 材質 |
|---|---|---|
| ① | 羽根車 | 青銅又は鋳鉄 |
| ② | ケーシング | 鋳鉄 |
| ③ | 回転刃 | 特殊鋼又は特殊鋳鉄 |
| ④ | 固定刃 | 特殊鋼又は特殊鋳鉄 |

図5―43　グラインダポンプの例（遠心式）

（a）圧力式下水道

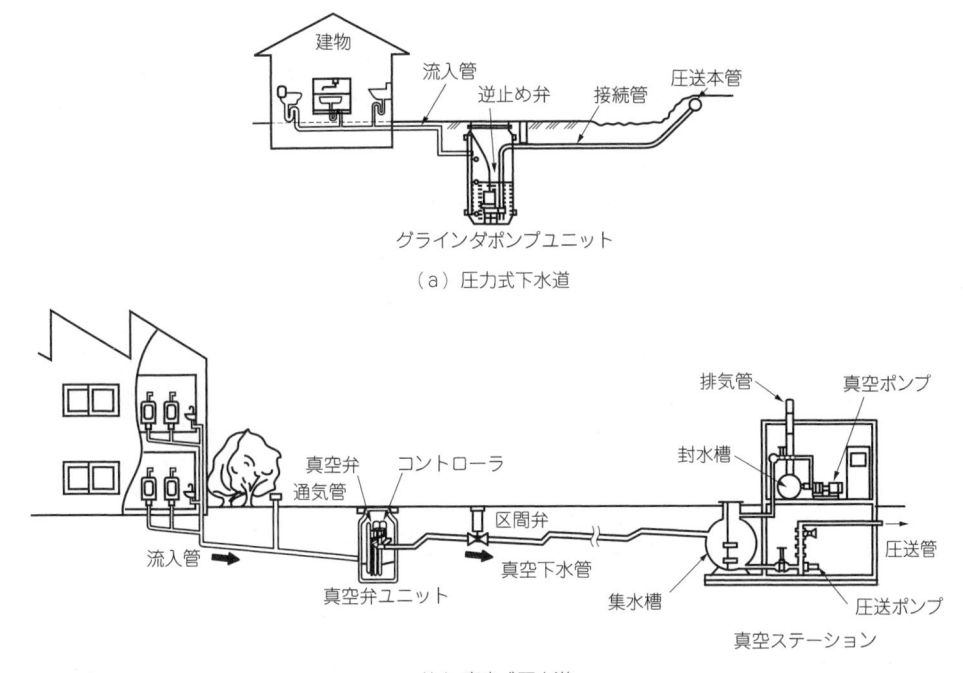

（b）真空式下水道

図5—44　圧力式下水道と真空式下水道

**第5章の学習のまとめ**

　水は，限られた資源であり，産業上・生活上必須のものであるため，高度に管理されたシステムにより有効に活用していかなければならない。近年，上水道設備においては，水質の向上を目的として高度処理（本章2．9特殊浄水参照）を導入する自治体が増加している。

　また，下水道設備においては排水の再利用施設，雨水利用施設の建設が各所で実施されつつある。

　今後はこの傾向がさらに加速していくものと考えるが，消費者・利用者の立場からは水の貴重さを認識し，節水と水質保護につとめる必要がある。

【練習問題】

次の各問に答えなさい。
（1）　上水道設備のろ過池方式を二つあげなさい。
（2）　下水道設備の合流式と分流式の相違について述べなさい。

# 第6章 ガ ス 設 備

ガスエネルギーは，都市ガスと液化石油ガス（LPG）に大別される。

都市ガスの供給については，ガス事業法で「一般の需要に応じ導管によりガスを供給する事業」として定義され，法の規制を受けている。また，LPGの供給についても液化石油ガス法（液化石油ガスの保安の確保及び取引の適正化に関する法律）で規定されている。

ここでは，都市ガスと液化石油ガスに関する基礎的知識を取りまとめ，それらの概要について述べる。

## 第1節　都市ガス設備

### 1.1　都市ガスの種類

都市ガスは，古くは石炭ガスであり発熱量4.2〜4.9kW・h/m³のガスで統一されていた。昭和30年代中頃から石油系原料に対する依存度が高まり，LPGについては，昭和47年頃から登場し，現在では液化天然ガス（LNG）が主流となっている。

都市ガスは石炭，ナフサ，天然ガス，LPGなどを原料とした製造ガスを精製・混合し，定められた熱量で供給されているものであり，表6—1に示すような単体ガスの混合物である。

その組成は都市ガス事業者ごとに異なっており，表6—2に示すとおり，7種類（LPGを除く）のグループに分類される。

ウォッベ指数（WI）と燃焼速度（MCP）の関係を図6—1に示す。

表6－1　単体ガスの物理的性質

| ガス種 | 分子式 | 比重<br>0℃ 0.101MPa<br>空気＝1 | 沸点<br>℃ | 総発熱量*<br>kW·h/Nm$^3$ |
|---|---|---|---|---|
| 水　　素 | $H_2$ | 0.070 | －252.8 | 3.55 |
| 一酸化炭素 | $CO$ | 0.967 | －192.0 | 3.50 |
| メ タ ン | $CH_4$ | 0.555 | －161.5 | 11.0 |
| エ チ レ ン | $C_2H_4$ | 0.975 | －103.7 | 17.7 |
| エ タ ン | $C_2H_6$ | 1.049 | －88.6 | 19.6 |
| プロピレン | $C_3H_6$ | 1.481 | －47.7 | 26.0 |
| プ ロ パ ン | $C_3H_8$ | 1.550 | －42.1 | 28.2 |
| n - ブ タ ン | $C_4H_{10}$ | 2.091 | －0.5 | 37.3 |
| i - ブ タ ン | $C_4H_{10}$ | 2.064 | －11.7 | 37.0 |

*総発熱量

水素ガスは燃焼し$H_2O$に，炭化水素は$CO_2$と$H_2O$になる。$H_2O$は燃焼ガスが高温のため水蒸気状態である。燃焼により発生した熱量から水蒸気のもっている蒸発熱を引いたものを真発熱量といい，水蒸気が水に戻るとして，その蒸発熱を含めたものを総発熱量という。供給ガスの発熱量は，一般に総発熱量で表される。

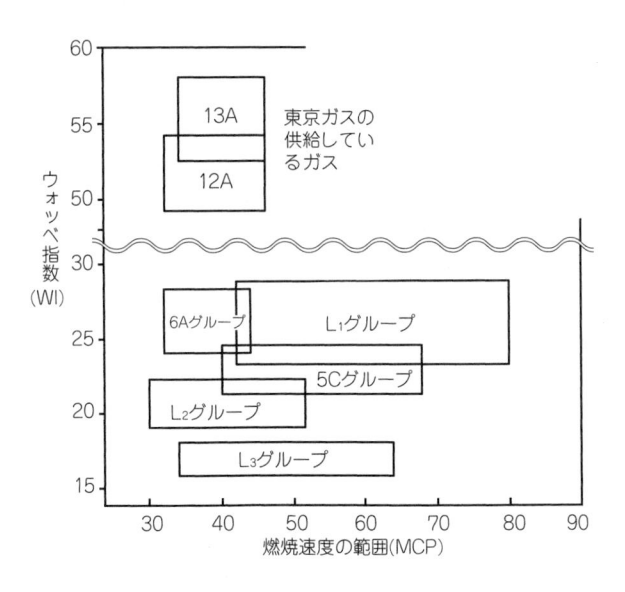

図6－1　ガス事業法の都市ガスグループ

表6-2 都市ガスの種類

| ガスグループ | WI | MCP |
|---|---|---|
| 13A | 52.7～57.8 | 35.0～47.0 |
| 12A | 49.2～53.8 | 34.0～47.0 |
| 6A | 24.5～28.2 | 34.0～45.0 |
| $L_1$ (6B, 6C, 7C) | 23.7～28.9 | 42.5～78.0 |
| 5C | 21.4～24.7 | 42.0～68.0 |
| $L_2$ (5A, 5B, 5AN) | 19.0～22.6 | 29.0～54.0 |
| $L_3$ (4A, 4B, 4C) | 16.2～18.6 | 35.0～64.0 |

＊WI ：ガスのウォッベ指数
MCP：燃焼速度の範囲

ガスのウォッベ指数：供給ガスが需要家の器具で完全に燃焼するためには，供給ガスの燃焼性がある範囲内に入っている必要がある。ウォッベ指数とはそれらの燃焼性を表現する一つの指数で，

$$WI = \frac{H}{\sqrt{d}}$$

H：ガス総発熱量kW・h/m³（0℃　0.101MPa Dry）
d：ガス比重（空気：1）

で表され，器具に対する入熱に関係する指数である。

WIの変動範囲は小さいほど好ましく，英，独などでは，±5%以内にするようである。

MCP：デルボルグ（Delbourg）の互換性図において，燃焼速度に対応する値として用いられるもの。

参考として東京ガスで供給しているガスの種類・組成及び供給区域を表6—3に示す。

表6—3 東京ガスの供給ガスと供給地域

(平成11年3月現在)

| 種類 | 発熱量 | 比重<br>0℃ 0.101MPa<br>空気＝1 | 組成例 | 理論空気量<br>1.2kW·h/m³ | 廃ガス量<br>1.2kW·h/m³ | 供給地域 |
|---|---|---|---|---|---|---|
| 13A | 12.8kW·h/m³ | 0.66 | メタン 88.0%<br>エタン 5.8%<br>プロパン 4.5%<br>ブタン 1.7% | 0.995m³ | 1.095m³ | 東京・神奈川・千葉・埼玉・茨城(日立を含む),宇都宮・甲府地区 |
| 12A | 11.6kW·h/m³ | 0.66 | メタン 84.4%<br>エタン 5.5%<br>プロパン 2.3%<br>ブタン 1.0%<br>ペンタン 0.4%<br>炭酸ガス 0.1%<br>酸素 0.9%<br>窒素 5.4% | 0.995m³ | 1.095m³ | 長野・群馬 |

(注) 1,000kcal/h＝1.16279kW, 1kW＝860kcal/h

## 1.2 供給方式と供給圧力

工場で製造された都市ガスは，道路に埋設されている導管により消費者に供給される。

一般に図6—2に示すように工場で製造されたガスは，工場を出た所では輸送圧力が高く，順次整圧器（ガバナ）により減圧される。消費者に供給されるガスの供給圧力は，使用する器具及び使用量により低圧供給と中圧供給に区分される。通常高圧導管で1MPa以上で供給されたガスは，整圧器で減圧され，0.1～1MPa未満の中圧に，さらに1～2.5kPaの低圧となる。家庭用，商業用などには低圧で供給される。工業用，ビル冷暖房用，地域冷暖房用などでガスを大量に使用する場合には，導管効率を上げるために中圧で供給される。中圧で供給されたガスは，ボイラや冷温水機などに付属する整圧器で適当な圧力に減圧され，使用される。ガス事業法に定める供給圧力と東京ガスでのガス圧力の呼称を表6—4に，供給規程*に定める圧力を表6—5に示す。

----

＊ 供給規程：ガス事業者がガス料金・ガス工事費・供給・保安などの供給条件について定めたもの。ガス事業法上，ガス事業者はあらかじめこれを定め，公表する義務を負う。またその制定・変更の際は，経済産業大臣の認可を受けることを要する。

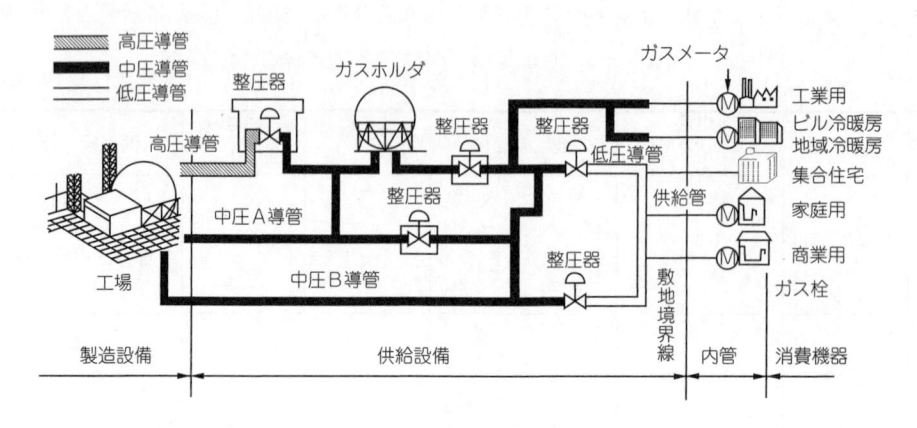

図6—2　ガス供給系統図

表6—4　供給圧力

| | 東京ガスの呼称 | ガス事業法上の定義 | |
|---|---|---|---|
| 高　圧 | 1 MPa以上 | 1 MPa以上 | 高圧 |
| 中圧A | 0.3MPa以上<br>1 MPa未満 | 0.1MPa以上<br>1 MPa未満 | 中圧 |
| 中圧B | 0.1MPa以上<br>0.3MPa未満 | | |
| 中間圧 | 一般ガス供給規程以上<br>0.1MPa未満 | 0.1MPa未満 | 低圧 |
| 低　圧 | 一般ガス供給規程に定める圧力〔表6—5参照〕 | | |

表6—5　供給規程に定める圧力

| ガス　種 | 圧力kPa | |
|---|---|---|
| | 範　囲 | 標　準 |
| 13A・12A | 1〜2.5 | 2 |
| $L_{1\cdot3}$（6B・4B） | 0.5〜2 | 1 |
| Ｌ　Ｐ　Ｇ | 2〜3.3 | 2.8 |

供給設備の中のガスホルダは，ガス貯蔵とともに製造したガスの品質を均一にする働きをする。

低圧導管（本支管）からガス栓までの標準配管は図6—3に示すとおりである。

図6—3で供給管とは本支管から境界線まで，灯外内管とは境界線からメータガス栓まで，灯内内管とはメータガス栓からカラン（ガス栓）までをいう。

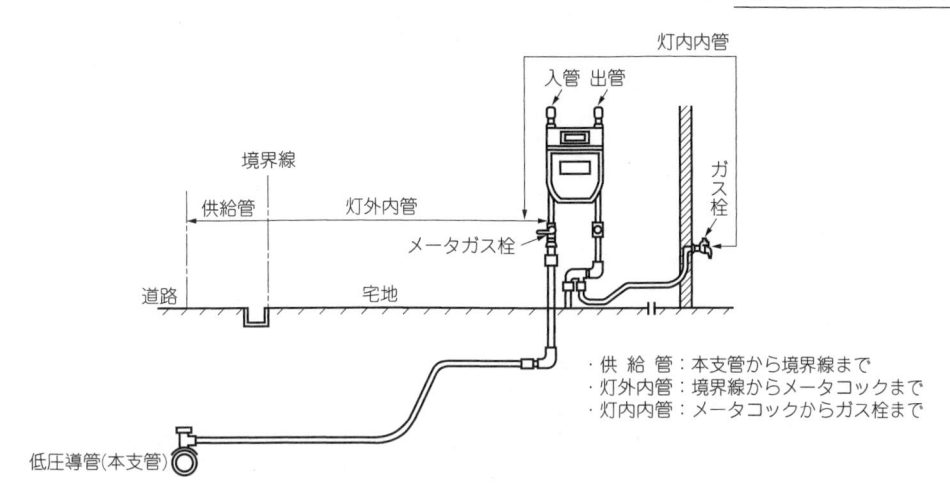

図6—3　低圧導管（本支管）からガス栓までの配管図（標準）

## 1．3　ガスの熱量及び消費量

　ガスの燃焼は発熱反応であり，その成分に応じた燃焼熱が発生する。都市ガスの場合，標準状態（0℃，0.101MPa）のガス1m³（1Nm³：ノルマルリッポーメートルという）が完全燃焼したときに発生する熱量を発熱量といいkW・h/m³で表す。ガス事業者は，供給するガスの標準発熱量を監督官庁の許可を得て公表することになっている。

　ガス消費量の決定については，使用するガス機器の種類と個数，それぞれの機器のガス消費量を調べ，その合計を求める。さらに同時使用率（一般に70～100％）と将来のガス機器の増設計画を勘案し設計流量とする。設計における設計対象機器選定方法を表6—6に，使用ガス機器表を表6—7に示す。

表6―6　設計対象機器選定方法

(東京ガスの例)

| 対象機器 | | 選定方法 流量値は13A供給ガスの場合。ただし,( )内の値は12A供給ガスの場合。 |
|---|---|---|
| 厨房用 | (1) コンロ (コンロ及び附属の魚焼グリルなど) | ① 取付けバーナの能力の大きいものから2個分を設計対象とする。<br>② 機器が未定の場合の設計流量はバーナ1個0.27m³/h (0.30m³/h)とし,2個分を計上する。 |
| | (2) その他厨房機器 (オーブン(レンジに付いているオーブンを含む)炊飯器など) | ① 能力の大きいもの1個を設計対象とする。<br>② 機種未定の場合の設計流量は,0.45m³/h (0.50m³/h)とする。 |
| 風呂・給湯用 | (3) 風呂給湯機器 | ① 1台の機器の中にバーナが2個以上設けられているものは,バーナの機能別に分けて別々に扱う。<br>② 大きいもの2個を設計対象とする。 |
| 暖房用 | (4) 暖房機器 (集中方式,個別方式とも共通) | ① 1台の機器の中にバーナが2個以上設けられているものは,バーナの機能別に分けて別々に扱う。<br>② 大きいもの2個を設計対象とする。<br>③ ガス栓で機種未定の場合の設計流量は,0.27m³/h (0.30m³/h)とする。 |
| 衣類乾燥機 | (5) 衣類乾燥機 | ① 能力の大きいもの1個を設計対象とする。<br>② 機種未定の場合の設計流量は,0.22m³/h (0.25m³/h)とする。 |
| その他機器 | (6) その他機器 | その他機器は非設計対象とする。 |
| 上記手順で非設計対象としたものでも,設計対象とすべきと判断されるものは,対象機器として扱う。 | | |
| 住戸用同時使用率 | | 0.7 |

〔家庭用需要家の場合の設計流量の算出例(東京ガスの例)〕

＜設計条件＞

・ガス供給地区は13A地区とする。

表6―7　使用ガス機器表

| 用途 | | 機器名 | バーナ | ガス消費量(kW) | 設計対象 | 設計流量(m³/h) | |
|---|---|---|---|---|---|---|---|
| 厨房用 | コンロ | レンジ | コンロ(大) | 3.60 | ◎ | 0.28 | 0.51 |
| | | | コンロ(中) | 2.79 | | (0.21) | |
| | | | コンロ(小) | 1.86 | | (0.14) | |
| | | | グリル | 3.02 | ◎ | 0.23 | |
| | その他 | オーブン | | 3.49 | ◎ | 0.27 | 0.27 |
| | | 炊飯器 | | 2.09 | | (0.16) | |
| 風呂・給湯用 | | 追だき付き給湯器 | 給湯 | 35.5 | ◎ | 2.77 | 3.67 |
| | | | 風呂 | 11.6 | ◎ | 0.90 | |
| 暖房用 | | ストーブ | A | 4.88 | ◎ | 0.38 | 0.65 |
| | | | B | 2.91 | | (0.22) | |
| | | | C | 3.49 | ◎ | 0.27 | |

(注) ( )値は,表6－6より非設計対象。

第6章　ガス設備　155

＜配管経路と流量＞

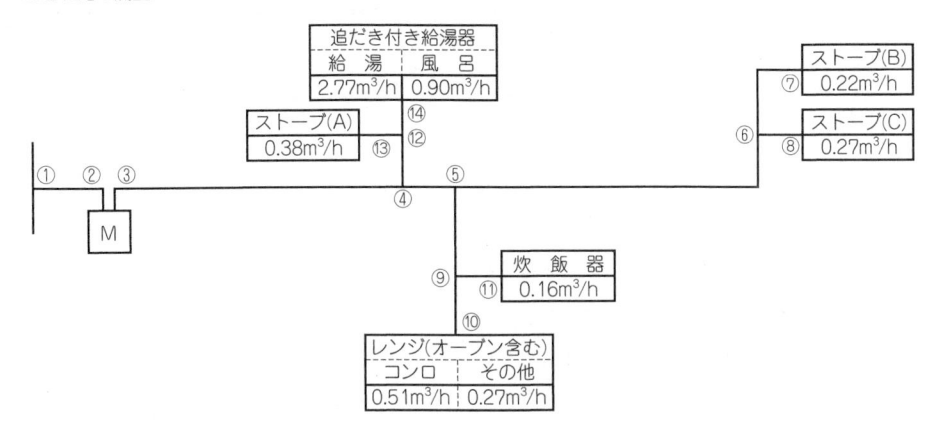

```
                    追だき付き給湯器
                    給湯 │ 風呂              ストーブ(B)
                    2.77m³/h│0.90m³/h      ⑦ 0.22m³/h
          ストーブ(A)    ⑭                    ストーブ(C)
          0.38m³/h ⑬  ⑫             ⑥ ⑧ 0.27m³/h
① ② ③              ④    ⑤
     M
                              炊飯器
                        ⑪   0.16m³/h
                      ⑨
                        ⑩
                    レンジ(オーブン含む)
                    コンロ │ その他
                    0.51m³/h│0.27m³/h
```

（注）炊飯器は非設計対象であるが，単一配管系（⑨～⑪）のため図示対象機器として扱う。

＜設計流量の決定＞

| 経路 | 設計流量の決定 | |
|---|---|---|
| ⑥－⑧ | ストーブ（C）1台 | 0.27 |
| ⑥－⑦ | ストーブ（B）1台 | 0.22 |
| ⑤－⑥ | ストーブ（B+C）2台まで | 0.22＋0.27＝0.49 |
| ⑨－⑪ | 炊飯器 | 0.16 |
| ⑨－⑩ | レンジ（コンロ＋オーブン）のみ | 0.51＋0.27＝0.78 |
| ⑤－⑨ | レンジ（コンロ＋オーブン）のみ | 0.51＋0.27＝0.78 |
| ④－⑤ | レンジ（コンロ＋オーブン）＋ストーブ（B+C） | 0.51＋0.27＋0.22＋0.27＝1.27 |
| ⑫－⑭ | 追だき付き給湯器（風呂＋給湯） | 2.77＋0.90＝3.67 → 3.57 |
| ⑫－⑬ | ストーブ（A）1台 | 0.38 |
| ④－⑫ | 追だき付き給湯器＋ストーブ（A） | 2.77＋0.90＋0.38＝4.05 → 3.57 |
| ③－④ | 追だき付き給湯器＋レンジ（コンロ＋オーブン）＋ストーブ2台（A+B） | 2.77＋0.90＋0.51＋0.27＋0.38＋0.27＝5.10<br>5.10×0.7＝3.57 |
| ①－② | | → 3.57 |

## 1．4　導管の管径の求め方

　導管の管径は計画する路線の延長，地区ごとに供給すべきガス量，ピーク時におけるガス流量，起点供給可能圧力，末端の所要圧力及び供給ガスの比重から圧力別に次により算定する。

### （1）　低　圧　導　管

　低圧導管の管径は次式によって算出する。

$$Q = K \sqrt{\frac{1000 H D^5}{S L g}} \quad \cdots\cdots\cdots\cdots\cdots\cdots\cdots\cdots (6-1)$$

$$D=\left\{\left(\frac{Q}{K}\right)^2 \frac{SLg}{1000H}\right\}^{1/5} \quad \cdots\cdots(6-2)$$

ここに,

- Q：ガス流量（m³/h）
- D：導管管径（cm）
- L：導管延長（m）
- H：起点圧力$P_1$と末端圧力$P_2$の差（kPa）
- S：ガス比重（空気を1とする）
- K：流量係数（ポール：0.707）
- g：重力加速度（9.81m/s²）

### （2） 高・中圧導管

高・中圧導管の管径は次式により算出する。

$$Q=K\sqrt{\frac{10000(P_1^2-P_2^2)D^5}{SLg^2}} \quad \cdots\cdots(6-3)$$

$$D=\left\{\left(\frac{Q}{K}\right)^2 \frac{SLg^2}{10000(P_1^2-P_2^2)}\right\}^{1/5} \quad \cdots\cdots(6-4)$$

ここに,

- Q：ガス流量（m³/h）
- D：導管管径（cm）
- L：導管延長（m）
- $P_1$：起点における絶対圧力（MPa）
- $P_2$：終点における絶対圧力（MPa）
- S：ガス比重（空気を1とする）
- K：流量係数（コックス：52.31）
- g：重力加速度（9.81m/s²）

この公式によって算出された低圧ガス管における輸送量の一例を表6—8に示す。

表6－8　低圧ガス管の輸送量表〔単位m³/h〕

| 管径 (mm) ＼ 管長 (m) | 5 | 10 | 20 | 30 | 40 | 50 | 80 | 100 |
|---|---|---|---|---|---|---|---|---|
| 20 | 6.12 | 4.32 | 3.06 | 2.50 | 2.16 | 1.94 | 1.53 | 1.37 |
| 25 | 11.30 | 7.99 | 5.65 | 4.61 | 3.99 | 3.57 | 2.82 | 2.53 |
| 32 | 21.50 | 15.20 | 10.75 | 8.78 | 7.60 | 6.80 | 5.37 | 4.80 |
| 40 | 31.51 | 22.28 | 15.76 | 12.86 | 11.14 | 9.96 | 7.88 | 7.05 |
| 50 | 57.46 | 40.62 | 28.73 | 23.46 | 20.31 | 18.17 | 14.36 | 12.85 |

| 管径 (mm) ＼ 管長 (m) | 50 | 100 | 200 | 500 | 800 | 1000 | 1200 | 1500 |
|---|---|---|---|---|---|---|---|---|
| 80 | 73.86 | 52.23 | 36.93 | 23.35 | 18.47 | 16.52 | 15.08 | 13.49 |
| 100 | 144 | 102 | 71.82 | 45.43 | 35.91 | 32.12 | 29.32 | 26.22 |
| 150 | 379 | 268 | 189 | 120 | 94.71 | 84.71 | 77.33 | 69.17 |
| 200 | 757 | 535 | 378 | 239 | 189 | 169 | 154 | 138 |
| 300 | 2046 | 1447 | 1023 | 647 | 512 | 458 | 418 | 374 |

## 1.5　ガスメータ

### (1)　ガスメータ

ガスメータは，通過したガスの流量を計量するための器具である。ガスメータは計量方法によって実測式と推量式に分けられる（図6—4）。実測式は一定容積のますを設け，そのますでガスが何回測られたかを積算する方式で，推量式は流量と一定の関係にある他の量（例えば流れの中の羽根車回転数）を測定することにより求める方式である。

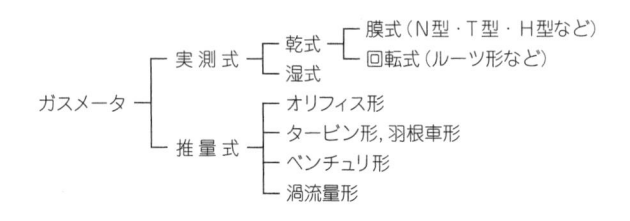

```
                    ┌─ 乾式 ─┬─ 膜式（N型・T型・H型など）
          ┌─ 実測式 ─┤       └─ 回転式（ルーツ形など）
          │         └─ 湿式
ガスメータ ─┤
          │         ┌─ オリフィス形
          └─ 推量式 ─┼─ タービン形，羽根車形
                    ├─ ベンチュリ形
                    └─ 渦流量形
```

図6—4　ガスメータの種類

一般のガス消費者には，膜式ガスメータが用いられる。これはガスを一定容積の袋の中へ入れ，充満後排出し，その回数を容積単位に換算して外部へ表示する。計量室への導入及び排出は，バルブと膜の連動作用によって行われ，運動の動力は出入口におけるガス圧力差である。膜式ガスメータを図6—5に，膜式ガスメータの寸法などを表6—9に示す。

158　配　管　[Ⅰ]

NS型，N型メータ(30〜120号)

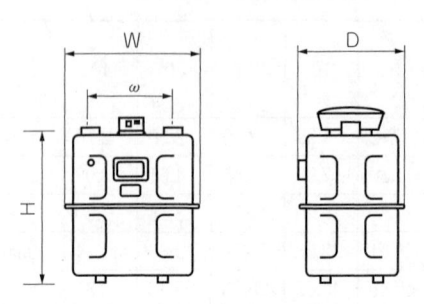

図6—5　膜式ガスメータ

表6—9　膜式メータの寸法等

| 型　式 | メータ寸法（mm） | | | | 取付けスペース（mm） | | | メータ接続口径(A) | 出入管接続口径(A) | 質　量(kg) |
|---|---|---|---|---|---|---|---|---|---|---|
| | W(幅) | $\omega$ | D(奥行) | H(高) | W(幅) | D(奥行) | H(高) | | | |
| N　1 | 170 | 130 | 130 | 210 | 360 | 200 | 400 | 20 | 20 | 2.1 |
| NB1, NI1 | 174 | 130 | 137 | 258 | 360 | 225 | 450 | 20 | 20 | 2.9 |
| N　2 | 170 | 130 | 130 | 210 | 360 | 200 | 400 | 20 | 20 | 2.1 |
| NB2, NI2 | 174 | 130 | 137 | 258 | 360 | 225 | 450 | 20 | 20 | 2.9 |
| N　3 | 170 | 130 | 140 | 230 | 360 | 200 | 450 | 20 | 20 | 2.6 |
| NB3, NI3 | 174 | 130 | 138 | 280 | 360 | 225 | 500 | 20 | 20 | 3.2 |
| N　5 | 200 | 130 | 160 | 260 | 380 | 220 | 470 | 20 | 20 | 3.5 |
| NB5, NI5 | 195 | 130 | 156 | 324 | 380 | 245 | 530 | 20 | 20 | 4.4 |
| N　7 | 200 | 130 | 160 | 260 | 380 | 270 | 500 | 20 | 25 | 3.5 |
| NB7, NI7 | 195 | 130 | 156 | 324 | 380 | 270 | 530 | 20 | 25 | 4.4 |
| NN−10 | 300 | 220 | 214 | 341 | 560 | 325 | 870 | 32 | 32 | 9.1 |
| NS−10 | 300 | 220 | 214 | 424 | 560 | 325 | 870 | 32 | 32 | 11.1 |
| NN−15 | 300 | 220 | 214 | 341 | 560 | 325 | 870 | 40 | 40 | 9.1 |
| NS−15 | 300 | 220 | 214 | 422 | 560 | 325 | 870 | 40 | 40 | 11.1 |
| N30, NS30 | 420 | 220 | 370 | 450 | 1100 | 370 | 870 | 50 | 50 | 22.0 |
| N50, NS50 | 510 | 320 | 420 | 570 | 1200 | 430 | 970 | 50 | 50 | 35.0 |
| N90, NS90 | 640 | 380 | 520 | 730 | 1380 | 850 | 1200 | 80 | 80 | 66.0 |
| N120, NS120 | 640 | 380 | 520 | 730 | 1380 | 850 | 1200 | 80 | 80 | 66.0 |

$\omega$：メータ出入間寸法を示す。

## 1．6　ガスの燃焼と換気

### （1）　ガスの燃焼

ガスの燃焼とは，ガスの成分中のメタンやプロパンなどの可燃成分が空気中の酸素と化合し，水蒸気（$H_2O$）と二酸化炭素（$CO_2$）になる酸化反応である。

ガスが燃焼するためには，次の三つの条件が必要である。

① ガスがあること（可燃物）
② 空気があること（酸素）
③ 温度があること（着火源）

つまり，ガスが燃焼するためには，ガスと空気の混合割合が一定の範囲内（燃焼範囲内）にあり，着火源の温度がガスの着火温度以上あることが必要である。

燃焼に必要な酸素は空気中に含まれているので，燃焼を続けるためには新鮮な空気の供給が不可欠である（空気には酸素約21％，窒素約79％含まれている）。

0℃，0.1MPaのガス1m³を完全燃焼させるために必要な最少の空気量を理論空気量といい，この量は各ガスとも1.2kW・h当たり約0.9～1.0m³とほぼ一定である。しかし，前述のように空気中には窒素（$N_2$）のほうが多いので，酸素と接触する割合が少なく，実際には理論空気量だけでは不足するので，20～50％の過剰空気が必要となる。

ガスが完全燃焼した場合，可燃性成分である炭素（C）は，酸素（$O_2$）と化合し二酸化炭素に，水素（$H_2$）は水蒸気になる。

また，燃焼に使われた空気中の窒素は不燃性であるからそのままである。これらをまとめて，燃焼ガス又は排気ガスと呼んでいる。燃焼ガスの中には，次の①～③が含まれている。

① 燃焼によって生成した二酸化炭素と水蒸気
② ガスの中に含まれていた不燃性成分（例$CO_2$）
③ 燃焼に使われた空気中の窒素

しかし，これは理論空気量で完全燃焼した場合であり，実際には前述のとおり過剰空気を必要とするので，④として，過剰空気中の酸素も含まれている。

なお，この理論燃焼ガス量は，1.2kW・h／m³当たり約1.06～1.10m³とほぼ一定である。

燃焼方式による分類を表6—10に示す。

表6—10 燃焼方式による分類

| 分 類 | 燃 焼 方 式 | バ ー ナ 構 造 | 特 徴 |
|---|---|---|---|
| 赤 火 式 | ガスをそのまま大気中に噴出させて燃焼させる方法で，燃焼に必要な空気はすべて炎の周辺から拡散により取り入れる。 | 空気(100%)／ガス | ・逆火しない。<br>・ガス圧の低いところでも使用できる。<br>・広い燃焼室を要する。 |
| セミブンゼン<br><br>ブンゼン | ガスをノズルから噴出し，そのときの運動エネルギーで空気孔から燃焼に必要な空気の一部(一次空気)を吸い込む。混合管で混合した後，炎孔から出て燃えるが，このとき残りの空気(二次空気)は炎の周辺から拡散により取る。<br>　一次空気率が30～40％以下のものをセミブンゼン式，それ以上のものをブンゼン式という。 | 器具栓，一次空気，一次空気穴，二次空気，ガス，一次空気ダンパ，ノズル | ・逆火の恐れがない。<br>・火移りがよい。<br>・比較的低温のものに適する。<br><br>・炎は内外炎に区別される。<br>・赤火式より燃焼は迅速で炎が短く，燃焼室は小さくてよい。 |
| 全一次空気<br>（赤外線） | 燃焼に必要な空気の全部を一次空気として取り入れ，燃焼させる方式。 | セラミックプレート，ガス，空気(100%)，ダンパ，混合管 | ・バーナを目的の方向に向けて使用できる。<br>・途中の空気を暖めず直接物体に照射する。 |

## （2） 換　気

　換気は室内環境保全のために必要であり，火を使用する場所に換気口を設置する場合，建築基準法に適合するものでなければならない。換気の方式は，ガス機器の形式，大きさ，設置条件によっていろいろなものがあるが，その代表的なものを図6—6に示す。

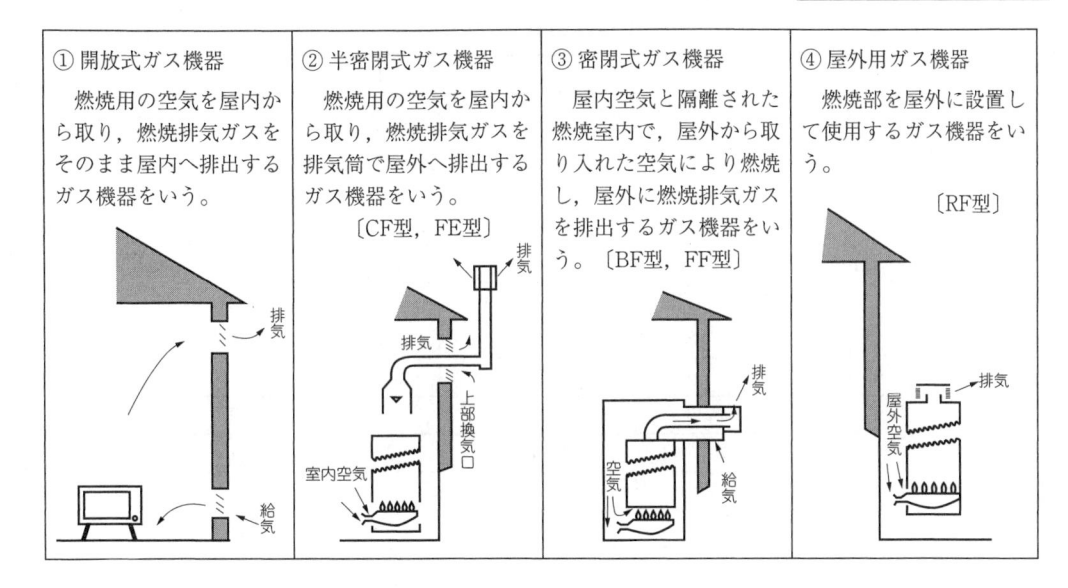

| ①開放式ガス機器 | ②半密閉式ガス機器 | ③密閉式ガス機器 | ④屋外用ガス機器 |
|---|---|---|---|
| 燃焼用の空気を屋内から取り，燃焼排気ガスをそのまま屋内へ排出するガス機器をいう。 | 燃焼用の空気を屋内から取り，燃焼排気ガスを排気筒で屋外へ排出するガス機器をいう。〔CF型，FE型〕 | 屋内空気と隔離された燃焼室内で，屋外から取り入れた空気により燃焼し，屋外に燃焼排気ガスを排出するガス機器をいう。〔BF型，FF型〕 | 燃焼部を屋外に設置して使用するガス機器をいう。〔RF型〕 |

図6-6 給排気方式による分類

# 第2節　LPガス設備

## 2.1　LPガスの性状

　LPガス（又はLPG）とは，英語のLiquefied Petroleum Gas（液化石油ガス）の頭文字を取ったものであり，低級炭化水素の混合物である。炭化水素とは炭素（C）と水素（H）の2元素が化合してできたものである。

　LPガスは常温・常圧では気体であるが，常温（10～15℃）において，0.6～0.7MPaの圧力を加えて液化させたものである。液化されることにより，その体積は約1／250に圧縮され，輸送・貯蔵の面で大きな利点となっている。

　LPガスの成分は，パラフィン系（メタン系）炭化水素と，オレフィン系炭化水素の分子より成っており，成分を表6—11に示す。

表6—11 LPガスの成分

| | 名　　称 | 分子式 | 沸点〔°C〕 |
|---|---|---|---|
| パラフィン系 | メタン | $CH_4$ | −161.5 |
| | エタン | $C_2H_6$ | −88.6 |
| | プロパン | $C_3H_8$ | −42.1 |
| | i-ブタン（2-メチルプロパン） | $C_4H_{10}$ | −11.7 |
| | n-ブタン | $C_4H_{10}$ | −0.5 |
| | ネオペンタン（2.2-ジメチルプロパン） | $C_5H_{12}$ | 9.5 |
| | i-ペンタン（2-メチルブタン） | $C_5H_{12}$ | 27.9 |
| | n-ペンタン | $C_5H_{12}$ | 36.1 |
| オレフィン系 | エチレン（エテン） | $C_2H_4$ | −103.7 |
| | プロピレン（プロペン） | $C_3H_6$ | −47.7 |
| | 2-メチルプロパン（i-ブテン） | $C_4H_8$ | −6.9 |
| | 1-ブテン | $C_4H_8$ | −6.3 |
| | trans-2-ブテン | $C_4H_8$ | 0.9 |
| | cis-2-ブテン | $C_4H_8$ | 3.7 |

　LPガスの混合比率は，用途，出荷される地方や季節，又は銘柄により，ほとんど純粋に近いプロパンから，ブタン・ブチレンの混合物まで種々のものがある。一般消費家庭や，これに準ずる業務用に供されるものは，取引上や保安上，法令によってLPガスの組成が制限されている。液化石油ガスの保安の確保及び取引の適正化に関する法律（略して液化石油ガス法）では，プロパン，プロピレンの含有率により，い号，ろ号，は号の規格区分を行っている（表6—12）。また，JISでも組成によってLPガスを，1種，2種を7号に分けて分類している（表6—13）。

表6—12 液化石油ガス法によるLPガスの種類（同法第30条及び同法施行規則第31条）

| 名　　称 | い　号 | ろ　号 | は　号 |
|---|---|---|---|
| 適正使用場所と季節 | 一般家庭 | 一般家庭，温暖地 | 業　務　用 |
| | 酷寒地冬 | 夏・冬・酷寒地夏 | 夏　・　冬 |
| プロパン，プロピレン分の含有率 | 80％以上 | 60〜80％未満 | 60％未満 |
| エタン，エチレン分の含有率 | 5％以下 | 5％以下 | 5％以下 |
| ブタジエン分の含有率 | 0.5％以下 | 0.5％以下 | 0.5％以下 |
| 備考 | 圧力が高く−15°C程度でも気化する。 | い号とは号の中間でこれまで家庭で使っていたものである。 | 発熱量は高いが圧力の低いブタンが多いので強制気化装置のある食堂，レストラン，食品加工業などの業務用向き。 |
| ガス発生量 15°C(m³/kg) | 0.51 | 0.48 | — |

表6−13 LPガスの種類 （JIS K 2240：1991）

| 種類 | | 項目 蒸気圧 (40℃) (MPa) | 硫黄分 (質量%) | 組　成 (モル%) エタン＋エチレン | プロパン＋プロピレン | ブタン＋ブチレン | ブタジエン | 主な用途 |
|---|---|---|---|---|---|---|---|---|
| 1種 | 1号 | 1.53以下 | 0.015以下 | 5以下 | 80以上 | 20以下 | 0.5以下 | 家庭用燃料 業務用燃料 |
| | 2号 | 1.53以下 | 0.015以下 | 5以下 | 60以上80未満 | 40以下 | 0.5以下 | |
| | 3号 | 1.53以下 | 0.015以下 | 5以下 | 60未満 | 30以上 | 0.5以下 | |
| 2種 | 1号 | 1.55以下 | 0.02以下 | − | 90以上 | 10以下 | − | 工業用燃料及び原料自動車用燃料 |
| | 2号 | 1.55以下 | 0.02以下 | − | 50以上90未満 | 50以下 | − | |
| | 3号 | 1.25以下 | 0.02以下 | − | 50未満 | 50以上90未満 | − | |
| | 4号 | 0.52以下 | 0.02以下 | − | 10以下 | 90以上 | − | |

　以上の規格のほかに，一般消費者などに供給するLPガスは，空気中の混入比率が容量で1000分の1である場合において感知できるように着臭されている。

　純粋なLPガスは無色無臭であり，空気中に漏れた場合危険である。漏れを感知できるように着臭する場合がある。この場合は高圧ガス取締法施行規則により，「有臭」と朱書した票紙を張ることになっている。工業用は着臭する必要はなく，この場合は「工業用無臭」の票紙を張ることになっている。

　LPガスは，揮発油と同様，強力な溶解能があり，鉱油や天然ゴムをよく溶かす。したがって油脂を使ったペンキや，塩化ビニルのホースなどもプロパンに溶ける。この理由から金属以外の配管材や，シール材，パッキン材料，その他調節器のダイヤフラム，容器弁のOリングなどは，耐油性合成ゴムを使用しないと寿命が短い。

　良質のゴムホースでも1〜2年の寿命であり，塩化ビニルは可塑剤がプロパンに溶解して硬化することがある。

## 2．2　容器，容器用バルブの構造及び機能

### （1）　容　器

　LPガスを充てんする容器（以下，「LPガス容器」という）は一般に，鋼板を成形し，これを溶接して製造されている。

　このLPガス容器には，1ℓ未満のものからタンクローリ容器のような大容量のものまであり，適切な防せい塗装が行われており，また，一般消費者などに使用されるLPガス容器には，底部の腐食防止，転倒防止，転落・転倒による衝撃緩和のためのスカート，バルブ保護のためのプロテクタ（又はキャップ）などが取り付けられている。

　本書で取り上げるLPガス容器は，充てん量2kg以上50kg以下（自動車燃料装置用容器を除く）の範囲の鋼製LPガス容器を対象とする。

一般消費者などに用いるLPガス容器の代表的なものを表6—14及び図6—7に示す。

表6—14 代表的なLPガス容器の種別寸法

| 区分\容器の種別 | 10kg型容器 | 20kg型容器（軽量容器） | 50kg型容器（軽量容器） |
|---|---|---|---|
| 基準内容積 〔ℓ〕 | 24 | 47 | 118 |
| 充てん質量 〔kg〕 | 10 | 20 | 50 |
| 基準外径 $A+2t$ 〔mm〕 | 300〜310 | 310〜320 | 365〜370 |
| 内容の肉厚 $t$ 〔mm〕 | 約3.0 | 約2.6 | 約2.6 |
| 容器の質量 〔kg〕 | 約13 | 約17.6 | 約36 |
| 基準の高さ $B$ 〔mm〕 | 425〜455 | 705〜760 | 1230〜1280 |
| 容器の全長 $C$ 〔mm〕 | 約520 | 約990 | 約1410〜1440 |

(注) 表中の$A$, $t$, $B$, $C$は図6—7中の記号を示す。

① プロテクタ　⑥ 鏡板（天板）
② ネック　　　⑦ 鏡板（地板）
③ 周継手　　　⑧ 縦継手
④ スカート
⑤ キャップ

　　10kg型LPガス容器　　　20kg型LPガス容器　　　50kg型LPガス容器

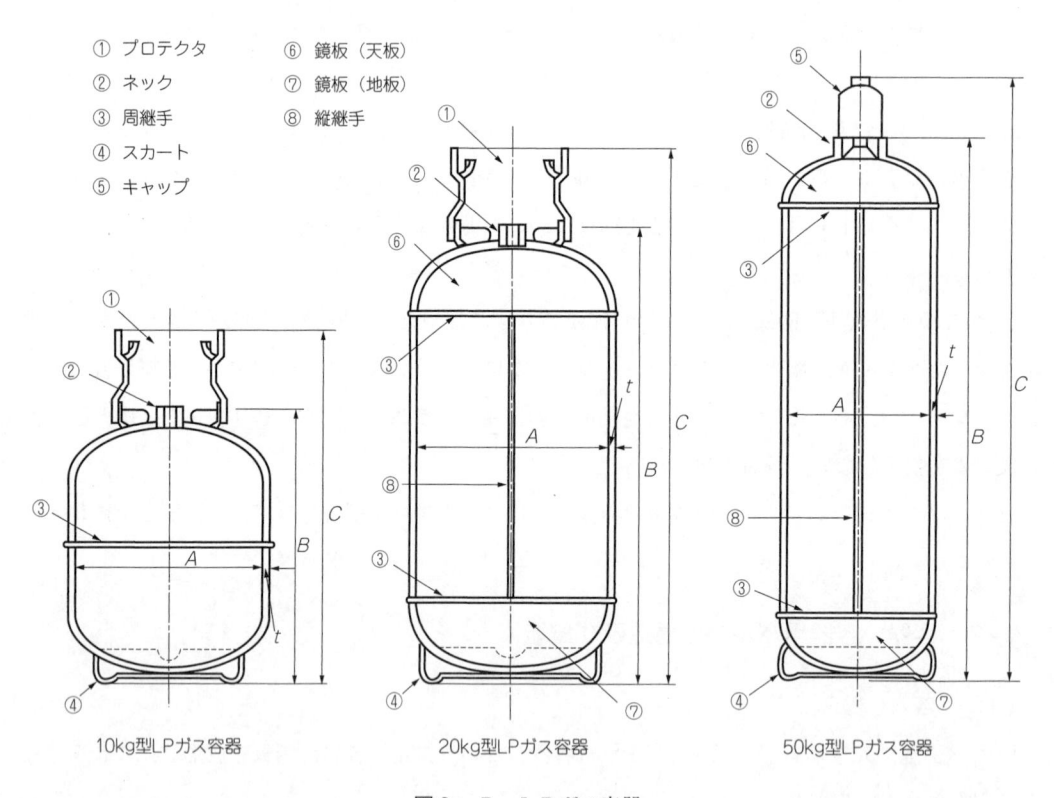

図6—7　LPガス容器

　最近の20kg型及び50kg型容器は，いわゆる軽量容器と称される肉厚の薄いものがほとんどである。これは外形，寸法は従来のLPガス容器とあまり変わりはないが，強度を増した鋼板を使用することにより肉厚が約20％程度（3.2mmから2.6mm）薄く，したがって，質量も約20％軽くなっていることが特徴である。

　なお，アルミニウム製のLPガス容器は，まだごくわずかしか利用されていない。

　LPガスの供給方式には，戸別供給方式と導管による集団供給方式がある。

戸別供給方式とは，容器にLPガスを充てんして消費先に運搬し，この容器に調整器，燃焼器を付けて消費するものである。導管による集団供給方式とは，容器を集中して設置し，ここで気化させてから直接低圧で供給するものと，途中まで中間圧で送り，さらに減圧して供給するものとがある。

### （2） 容器用バルブ

バルブ，安全弁は付属品であるが，検査に合格したものでなければ使用してはならない（図6—8）。容器バルブの充てん口ねじは，すべて左ねじであり注意を要する。

容器用安全弁には，一般スプリング式安全弁が用いられる。容器の耐圧試験圧力の0.8倍の圧力で作動する。スプリングはめっきしたピアノ線などであるが，塩分などに対しての老化を十分保守点検することが必要である。

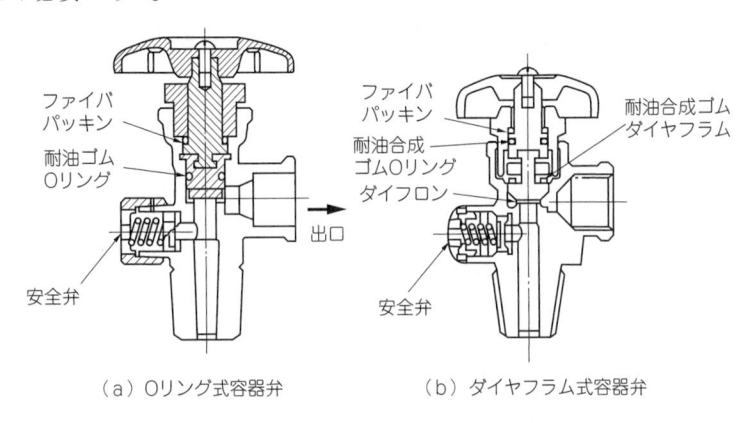

（a）Oリング式容器弁　　（b）ダイヤフラム式容器弁

図6—8　安全弁付き容器用バルブ

## 2.3　調整器

### （1） 使用目的

第一にLPガスの圧力を燃焼させるのに最も適した圧力まで減圧することであり，第二に安定した燃焼を継続させるために，燃焼機器に供給するガスの圧力をできるだけ変動させないようにすることである。

このように，調整器はLPガスを消費する場合に重要な機能を果たす器具であるが，万一故障を起こすと，ガス漏れや不完全燃焼の原因となり，保安上重大な影響を及ぼす器具でもある。したがって，液化石油ガス法によって，一般消費者などの供給設備に設置する多くの調整器（容量30kg/h以下のもので，多段式を含む）は液化石油ガス器具など（特定液化石油ガス器具など以外）＊に政令指定されているので，自主検査に合格したものを使用する。

---

＊　特定液化石油ガス器具など以外の液化石油ガス器具などのことをいう。

## （2）種　類

**a. 単段減圧式調整器**

単段減圧によって一般消費者などにLPガスを供給する場合に用いるものである。

**b. 二段減圧式分離型二次用調整器**

二段減圧式分離型の二次用又は自動切替え式分離型の二次用として用いる調整器であって，入口圧力の上限が0.1MPa又は0.15MPaに設計されているから，単段減圧式調整器の代用として使用してはならない。

**c. 二段減圧式分離型一次用調整器**

二段減圧式分離型の一次用として用いるもので，中圧調整器とも呼ばれている。

**d. 二段減圧式一体型調整器**

二段減圧式の一次用調整器と二次用調整器が一体に構成されたものである。

**e. 自動切替え式分離型一次用調整器**

二段減圧式であって，自動切替え機能と一次減圧機能とを兼ねた一次用調整器（使用側と予備側に1個ずつ設ける場合と，2個が一体に構成されている場合とがある）である。

使用側容器内の圧力が低下して使用側だけでは所要のガス消費量をまかないきれなくなった場合，自動的に予備側容器群からガスの補給が行われるものである。

**f. 自動切替え式一体型調整器**

二次用調整器が一次用調整器の出口側に直接連結されているか，又は一体に構成されたものである。

図6−9は単段減圧式調整器の構造の一例を示すものである。この調整器の入口をLPガス容器側に，出口を燃焼機器側に接続する。

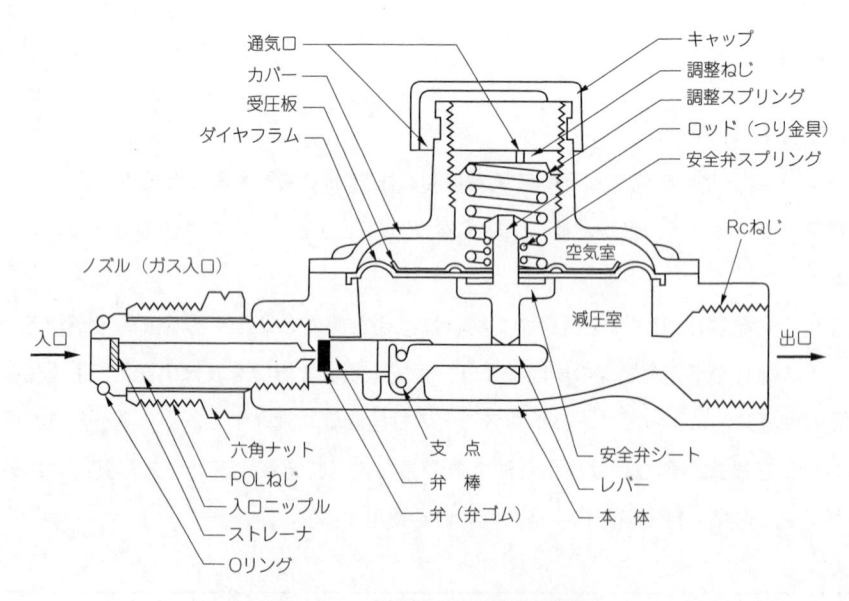

図6−9　単段減圧式調整器断面図

## 2.4 気化装置（ベーパライザ）

### (1) 概　　要

　気化装置は，気化器又は蒸発器（ベーパライザ）などとも呼ばれ，図6—10に示すように，容器又は貯槽のLPガスをそのまま，若しくは減圧して取出し，熱交換器に導き，加温してガス化するものである。加温源としては電熱又は温水などによって強制的に加熱する方式が用いられている。

　自然気化方式＊と比較すると，気化量は容器の大小，本数に無関係であるので，容器による自然気化方式で大量供給する場合に比べ，容器の設置面積が少なくてよい。

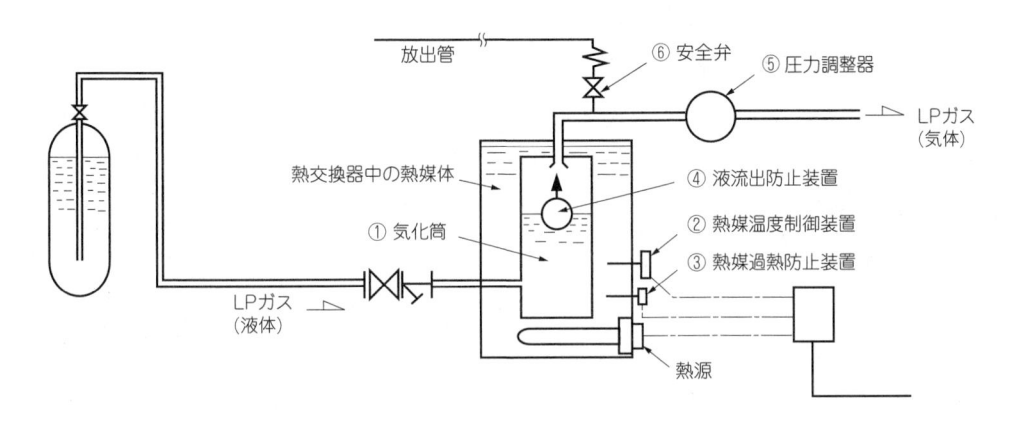

① 気化筒……液状のLPガスを熱交換によりガス化する部分。
② 熱媒温度制御装置……熱媒温度を一定範囲内に保つための装置。
③ 熱媒過熱防止装置……熱媒が異常に加熱された場合，熱媒への入熱を停止する装置。
④ 液流出防止装置……LPガスが液状のまま熱交換器外に流出するのを防止する装置。
⑤ 圧力調整器……気化筒より出たLPガスを消費の目的に応じて一定の圧力に調整する部分。
⑥ 安全弁……気化装置の内圧が異常に上昇した場合，装置内のLPガスを外部に放出する装置。

図6—10　気化装置の構造概要図

### (2) 分　　類

強制気化装置を加熱方法によって分類すると次のようになる。

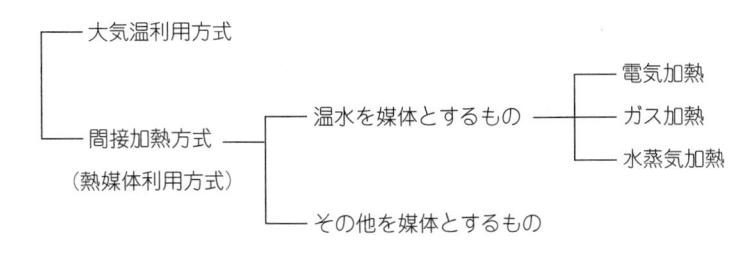

```
              ┌ 大気温利用方式
              │                                           ┌ 電気加熱
              │                  ┌ 温水を媒体とするもの ─┼ ガス加熱
              └ 間接加熱方式 ───┤                         └ 水蒸気加熱
                （熱媒体利用方式） │
                                  └ その他を媒体とするもの
```

---

＊　**自然気化方式**：容器（ボンベ）内のLPG液が外気温からの熱伝導により自然気化し，連結管，集合装置を経て調整器で減圧され，所定の圧力で供給される方式である。

### (3) 構 成

気化装置の主要部分は次のものから成り立っている（図6—10）。

・気化部
・制御部（液流出防止装置など）
・調圧部

## 2．5 集団供給方式の設備

ここでの集団供給方式の設備とは，小規模集団供給方式[*1]及び中規模集団供給方式[*2]によりLPガスを一般消費者などに供給する設備をいう。

### (1) 最大ガス消費量（集団）の決定

集団供給方式では，各消費者間に消費時間帯のずれがあるため，最も消費が集中しがちな時間帯においても，供給するLPガス量は設置燃焼機器のガス消費量を合計した値より少なくてよい。

#### a．平均ガス消費量（kW）の決定

平均ガス消費量（年間の最大需要日における1戸当たり1日の平均ガス消費量）は，対象とする消費者群の生活状況によって一様でなく，正確に推定することは困難であるが，表6—15に示すように6段階に整理することができる。設置する燃焼機器の詳細が判明しない場合の平均ガス消費量はこの6段階の中の一つを，その消費者群の生活状況，家族構成，将来の需要増などを考慮して決定する。

表6—15 年間の最大需要日における1戸当たり1日の平均ガス消費量

| 消費状況 | 年間の最大需要日における1戸当たり1日の平均ガス消費量〔kW〕 | 設置燃焼機器の例（グリル付き二口テーブルコンロ＋炊飯器は共通） |
|---|---|---|
| 大量消費のもの | 37.3 | 24号給湯器以上＋ガスエアコン＋ガス乾燥機 |
|  | 32.7 | 20号給湯器以上＋ガスファンヒータ＋ガス乾燥機 |
|  | 28.0 | 16号給湯器以上＋ガス乾燥機 |
| 普通消費のもの | 23.3 | 16号給湯器以下 |
| 少量消費のもの | 18.7 | 風呂釜＋小型湯沸器（5号）程度のもの |
|  | 14.0 | 小型湯沸器（5号）程度のもの |

---

[*1] 小規模集団供給方式：LPガスの一般消費者などに対する供給方式のうち，1箇所に設置した容器から供給管などにより2戸以上10戸以下に供給する方式をいう。

[*2] 中規模集団供給方式：LPガスの一般消費者などに対する供給方式のうち，1箇所に設置した容器から供給管などにより11戸以上69戸以下に供給する方式をいう。

### b. 最大ガス消費率

消費者戸数による同時使用率を考慮したもので，容器設置本数，調整器の容量などを定めるために用い，図6—11より求める。

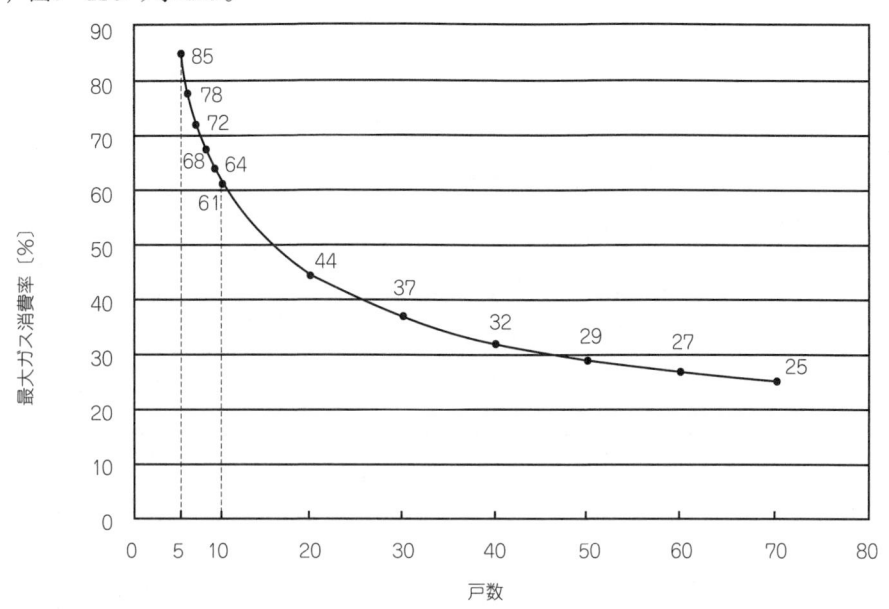

(注) 1. 戸数4戸までの最大ガス消費率は100%とする。
2. 計算で最大ガス消費率を求める場合は，次式による。
$$K = 178 \times C^{-0.4628}$$
ここに，$K$：最大ガス消費率
$C$：戸数

図6—11 ピーク時における戸数に対する最大ガス消費率の変化

### c. 最大ガス消費量（集団）

容器設置本数，調整器の容量を定める場合は次による。

最大ガス消費量（集団）＝平均ガス消費量×消費者戸数×最大ガス消費率

＜例題＞下記条件における容器設置本数を定めるための最大ガス消費量（集団）を求めなさい。

消費者集団戸数……………………………40戸

1戸当たり1日の平均ガス消費量…………23.3kW（普通消費）

＜解＞この場合のピーク時における最大ガス消費率は図6—11から読み取ると32%であるから，最大ガス消費量（集団）は次のようになる。

23.3×40×0.32＝298kW

### (2) 容器設置本数の決定

#### a. 容器のガス発生能力

集団供給方式には自動切替え式調整器を使用することとし，この方式による場合の容器1本のガス発生能力はガスの規格，気温，消費の状況に応じて表6—16に示す値を標準とする。

表6—16 自動切替え式調整器を使用した場合の50kg型容器1本当たりの標準ガス発生能力
〔kg/(h・本)〕

| ピーク時間〔h〕 | 1 | | | 1.5 | | | 2 | | |
|---|---|---|---|---|---|---|---|---|---|
| 気温〔℃〕 | 5 | 0 | −5 | 5 | 0 | −5 | 5 | 0 | −5 |
| い号ガス（PP95％以上） | 5.50 | 4.40 | 3.40 | 3.90 | 3.17 | 2.50 | 3.60 | 2.90 | 2.30 |
| い号ガス（PP80％以上） | 4.20 | 3.20 | 2.10 | 3.03 | 2.37 | 1.63 | 2.70 | 2.10 | 1.40 |
| ろ号ガス（PP70％以上） | 3.10 | 2.10 | 1.05 | 2.30 | 1.63 | 0.93 | 2.00 | 1.40 | 0.80 |
| ろ号ガス（PP60％以上） | 2.30 | 1.40 | − | 1.77 | 1.17 | − | 1.50 | 1.00 | − |

| ピーク時間〔h〕 | 3 | | | 4 | | | 連続使用 | | |
|---|---|---|---|---|---|---|---|---|---|
| 気温〔℃〕 | 5 | 0 | −5 | 5 | 0 | −5 | 5 | 0 | −5 |
| い号ガス（PP95％以上） | 3.00 | 2.40 | 1.90 | 2.60 | 2.20 | 1.80 | 2.50 | 2.00 | 1.60 |
| い号ガス（PP80％以上） | 2.20 | 1.70 | 1.20 | 1.90 | 1.50 | 1.10 | 1.80 | 1.40 | 1.05 |
| ろ号ガス（PP70％以上） | 1.70 | 1.20 | 0.72 | 1.50 | 1.10 | 0.70 | 1.40 | 1.00 | 0.60 |
| ろ号ガス（PP60％以上） | 1.30 | 0.90 | − | 1.20 | 0.80 | − | 1.15 | 0.70 | − |

（注）1．ピーク時間が4時間を超えるものは，すべて連続使用とする。
  2．PPはプロパン及びプロピレンの合計量を示す（以下同じ）。

この場合，ピーク時間については，表6—17を参考にすること。表6—17は消費状況の実態調査の結果から推定したものである。

表6—17 ピーク時間の推定

| 戸数〔戸〕 | ピーク時間〔h〕 |
|---|---|
| 2 | 1.0 |
| 3～7 | 1.5 |
| 8～14 | 2.0 |
| 15～30 | 3.0 |
| 31～50 | 4.0 |
| 51～69 | 5.0 |

### b. 容器設置本数の決定

(a) 小規模集団供給方式（自然気化方式，2戸〜10戸）

$$容器設置本数〔本〕＝\frac{最大ガス消費量（集団）〔kW〕×1.1}{標準ガス発生能力〔kg/(h・本)〕×14}$$

(b) 中規模集団供給方式（自然気化方式，11戸〜69戸）

$$容器本数〔本〕＝\frac{最大ガス消費量（集団）〔kW〕×0.7×1.1}{標準ガス発生能力〔kg/(h・本)〕×14}$$

（注） 11戸以上の自然気化方式による容器本数を決定する場合は最大ガス消費率をピーク時における消費者戸数当たりの平均ガス消費率におきかえる。計算は平均ガス消費率＝最大ガス消費率×0.7とするため，最大ガス消費量に0.7を乗じて計算する。

また，計算式中，最大ガス消費量（集団）に1.1倍とする理由は，容器交換の遅延又はガス消費量の増加などによるガス切れに対する安全率を考慮したものである。

なお，ガス発生能力Y (kg/h) とガス消費量X (kW) の関係は，

$Y (kg/h) = X (kW) \div 14$

になる。

(a), (b) いずれの場合も予備側として使用側と同本数の容器を設置し，自動的に切り替えるようにする。

### （3） 付属器具類の選定，供給管経路

#### a. 付属器具類の選定

(a) 調整器

特殊な場合を除けば，最大ガス消費量（集団）の1.5倍以上の容量をもったものを選定するものとする。

(b) ガスメータ

ガスメータについては，最大ガス消費量（集団）と同量以上の容量のものを設置すればよい。なお，従来の保安機能をもたない一般ガスメータを使用するときは，最大ガス消費量（集団）の1.2倍以上のものを選ぶ。

#### b. 引込み管経路の決定

引込み管の経路は，原則として最短距離になるようにすべきであるが，次の点を考慮しなければならない。

① 斜走配管*をしないこと。
② 関係法規に従うこと（公道，電気工作物などに対する埋設深さ，距離など）。

---

＊ 斜走配管：斜めに横断する配管をいう。

③ 山崩れなどの恐れのある場所を避けること。

④ 建物の内部若しくは基礎面下に設置しないこと。

⑤ できるだけ曲がり部を少なくすること。

⑥ その他物理的障害物を避けること（樹木の根の成長なども考慮に入れること）。

図6—12に容器の配列例を，図6—13に高圧集合装置への容器連結例を示す。

設置に当たっては，隣接容器の中心間距離は400mmを標準とし，壁面に容器を密着させてはならない。また，容器の交換作業が容易で，その他の点検修理などを行いやすい配置とする必要がある。

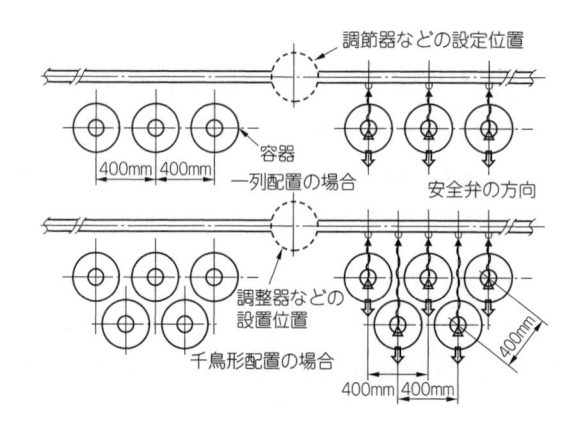

図6—12 容器の配列例

設備の維持管理のためにも，作業に必要な弁類や圧力測定装置を設けておく必要がある。

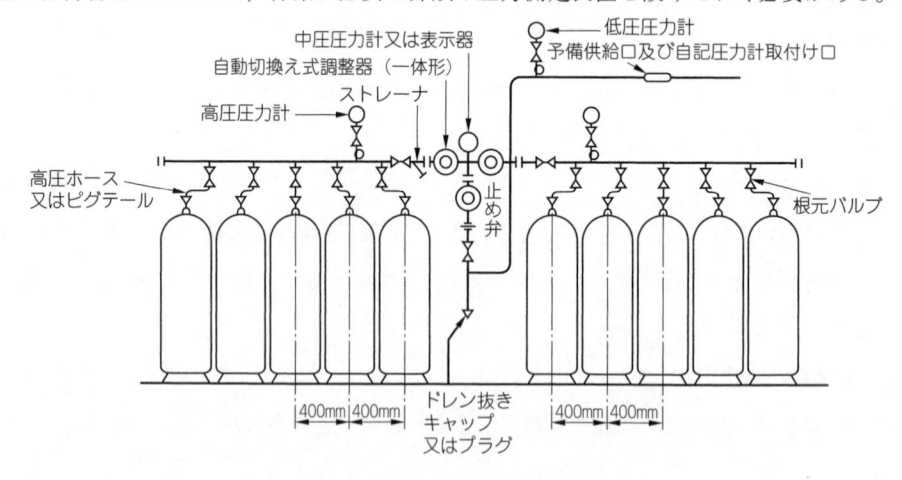

図6—13 高圧集合装置への容器連結例

## （4） 配管の管径決定

### a．低圧*配管の管径

管径の決定に当たっては，長さ，流量などの相互に関連する要素の釣合いを保ちながら決定する。集団供給ではLPガスを供給するための配管が長くなるので，表6—18を用いて管径を別々に計算する。

この場合，調整器（二段減圧式・自動切替え式分離型にあっては二次側調整器）出口から末端の引込み管分岐点までの本管の圧力損失と引込み管の圧力損失とを別々に計算する。両方の圧力損失の合計が予定した全体の圧力損失より小でなければならない。

表6—18　LPガス低圧配管パイプ寸法早見表（配管が長大の場合）

| 配管の長さ〔m〕 | 配管中の圧力損失〔Pa〕 | | | | | | | | | | | | | | | | | |
|---|---|---|---|---|---|---|---|---|---|---|---|---|---|---|---|---|---|---|
| 35 | 14 | 28 | 42 | 56 | 70 | 140 | 210 | 280 | 350 | 420 | 490 | 560 | 630 | 700 | 770 | 840 | 910 | 980 | 1050 |
| 40 | 16 | 32 | 48 | 64 | 80 | 160 | 240 | 320 | 400 | 480 | 560 | 640 | 720 | 800 | 880 | 960 | 1040 | 1120 | 1200 |
| 50 | 20 | 40 | 60 | 80 | 100 | 200 | 300 | 400 | 500 | 600 | 700 | 800 | 900 | 1000 | 1100 | 1200 | 1300 | | |
| 60 | 24 | 48 | 72 | 96 | 120 | 240 | 360 | 480 | 600 | 720 | 840 | 960 | 1080 | 1200 | | | | | |
| 80 | 32 | 64 | 96 | 128 | 160 | 320 | 480 | 640 | 800 | 960 | 1120 | 1280 | 1440 | | | | | | |
| 100 | 40 | 80 | 120 | 160 | 200 | 400 | 600 | 800 | 1000 | 1200 | | | | | | | | | |
| 120 | 48 | 96 | 144 | 192 | 240 | 480 | 720 | 960 | 1200 | | | | | | | | | | |
| 140 | 56 | 112 | 168 | 224 | 280 | 560 | 840 | 1120 | | | | | | | | | | | |
| 160 | 64 | 128 | 192 | 256 | 320 | 640 | 960 | 1280 | | | | | | | | | | | |
| 180 | 72 | 144 | 216 | 288 | 360 | 720 | 1080 | | | | | | | | | | | | |
| 200 | 80 | 160 | 240 | 320 | 400 | 800 | 1200 | | | | | | | | | | | | |
| 250 | 100 | 200 | 300 | 400 | 500 | 1000 | | | | | | | | | | | | | |
| 300 | 120 | 240 | 360 | 480 | 600 | 1200 | | | | | | | | | | | | | |
| 350 | 140 | 280 | 420 | 560 | 700 | | | | | | | | | | | | | | |
| 400 | 160 | 320 | 480 | 640 | 800 | | | | | | | | | | | | | | |
| 450 | 180 | 360 | 540 | 720 | 900 | | | | | | | | | | | | | | |
| 500 | 200 | 400 | 600 | 800 | 1000 | | | | | | | | | | | | | | |
| 呼び径 A（B） | ガス流量〔kg/h〕 | | | | | | | | | | | | | | | | | |
| 25（1） | 2.84 | 4.02 | 4.92 | 5.68 | 6.36 | 8.99 | 11.0 | 12.7 | 14.2 | 15.6 | 16.8 | 18.0 | 19.1 | 20.1 | 21.1 | 22.0 | 22.9 | 23.8 | 24.6 |
| 32（1 1/4） | 5.41 | 7.65 | 9.37 | 10.8 | 12.1 | 17.1 | 20.9 | 24.2 | 27.0 | 29.6 | 32.0 | 34.2 | 36.3 | 38.2 | 40.1 | 41.9 | 43.6 | 45.2 | 46.8 |
| 40（1 1/4） | 7.93 | 11.2 | 13.7 | 15.9 | 17.7 | 25.1 | 30.7 | 35.5 | 39.6 | 43.4 | 46.9 | 50.1 | 53.2 | 56.1 | 58.8 | 61.4 | 63.9 | 66.3 | 68.7 |
| 50（2） | 14.5 | 20.4 | 25.0 | 28.9 | 32.3 | 45.7 | 56.0 | 64.6 | 72.3 | 79.2 | 85.5 | 91.4 | 97.0 | 102 | 107 | 112 | 117 | 121 | 125 |
| 80（3） | 41.6 | 58.8 | 72.0 | 83.1 | 92.9 | 131 | 161 | 186 | 208 | 228 | 246 | 263 | 279 | 294 | 308 | 322 | 335 | 348 | 360 |
| 100（4） | 80.8 | 114 | 140 | 162 | 181 | 256 | 313 | 361 | 404 | 443 | 478 | 511 | 542 | 571 | 599 | 626 | 652 | 676 | 700 |

### b．中圧配管の管径

二段減圧式を用いる場合には，一段減圧後の圧力損失を確定しておく必要がある。

（a）計算式によって求める方法

この中圧本管の圧力損失とガス流量，管径との間には次の関係式があるので，この式を用いて，計算によって求める。

---

\* 低圧：単段減圧式調整器又は二段減圧式調整器二次側出口から燃焼機器入口までをいう。低圧部，低圧配管などということもある。低圧部という場合には，法令でいう供給設備と消費設備とが含まれることになる。

$$Q = \frac{K}{0.098}\sqrt{\frac{D^5(P_1^2 - P_2^2)}{SL}} \quad \cdots\cdots\cdots\cdots\cdots\cdots\cdots\cdots\cdots(6\text{—}5)$$

ここに，

Q……ガスの流量（標準状態）〔m³/h〕

K……係数，52.31（Cox氏による）

D……管の内径〔mm〕

$P_1$……起点における絶対圧力〔MPa〕

$P_2$……終点における絶対圧力〔MPa〕

L……管長〔m〕

S……ガスの比重（空気を1とする）

(b) 早見表を用いて求める方法

管径を簡易に定めるためには，表6—19の中圧配管寸法早見表を利用して求めることができる。

表6—19　中圧配管寸法早見表

| 配管中の圧力変化〔MPa〕ゲージ圧力 | 起点圧力<br>終点圧力<br>圧力損失 | 0.032<br>0.031<br>0.001 | 0.032<br>0.030<br>0.002 | 0.032<br>0.029<br>0.003 | 0.032<br>0.028<br>0.004 | 0.032<br>0.027<br>0.005 | 0.032<br>0.026<br>0.006 | 0.032<br>0.025<br>0.007 |
|---|---|---|---|---|---|---|---|---|
| 呼び径 | 配管長さ〔m〕 | ガス流量〔m³/h〕（プロパン：ブタン＝9：1） | | | | | | |
| 25 A（1 B） | 100 | 16.9 | 23.8 | 29.1 | 33.5 | 37.4 | 40.9 | 44.1 |
|  | 200 | 11.9 | 16.8 | 20.6 | 23.7 | 26.5 | 28.9 | 31.2 |
|  | 300 | 9.7 | 13.7 | 16.8 | 19.4 | 21.6 | 23.6 | 25.5 |
|  | 400 | 8.4 | 11.9 | 14.5 | 16.8 | 18.7 | 20.5 | 22.0 |
|  | 500 | 7.5 | 10.6 | 13.0 | 15.0 | 16.7 | 18.3 | 19.7 |
| 32 A（1 1/4 B） | 100 | 32.1 | 45.3 | 55.4 | 63.8 | 71.2 | 77.8 | 83.9 |
|  | 200 | 22.7 | 32.0 | 39.1 | 45.1 | 50.3 | 55.0 | 59.3 |
|  | 300 | 18.5 | 26.1 | 32.0 | 36.8 | 41.1 | 44.9 | 48.4 |
|  | 400 | 16.0 | 22.6 | 27.7 | 31.9 | 35.6 | 38.9 | 42.0 |
|  | 500 | 14.3 | 20.2 | 24.8 | 28.5 | 31.8 | 34.8 | 37.5 |
| 40 A（1 1/2 B） | 100 | 47.0 | 66.4 | 81.1 | 93.5 | 104.3 | 114.1 | 123.0 |
|  | 200 | 33.2 | 46.9 | 57.4 | 66.1 | 73.8 | 80.7 | 87.0 |
|  | 300 | 27.1 | 38.3 | 46.8 | 54.0 | 60.2 | 65.9 | 71.0 |
|  | 400 | 23.5 | 33.2 | 40.6 | 46.8 | 52.2 | 57.0 | 61.5 |
|  | 500 | 21.0 | 29.7 | 36.3 | 41.8 | 46.7 | 51.0 | 55.0 |
| 50 A（2 B） | 100 | 85.7 | 121.0 | 147.9 | 170.5 | 190.3 | 208.0 | 224.3 |
|  | 200 | 60.6 | 85.6 | 104.6 | 120.6 | 134.5 | 147.1 | 158.6 |
|  | 300 | 49.5 | 69.9 | 85.4 | 98.4 | 109.8 | 120.1 | 129.5 |
|  | 400 | 42.9 | 60.5 | 74.0 | 85.3 | 95.1 | 104.0 | 112.1 |
|  | 500 | 38.3 | 54.1 | 66.2 | 76.3 | 85.1 | 93.0 | 100.3 |

#### 第6章の学習のまとめ

　都市ガス設備では，都市ガスの性質及び供給の概要について，また，「LPガス設備」では設備そのものの基礎知識について述べてきたが，この両設備については基礎知識に加え本章では触れていない事故防止観点からの，①設備の取扱い，②配管施工法，③管材料の特性など，幅広くそして正しく理解することが求められる。そのため，それらの学習についても継続して学ばれたい。

### 【練 習 問 題】

次の各問に答えなさい。

（1）　導管延長300mの低圧導管に150m$^3$/hのガスを流すには口径をいくらにすればよいか。ただし，起点と終点間の圧力降下を0.2kPa，ガス比重を0.6とする。

（2）　右の図に示すようにA点から各地へ供給するための既設中圧導管ADの中間点B点から分岐して，新規の中圧導管を設置し，C点のガスの需要に対し，供給することになった。C点の需要予測を行ったところ，1戸当たり0.5m$^3$/h（ピーク時平均ガス量）で需要家件数は3,000件である。BC間の導管口径を求めよ。

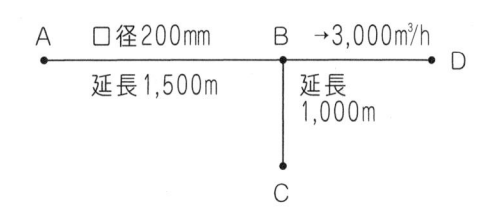

　　ただし，AB間の導管は口径200mm，延長1,500mでBC間は延長1,000m，A点の圧力は，0.2MPa（ゲージ圧），C点の到達必要圧力は0.15MPa（ゲージ圧）とし，ガス比重は0.5とする。

# 第7章　空気調和設備

室内の環境を人工的に調節する方法は，過去一般家庭では冬期における火鉢やこたつ，夏期における扇風機などの局所暖冷房が主体であったが，現在はガス・石油ファンヒータ，ルームエアコン，床暖房など極めて多彩な機器が普及し，室全体を快適な環境に保つことは当然のことと認識されるようになった。

このため，建築の着工時から空気調和設備の方式，機器容量，システム配置を予測して計画を立案する必要があり，特にオフィスビル，百貨店，ホテル，大病院などの大規模建造物は空気調和設備のシステムが大きいので十分な検討を必要とする。

本章では，空気調和設備の計画を行う際の基礎的な知識について述べる。

## 第1節　空気調和の概要

### 1．1　空気調和の目的

空気調和とは，室内の温熱環境及び空気環境（温度，湿度，気流速度，清浄度など）をその室の目的に応じて，最適な状態にコントロールすることをいう。そのための設備を空気調和設備と呼んでいる。

空気調和は人間の居住環境を対象とするものだけでなく，各種工業の原料，製品の貯蔵並びに製造工程などをも対象としており，下記の2種類に分けることができる。

（1）　保健用空気調和

これは室内居住者を対象としたもので，住宅，事務所，ホール，百貨店，病院，ホテルなどの空気調和がこれに該当する。

（2）　工業用空気調和

これは各種工業の生産工程及び貯蔵における品質管理を対象としたもので，半導体，電子部品，繊維，製薬，食品，印刷などの工業及び病院の手術室や無菌病室などの医療施設の空気調和がこれに該当する。

空気調和設備には多くのシステムがあるが，エアハンドリングユニットによるシステム構成例を図7—1に示す。熱源（冷凍機，ボイラなど）で作られた冷水又は温水が，ポンプでエアハンドリングユニットのコイルに送水され，そのコイルの間を通過して，冷却又は加熱された空気が部屋に送風されることにより，室の空気調和が達成される。

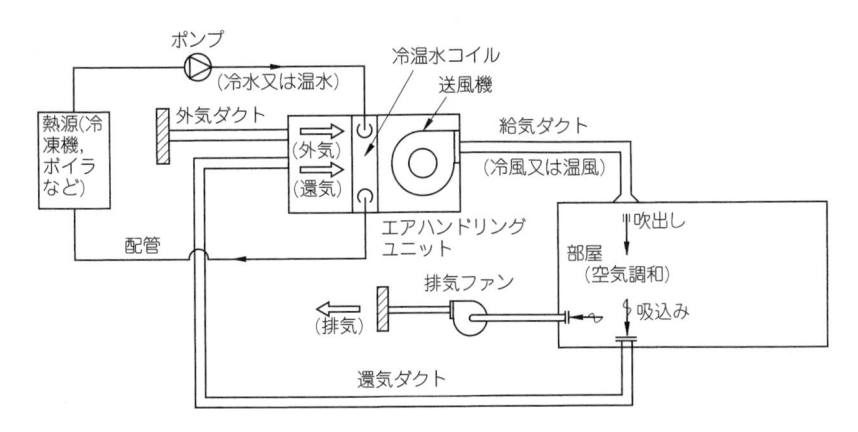

図7—1　空気調和設備システムの例

## 1.2　室内環境

### (1)　法令による基準

室内環境については「建築基準法」や「建築物における衛生的環境の確保に関する法律[*1]」で表7—1のように空調室内の衛生管理基準が規定されている。

表7—1　建築物環境衛生管理基準

| 項　目 | 基　準　値 |
|---|---|
| 浮遊粉じん量 | 空気1 m$^3$につき0.15mg以下 |
| CO含有率 | 10ppm[*2]以下 |
| $CO_2$含有率 | 1000ppm以下 |
| 温　度 | 17℃以上，28℃以下<br>居室における温度を外気の温度より低くする場合は，その差を著しくしないこと。[*3] |
| 相対湿度 | 40%以上，70%以下 |
| 気　流 | 0.5m/s以下 |

[*1]　通称「ビル衛生管理法」と呼ばれている。
[*2]　100万分の1を表す単位。
[*3]　7℃以下がよい。

### (2)　標準温湿度

人間の温熱感は乾球温度だけでなく，湿度の影響が大きく作用する。標準的な夏，冬の室内温湿度の設計基準値は表7—2のとおりであるが，これはあくまでも一般値であり，年齢，性別，健康状態，好み，又は人種などによって温熱感は異なる。

工業用空気調和においては空気調和の対象が人間でないため，用途により設計温湿度は異なる。

表7-2 室内温湿度の設計基準値

| 建物 | 夏 | | 冬 | |
|---|---|---|---|---|
| | 乾球温度°C | 相対湿度% | 乾球温度°C | 相対湿度% |
| 一般建物（アパート，住宅，ホテル，事務所，銀行，病院，学校など） | 25～27 | 50～55 | 20～23 | 40～45 |
| 営業用建物（美容院，商店，デパートなど） | 25～27 | 50～55 | 18～20 | 40～45 |
| 顕熱が少なく，潜熱の多い建物（公会堂，教会，劇場，理髪店，バー，食堂など） | 26～27 | 50～60 | 20～22 | 45～50 |

(3) 快適範囲

　室内環境を定量的に評価する数値として，ASHRAE（米国暖房空調冷凍学会：1989）の新有効温度ETがある。これは相対湿度50%を基準として，気温・湿度・気流速度・代謝量・作業強度・着衣量の6因子から算出される体感温度であり，これを用いて快適範囲を表したものが図7-2である。作業強度が変化すると，これと異なった図が得られる。

　図中，rhとは相対湿度，metとは代謝量を表す単位で安静時は1.0met，1met＝58.2W/m²に相当する。

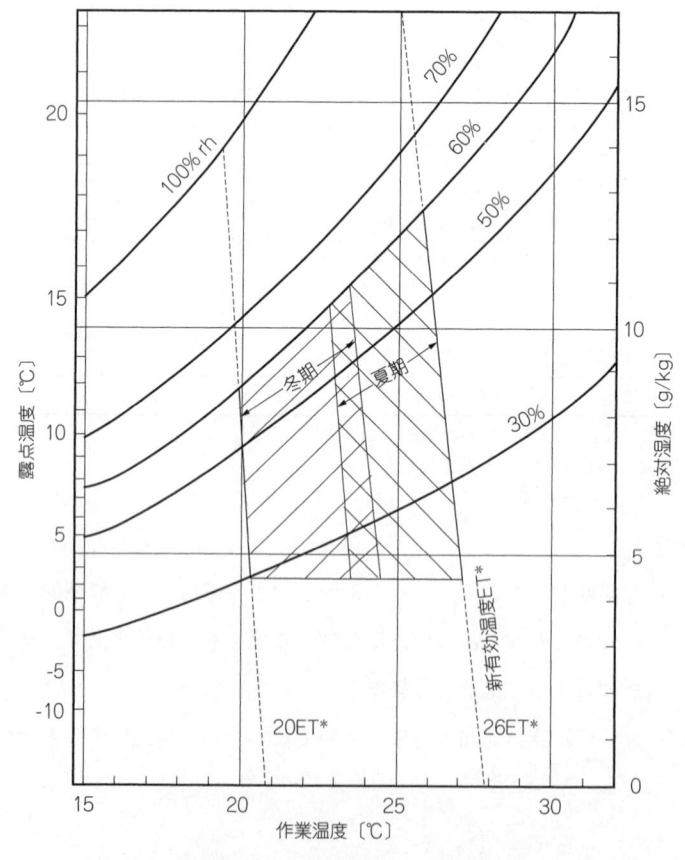

図7-2 標準的な夏期・冬期の着衣状態で軽い着座作業時（≦1.2met）の人体に対する作業温度と湿度の快感範囲

# 第2節 空調負荷

## 2.1 空調負荷の分類

空調負荷は室内で発生する負荷，外気のもつ負荷，その他いろいろあるが，これらを分類すると表7—3のように分けられる。

表7—3 空調負荷の分類

| 負荷の種類 | | | 熱の収支[*1] | 発生熱 | 発生の場所 | 設計上の負荷の種類[*2] | |
|---|---|---|---|---|---|---|---|
| 熱源熱負荷 | 装置熱負荷 | 室内負荷 | 取得熱 | 放射熱 伝導熱 | 外気に面するガラス面からの太陽の日射による熱 | 顕 | 熱 |
| | | | | | 外気に面するガラス面からの内外温度差による伝導熱 | 顕 | 熱 |
| | | | 取得熱又は損失熱 | 放射熱 伝導熱 | 外気に面する屋根，外壁からの太陽の日射による熱 | 顕 | 熱 |
| | | | | | 外気に面する屋根，外壁からの内外温度差による伝導熱 | 顕 | 熱 |
| | | | | | 隣室との間仕切，床，天井からの温度差による伝導熱 | 顕 | 熱 |
| | | | 取得熱 | 室内で発生する熱 | 照明器具からの発生熱 | 顕 | 熱 |
| | | | | | 人体からの発生熱 | 顕 潜 | 熱 熱 |
| | | | | | 事務機械，電気器具，ガス器具などからの発生熱 | 顕 潜 | 熱 熱 |
| | | | 取得又は損失熱 | 侵入外気の熱 | 窓枠及び扉からのすきま風 | 顕 潜 | 熱 熱 |
| | | 外気負荷 | 取得又は損失熱 | | 取入れ外気を室内温度及び湿度まで冷房時は冷却，減湿，暖房時は加熱，加湿するために要する熱 | 顕 潜 | 熱 熱 |
| | | ダクト負荷 | 取得又は損失熱 | | ダクトで取得又は損失する熱。送風機などが発する動力の発生熱 | 顕 潜 | 熱 熱 |
| | | 配管負荷 | 取得又は損失熱 | | 配管で取得又は損失する熱。ポンプなどが発する動力の発生熱。 | 顕 潜 | 熱 熱 |
| | | 予熱負荷 | 損失熱 | | 装置が定常状態に達するまでに要する熱。 | 顕 | 熱 |

[*1] 取得熱とは空気調和を行う面からみて，冷房側の負荷であり，損失熱は逆に暖房側負荷となる。
[*2] 顕熱（Sensible Heat）物質に熱を加えたときその物質の温度上昇に使われる熱。
　　潜熱（Latent Heat）物質の状態変化（固体↔液体、液体↔気体）に必要な熱。

## 2.2 空調負荷計算

冷房・暖房に必要な負荷を計算するには，室内条件，外気条件，所在地，窓ガラス・外壁の熱通過率，換気のために入れ替えられる外気量，電灯，電気機械器具から発生する熱などを計算・集計して求めるのが一般的であるが，ここでは，空気調和・衛生工学会規格HASS 112，「冷暖房熱負荷簡易計算法」による方法を示す。

### (1) 事務所

#### a. 冷房負荷

表7—4の基準負荷$q_0$に，表7—5の補正を加算して式（7—1）で冷房最大負荷$q_R$を求める。

表7—4 事務所冷房の基準負荷$q_0$

| | | | | ペリメータ | | | | インテリア |
|---|---|---|---|---|---|---|---|---|
| | | | | 窓主方位 | | | | |
| | | | | 南 | 西 | 北 | 東 | |
| | | | | 熱負荷〔W/m²〕 | | | | |
| 冷房 | ひさしなし | 窓面積率 | 30% | 126 | 138 | 99 | 122 | 92 |
| | | | 45% | 140 | 161 | 107 | 138 | |
| | | | 60% | 154 | 184 | 115 | 153 | |
| | ひさしあり | 窓面積率 | 30% | 93 | 112 | 97 | 97 | |
| | | | 45% | 101 | 129 | 99 | 107 | |
| | | | 60% | 109 | 147 | 102 | 117 | |

表7—5 事務所の冷房時補正熱負荷

| | | | | | ペリメータ | インテリア |
|---|---|---|---|---|---|---|
| 冷房 | 補正値 | 照明機器発熱 $\triangle q_1$ | 25 W/m² | | 0 | 0 |
| | | | 50 W/m² | | 29 | 29 |
| | | 在室人員 $\triangle q_2$ | 0.1 人/m² | | −12 | −12 |
| | | | 0.2 人/m² | | 0 | 0 |
| | | 外気量 $\triangle q_3$ | 0.6 ℓ/(m²・s) {2m³/(m²・h)} | | −11 | −12 |
| | | | 1.1 ℓ/(m²・s) {4m³/(m²・h)} | | 0 | 0 |
| | | | 1.4 ℓ/(m²・s) {5m³/(m²・h)} | | 6 | 6 |
| | | 室温 $\triangle q_4$ | 24℃ | | 14 | 10 |
| | | | 26℃ | | 0 | 0 |
| | | | 28℃ | | −14 | −10 |
| | 補正式 | 照明機器発熱 | $q_L$ | 〔W/m²〕 | $\triangle q_1=1.2\times(q_L-25)$ | $\triangle q_1=1.2\times(q_L-25)$ |
| | | 在室人員 | $M$ | 〔人/m²〕 | $\triangle q_2=120\times(M-0.2)$ | $\triangle q_2=120\times(M-0.2)$ |
| | | 外気量 | $Q_{OA}$ | 〔ℓ/(m²・s)〕 {m³/(m²・h)} | $\triangle q_3=20\times(Q_{OA}-1.1)$ $=5.5\times(Q_{OA}-4)$ | $\triangle q_3=22\times(Q_{OA}-1.1)$ $=6.0\times(Q_{OA}-4)$ |
| | | 室温 | $T_r$ | 〔℃〕 | $\triangle q_4=7.0\times(26-T_r)$ | $\triangle q_4=5.0\times(26-T_r)$ |

$$q_R = C_1 (q_0 + \Delta q_1 + \Delta q_2 + \Delta q_3 + \Delta q_4) \cdots\cdots (7\text{—}1)$$

ここに，$q_R$　：冷房最大負荷　　　　　　　(W/m²)

　　　　$C_1$　：地域補正係数　　　　（表7—10参照）

　　　　$q_0$　：基準負荷　　　　　　　　　(W/m²)

　　　　$\Delta q_1$：照明機器発熱補正値　　　　(W/m²)

　　　　$\Delta q_2$：在室人数補正値　　　　　　(W/m²)

　　　　$\Delta q_3$：外気量補正値　　　　　　　(W/m²)

　　　　$\Delta q_4$：室温補正値　　　　　　　　(W/m²)

表7—4において，ペリメータ，インテリア，窓主方位，窓面積率とは次のような意味である。

(a)　ペリメータとインテリア

ペリメータとは，いわゆる「窓際」のことで，日射や外壁・窓ガラスからの伝導熱を直接受ける建物外周部のことで，インテリアとはその内部室内のことである（図7—3参照）。室内をペリメータとインテリアに区分したり，方位別に区分したりして，設備を系統分けすることをゾーニングという。ペリメータは表7—4のようにインテリアに対して負荷変動が大きいので，ファンコイルユニットなどで図7—4のように冷房能力を強化し負荷変動に対応することが多い。ペリメータの範囲は室の大きさ，空調方式によって異なるが，およそ外壁から奥行き5mまでの範囲である。

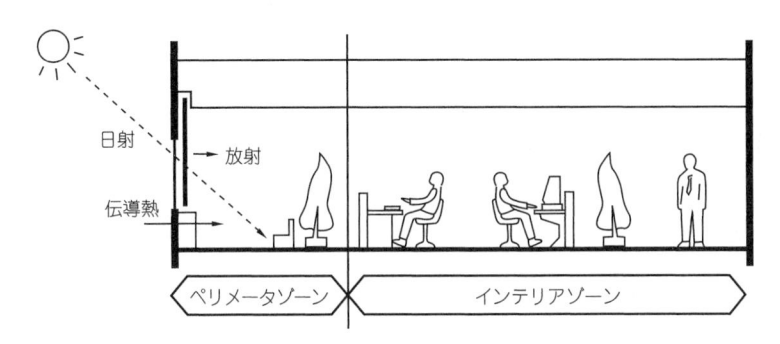

図7—3　ペリメータとインテリア

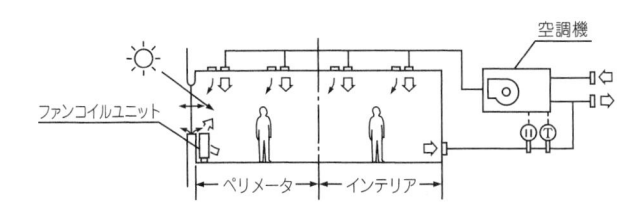

図7—4　ペリメータ，インテリア空調

(b) 窓主方位

ペリメータの外壁・窓ガラスが面している方角のことで、例えば南西又は東北方向に面しているときは、西、東のように大きなほうの負荷を採用したほうがよい。

・窓面積率

式（7―2）で表される。

$$W_R = \frac{100 W_A}{L(h_1 + h_2)} \quad \cdots\cdots\cdots (7\text{―}2)$$

ここに，

　　$W_R$：窓面積率
　　$L$　：外壁の幅　　　　　　　　（m）　以下，図7―5参照
　　$h_1$：外壁（窓を含む）の高さ　（m）
　　$h_2$：天井裏外壁の高さ　　　　（m）
　　$W_A$：窓の面積　　　　　　　　（m²）

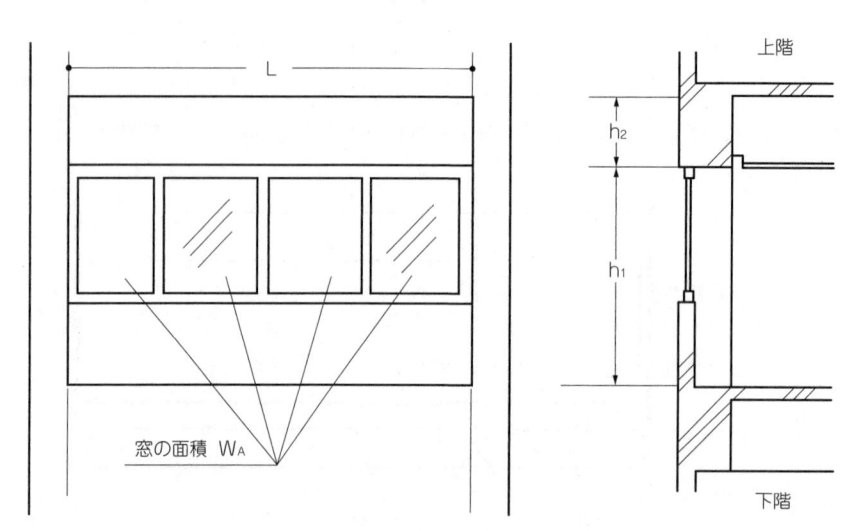

図7―5　窓面積率

また，表7―5に関する注意事項は次のとおりである。

照明機器発熱は、蛍光灯などの照明ワット数$W_L$とOA機器のワット数$W_C$を合計する。一般事務室・蛍光灯照明の場合、照明ワット数は概略式（7―3）で計算してもよい。

$$W_L = \frac{E}{25 \sim 30} \quad \cdots\cdots\cdots (7\text{―}3)$$

ここに，

　　$W_L$：単位面積当たりのワット数（W/m²）
　　$E$　：照度（lx）表7―6参照

表7—6　室内照度の参考値

| 建物種類 | | 照度〔lx〕 |
|---|---|---|
| 事務所ビル | 事務室 | 400～ 750 |
|  | 銀行営業室 | 750～1000 |
| 劇場など | 観客席 | 100～ 150 |
|  | ロビー | 150～ 200 |
| 商店 | 店内 | 500～ 800 |
| デパート及び | 1階・地階 | 800～1200 |
| スーパーマーケット | 2階以上 | 600～1000 |
| 学校 | 教室 | 150～ 250 |
| 病院 | 病室 | 100～ 150 |
|  | 診療室 | 300～ 700 |
| ホテル | 客室 | 80～ 150 |
|  | ロビー | 100～ 200 |
| 工場 | 一般作業場 | 150～ 300 |
|  | 精密作業場 | 500～1000 |
| 住宅 | 居間 | 150～ 250 |

OA機器については，表7—7と式（7—4）で計算する。

$$W_c = \alpha W \quad \cdots\cdots(7-4)$$

ここに，

$W_c$　　　　　：単位面積当たりのワット数　（W/m²）

$W$　　　　　：表7—7による発生熱量の合計　（W）

$\alpha$（アルファ）：負荷率　0.3～0.5

表7—7　OA機器の発生熱量
〔W/台〕

| 機器・器具名 | 発生熱量 |
|---|---|
| ワープロ | 100 |
| パソコン・オフコン端末 | 200 |
| CAD端末 | 500～800 |
| 電子黒板・ファクシミリ | 100 |
| パソコン用プリンタ | 50 |
| パソコン用カラープリンタ | 300 |
| 端末用ラインプリンタ | 500 |
| ミニコン・オフコンセンター装置 | 1000以上 |
| 複写機 | 300程度 |

外気量は、室内に新鮮な酸素（$O_2$）を供給するとともに、呼吸による二酸化炭素（$CO_2$）、燃焼ガスなどから発生する一酸化炭素（CO）、臭気（たばこ、体臭など）を排出するため外気を取り込んで、室内空気を入れ替えてやるが、その入れ替え空気量をいう。換気量に関する主な関連法規を表7—8に、建物用途別の概略必要外気量を表7—9に示す。

表7—8 換気に関する主な法規

| 対象 | 要点 | 法規 |
|---|---|---|
| 居室 | 自然換気<br>　給気口、排気口、排気筒などに関する事項（詳細略）<br>機械換気<br>　有効換気量　$V = 20Af/N$<br>　　$V$：有効換気量〔$m^3/h$〕<br>　　$Af$：居室の床面積〔$m^2$〕<br>　　　　ただし、窓などの有効な開口部がある場合その面積の20倍を減じる。<br>　　$N$：1人当たりの占有面積〔$m^2$〕<br>　　　　ただし、$N > 10$の場合は10とする<br>　　　　（特殊建築物の場合は上の10を3とする）。<br>その他<br>　給気口、排気口、給気機、排気機、風道（ダクト）などに関する事項（詳細略） | 建築基準法、同施行令、国土交通省告示 |
| 湯沸し室・台所・ちゅう房 | 燃料による理論燃焼ガス量の倍数で決まる。倍数は使用される排気フードの型式により異なる。 | 建築基準法施行令 |
| 屋内作業場 | 気積は天井高4m以上の部分を除き、1人につき$10m^3$以上。<br>窓その他の開口部が床面積の1/20以上のこと。<br>ただし、十分な性能の換気設備があればこの限りでない。<br>ガス・蒸発又は粉じんを発散する作業場<br>　発散源を密閉する設備、局所排気装置又は全体換気装置が必要 | 労働安全衛生規則 |
| 駐車場 | 床面積$1m^2$当たり換気量$25m^3/h$以上<br>$500m^2$以上の駐車場で、開口部が床面積の1/10未満の場合 | 東京都建築安全条例 |
| 劇場、映画館、演芸場、興業場、公会堂、集会場 | 床面積$1m^2$当たり$75m^3/h$以上の新鮮外気<br>空調時は、全風量$75m^3/h \cdot m^2$以上で外気$25m^3/h \cdot m^2$以上<br>客席床面積$400m^2$を超えるとき又は地下興業場<br>　第1種換気<br>客席床面積$150m^2$を超え$400m^2$以下<br>　第1種又は第2種換気<br>客席床面積$150m^2$以下<br>　第1種、第2種又は第3種換気 | |
| 地下建築物 | 床面積$1m^2$当たり$30m^3/h$以上の新鮮外気<br>空調時は、外気$10m^3/h \cdot m^2$以上<br>床面積$1000m^2$を超える階<br>　第1種換気<br>床面積$1000m^2$以下の階<br>　第2種換気 | |
| 住宅 | 建築主の判断の基準としての設計条件<br>住宅全体で0.5回/h以上 | 経済産業省／国土交通省告示 |

表7—9 建物用途別概略必要外気量

(単位〔$m^3/(m^2 \cdot h)$〕)

| | 事務室 | レストラン<br>デパート | 会議室 | 劇場<br>観客席 | アパート<br>住宅<br>ホテル客室 | ロビー<br>入口<br>ホール |
|---|---|---|---|---|---|---|
| 推奨値 | 5 | 10 | 15 | 25 | 3 | 3 |
| 最小値 | 3 | 6 | 10 | 25 | 2 | 2 |

空気入れ替えのときに，室温で冷却された空気を片側に，温度の高い外気を他の片側に通して熱だけを交換し，外気の温度を下げて室内に送る全熱交換器という機器があり，図7—6にその系統図例を示す。これを使用した場合は外気量$Q_{OA}$に下記補正係数を掛けた数値を新しい$Q_{OA}$として使用することができる。

$$k = 1 - \eta \quad \cdots\cdots\cdots\cdots\cdots\cdots\cdots\cdots\cdots\cdots\cdots\cdots\cdots\cdots\cdots\cdots\cdots\cdots (7\text{—}5)$$

ここに，

　　　　$k$　　　　　　：全熱交換器を使用した場合の外気量補正係数

　　　　$\eta$（イータ）：全熱交換器効率

$\eta$は0.5～0.6程度で機種によって定まる。

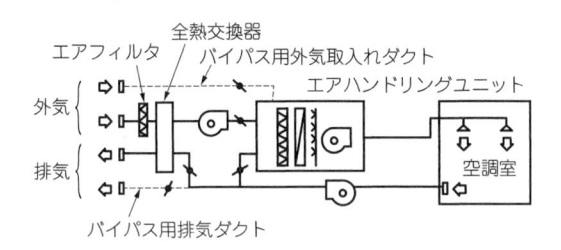

図7—6　全熱交換器を備えた系統図例

式（7—1）の地域補正係数を表7—10に示す。

表7—10　地域補正係数$C_1$

| 地　名 | 冷房用 | 暖房用 | 地　名 | 冷房用 | 暖房用 |
|---|---|---|---|---|---|
| 旭　川 | 0.81 | 1.63 | 東　京 | 1.00 | 1.00 |
| 根　室 | 0.74 | 1.31 | 松　本 | 0.88 | 1.27 |
| 札　幌 | 0.92 | 1.43 | 静　岡 | 1.03 | 0.99 |
| 室　蘭 | 0.82 | 1.22 | 名古屋 | 1.17 | 1.07 |
| 青　森 | 0.89 | 1.23 | 大　阪 | 1.09 | 1.00 |
| 八　戸 | 0.90 | 1.21 | 米　子 | 1.07 | 1.02 |
| 盛　岡 | 0.92 | 1.35 | 広　島 | 1.10 | 1.02 |
| 秋　田 | 1.09 | 1.16 | 高　知 | 1.07 | 0.99 |
| 仙　台 | 1.03 | 1.14 | 高　松 | 1.05 | 1.02 |
| 山　形 | 0.99 | 1.19 | 福　岡 | 1.16 | 0.98 |
| 福　島 | 1.03 | 1.09 | 熊　本 | 1.12 | 1.04 |
| 新　潟 | 1.02 | 1.02 | 鹿児島 | 1.11 | 0.97 |
| 宇都宮 | 1.04 | 1.13 | 那　覇 | 1.16 | 0.49 |
| 前　橋 | 1.02 | 1.07 | | | |
| 富　山 | 1.03 | 1.11 | | | |

室面積が小さく，ゾーニングを行わずにペリメータ，インテリアを一括して室全体の負荷を計算する場合は式（7—6）による。

$$Q' = q_p A_p + q_i A_i \quad\quad\quad\quad\quad (7-6)$$

ここに，

　　Q′：ゾーニングを行わないときの最大熱負荷　（W）
　　$q_p$：表7—4と表7—5で求めたペリメータの熱負荷（W/m²）
　　$A_p$：窓から奥行き5mまでの室床面積　　　　（m²）
　　$q_i$：表7—4と表7—5で求めたインテリアの熱負荷（W/m²）
　　$A_i$：窓から奥行き5mの範囲を除いた室床面積　（m²）

b. 暖房負荷

暖房の場合は表7—11の基準負荷に，表7—12の補正を加算し，式（7—7）で暖房最大負荷$q_R$を求める。

表7—11　事務所暖房の基準負荷　$q_0$

| | | | 室奥行き[m] | ペリメータ | | | | インテリア |
|---|---|---|---|---|---|---|---|---|
| | | | | 窓主方位 | | | | |
| | | | | 南 | 西 | 北 | 東 | |
| | | | | 熱負荷〔W/m²〕 | | | | |
| 暖房 | 外皮断熱 高 | 中間階 | 8 | 107 | 128 | 131 | 115 | 110 |
| | | | 12 | 95 | 116 | 119 | 103 | 87 |
| | | | 16 | 88 | 109 | 112 | 96 | 76 |
| | | | 20 | 83 | 104 | 107 | 91 | 69 |
| | | 最上階 | 8 | 121 | 142 | 145 | 129 | 127 |
| | | | 12 | 109 | 130 | 133 | 117 | 104 |
| | | | 16 | 102 | 123 | 126 | 110 | 93 |
| | | | 20 | 97 | 118 | 121 | 105 | 86 |
| | 外皮断熱 中 | 中間階 | 8 | 122 | 143 | 146 | 130 | 118 |
| | | | 12 | 110 | 131 | 134 | 118 | 95 |
| | | | 16 | 103 | 124 | 127 | 111 | 84 |
| | | | 20 | 98 | 119 | 122 | 106 | 77 |
| | | 最上階 | 8 | 136 | 157 | 160 | 144 | 135 |
| | | | 12 | 124 | 145 | 148 | 132 | 112 |
| | | | 16 | 117 | 138 | 141 | 125 | 101 |
| | | | 20 | 112 | 133 | 136 | 120 | 94 |
| | 外皮断熱 低 | 中間階 | 8 | 137 | 158 | 161 | 145 | 126 |
| | | | 12 | 125 | 146 | 149 | 133 | 103 |
| | | | 16 | 118 | 139 | 142 | 126 | 92 |
| | | | 20 | 113 | 134 | 137 | 121 | 85 |
| | | 最上階 | 8 | 151 | 172 | 175 | 159 | 143 |
| | | | 12 | 139 | 160 | 163 | 147 | 120 |
| | | | 16 | 132 | 153 | 156 | 140 | 109 |
| | | | 20 | 127 | 148 | 151 | 135 | 102 |

表7—12　事務所の暖房時補正熱負荷

| | | | | | ペリメータ | インテリア |
|---|---|---|---|---|---|---|
| 暖房 | 補正値 | 外気量 $\triangle q_3$ | 0.6 ℓ/(m²·s) {2m³/(m²·h)} | | −16 | −16 |
| | | | 1.1 ℓ/(m²·s) {4m³/(m²·h)} | | 0 | 0 |
| | | | 1.4 ℓ/(m²·s) {5m³/(m²·h)} | | 8 | 8 |
| | | 室温 $\triangle q_4$ | 20℃ | | −16 | −13 |
| | | | 22℃ | | 0 | 0 |
| | | | 24℃ | | 16 | 13 |
| | 補正式 | 外気量 | $Q_{OA}$ | 〔ℓ/(m²·s)〕 | $\triangle q_3 = 29 \times (Q_{OA} - 1.1)$ $= 8.0 \times (Q_{OA} - 4)$ | $\triangle q_3 = 29 \times (Q_{OA} - 1.1)$ $= 8.0 \times (Q_{OA} - 4)$ |
| | | | | {m³/(m²·h)} | | |
| | | 室温 | $T_r$ | 〔℃〕 | $\triangle q_4 = 8.0 \times (T_r - 22)$ | $\triangle q_4 = 6.5 \times (T_r - 22)$ |

$$q_R = C_1 C_2 (q_0 + \triangle q_3 + \triangle q_4) \quad \cdots\cdots\cdots (7\text{—}7)$$

ここに,

$q_R$ ：暖房最大負荷　　（W/m²）

$C_1$ ：地域補正係数　　（表7—10参照）

$C_2$ ：予熱時間補正係数

$q_0$ ：基準負荷　　　　（W/m²）

$\triangle q_3$ ：外気量補正値　　（W/m²）

$\triangle q_4$ ：室温補正値　　　（W/m²）

表7—11の外皮断熱とは窓と外壁の総合的な断熱性能のことで,窓面積率$W_R$と外壁熱通過率を用い図7—7から高・中・低を定める。例えば,一重ガラス窓で外壁熱通過率が1.2W/(m²·K),窓面積率60%であると外皮断熱は中となる。

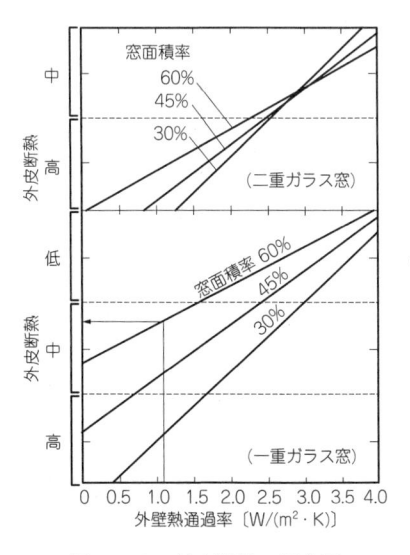

図7—7　外皮断熱の判定図

断熱構造の外壁では，熱通過率は1.0前後であるが，コンクリート打ち放し構造であると2～3程度となる。外壁の構造が判明している場合は計算で熱通過率K（W/(m²・K)）を求めることができる。

$$K = \frac{1}{\frac{1}{\alpha_0} + \frac{L_1}{\lambda_1} + \frac{L_2}{\lambda_2} + \cdots + R + \frac{1}{\alpha_i}} \quad \cdots\cdots\cdots\cdots\cdots\cdots\cdots\cdots\cdots (7-8)$$

ここに，

$K$：熱通過率　W/(m・K)

$\alpha_0$：外表面熱伝達率　W/(m²・K)　約23W/(m²・K)

$L_1$，$L_2$…：各層の厚さ　(m)

$\lambda_1$，$\lambda_2$…：各層の材料の熱伝導率　W/(m・K)

$R$：空気層の熱抵抗　m²・K/W

　　密閉中空層のとき　$R = 0.15$ m²・K/W

　　非密閉中空層のとき　$R = 0.07$ m²・K/W

$\alpha_i$：内表面熱伝達率　W/(m²・K)　約9W/(m²・K)

材料の熱伝導率 $\lambda_1$，$\lambda_2$……は表7—13を参照されたい。図7—8に外壁の計算例を示す。

表7—13　材料の熱伝導率 $\lambda$

| 材料名 | 熱伝導率 $\lambda$ 〔W/(m・K)〕 | 材料名 | 熱伝導率 $\lambda$ 〔W/(m・K)〕 |
|---|---|---|---|
| PCコンクリート | 1.5 | 木材（重量） | 0.19 |
| 普通コンクリート | 1.4 | 木材（中量） | 0.17 |
| 軽量コンクリート | 0.78 | 木材（軽量） | 0.14 |
| 気泡コンクリート（ALC） | 0.17 | 合板 | 0.19 |
| コンクリートブロック（重量） | 1.1 | 軟質繊維板 | 0.056 |
| コンクリートブロック（軽量） | 0.53 | シージングボード | 0.060 |
| モルタル | 1.5 | 半硬質繊維板 | 0.14 |
| 石綿スレート | 1.2 | 硬質繊維板 | 0.22 |
| プラスタ | 0.79 | パーティクルボード | 0.17 |
| 石こう板・ラスボード | 0.17 | 木毛セメント板 | 0.19 |
| しっくい | 0.74 | セルローズファイバ | 0.044 |
| 土壁 | 0.69 | ガラス綿（24K） | 0.042 |
| ガラス | 0.78 | ガラス綿（32K） | 0.040 |
| タイル | 1.3 | 岩綿保温材 | 0.042 |
| れんが壁 | 0.64 | 吹付け岩綿 | 0.051 |
| かわら | 1.0 | 岩綿吸音板 | 0.064 |
| 合成樹脂・リノリウム | 0.19 | スチレン発泡板（ビーズ） | 0.047 |
| FRP | 0.26 | スチレン発泡板（押出し） | 0.037 |
|  |  | スチレン発泡板（フロン発泡） | 0.026 |
| アスファルト類 | 0.11 | 硬質ウレタン発泡板 | 0.028 |
| 防湿紙類 | 0.21 | 吹付け硬質ウレタン（フロン発泡） | 0.029 |
| 畳 | 0.15 | 軟質ウレタン発泡板 | 0.050 |
| 合成畳 | 0.07 | ポリエチレン発泡板 | 0.044 |
| カーペット類 | 0.080 | 硬質塩化ビニル発泡板 | 0.036 |

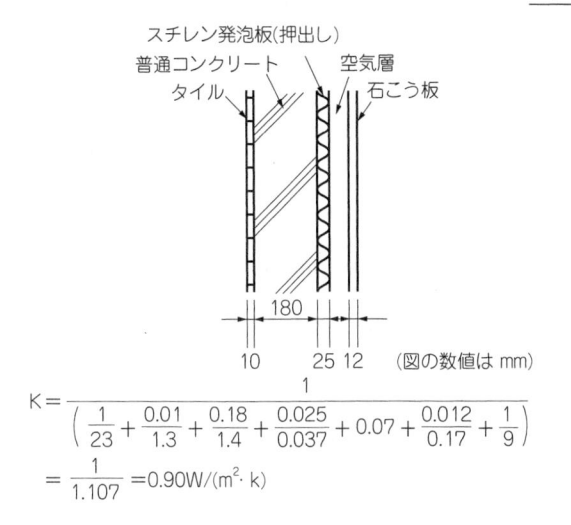

```
            スチレン発泡板(押出し)
       普通コンクリート  空気層
    タイル            石こう板
```

```
         180
      10  25 12    (図の数値は mm)
```

$$K = \cfrac{1}{\left(\cfrac{1}{23} + \cfrac{0.01}{1.3} + \cfrac{0.18}{1.4} + \cfrac{0.025}{0.037} + 0.07 + \cfrac{0.012}{0.17} + \cfrac{1}{9}\right)}$$

$$= \frac{1}{1.107} = 0.90 \text{W/(m}^2 \cdot \text{k)}$$

図7—8　壁体熱通過率の計算例

また，表7—11の「室奥行き (m)」とあるのは，ゾーニングした各ゾーンの奥行きではなく，室全体（インテリアの奥壁まで）の奥行きをとり，外壁が2面以上である角部屋の場合の室奥行きは，

　　　室奥行き＝床面積/外壁長さ

とする。

地域補正係数$C_1$は冷房と同じ表7—10を，予熱時間補正係数$C_2$は表7—14を使用する。

表7—14　予熱時間補正係数

| 予熱時間 | 30分 | 1時間 | 1.5時間 | 2時間 | 3時間 |
|---|---|---|---|---|---|
| 補正係数 | 1.22 | 1.0 | 0.91 | 0.85 | 0.77 |

### c. 計 算 例

以下の条件で，図7—9の事務室について計算する。

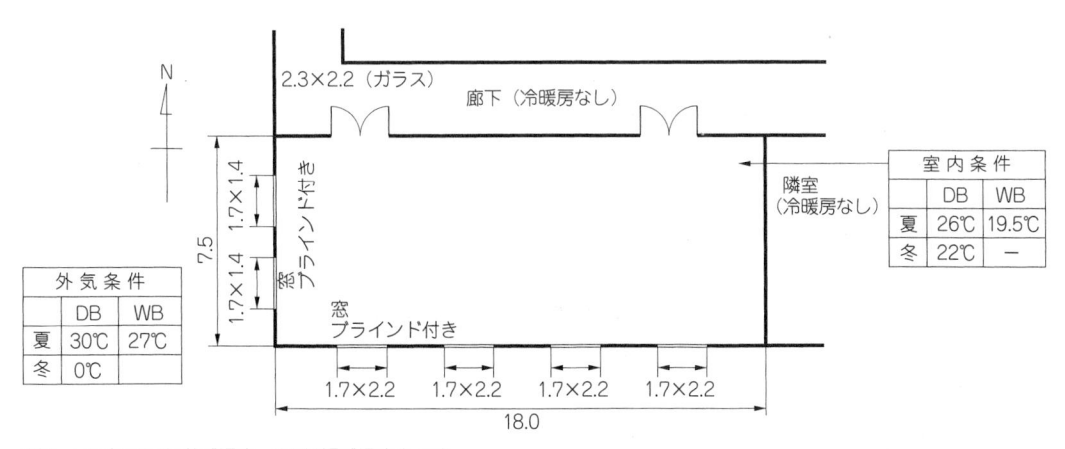

図7—9　空調負荷算出計算例

（注）：図中のDBは乾球温度、WBは湿球温度を示す。

| | |
|---|---|
| 地域 | 東京 |
| 階層 | 最上階 |
| 外壁の高さ | $h_1$ 2.7m |
| 天井裏外壁の高さ | $h_2$ 1.0m |
| ひさし | なし |
| 照明 | 30W2灯形蛍光灯　60個 |
| OA機器 | パソコン10，ファクシミリ1，複写機1，白黒プリンタ2 |
| 室内人員 | 30人 |
| 外気量 | 5m³/（m²・h） |
| 外壁の熱通過率 | 1.2 W/m²・K |
| 暖房予熱時間 | 1時間 |

室のゾーニングを図7—10のように，南ペリメータS，西ペリメータW，インテリアIに3分割する。まずSゾーンの冷房負荷について計算する。

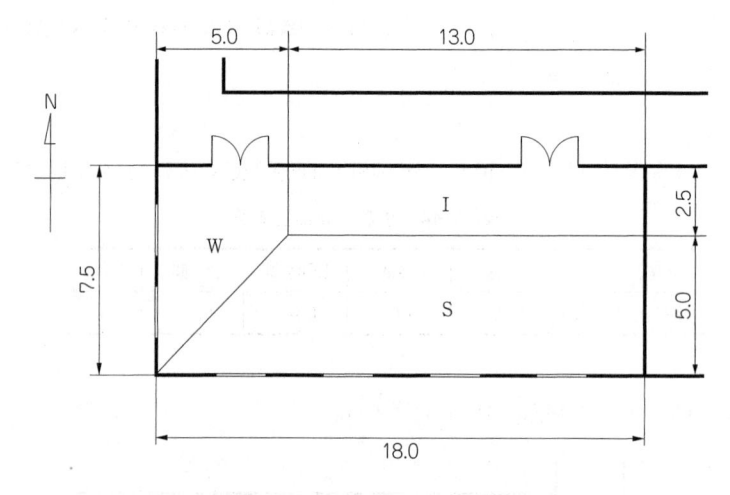

図7—10　計算例のゾーニング

窓面積 $W_A$＝1.7m×2.2m×4≒15m²

式（7—2）より，

面積率 $W_R = \dfrac{100 \times 15}{18 \times (2.7+1.0)} = 22.5$

したがって，表7—4よりひさしなし，$W_R$＝30％の数値を用い，冷房基準負荷 $q_R$＝126W/m²とする。これに各種補正を行う。

照明機器発熱は以下のようになる。

　　蛍光灯　　30W×2×60＝3600W

　　パソコン　　200W×10＝2000W

　　ファクシミリ　　100W×1＝100W

　　複写機　　300W×1＝300W

　　プリンタ　　50W×2＝100W

蛍光灯以外の機器は負荷率30％とすると，1m²当たりの負荷（$q_L$）は，

$$q_L = \frac{3600 + 0.3 \times (2000 + 100 + 300 + 100)}{18 \times 7.5} \fallingdotseq 32 \text{W/m}^2$$

表7—5の補正式から，

　　$\Delta q_1 = 1.2 \times (32 - 25) \fallingdotseq 8 \text{W/m}^2$

在室人員は，

$$\frac{30}{18 \times 7.5} = 0.22 \text{人/m}^2$$

表7—5から，0.2人/m²として，

　　$\Delta q_2 = 0 \text{W/m}^2$

外気量は表7—5から，

　　$\Delta q_3 = 6 \text{W/m}^2$

室温を26℃と設定したので，表7—5から，

　　$\Delta q_4 = 0 \text{W/m}^2$

所在地が東京なので，表7—10より，

　　$C_1 = 1.0$

以上を式7—1に代入して，

　　$q_R = C_1 (q_0 + \Delta q_1 + \Delta q_2 + \Delta q_3 + \Delta q_4)$

　　　　$= 1.0 \times (126 + 8 + 0 + 6 + 0) = 140 \text{W/m}^2$

同様の計算でW，Iゾーンの負荷を求めると表7—15のようになる。

表7—15 冷房負荷集計表
(単位 W/m²)

|  | ゾーン | | |
|---|---|---|---|
|  | S | W | I |
| $q_0$ | 126 | 138 | 92 |
| 窓面積率 | 22.5 | 17.2 | — |
| $\triangle q_1$ | 8 | 8 | 8 |
| $\triangle q_2$ | 0 | 0 | 0 |
| $\triangle q_3$ | 6 | 6 | 6 |
| $\triangle q_4$ | 0 | 0 | 6 |
| $C_1$ | 1.0 | 1.0 | 1.0 |
| $q_R$ | 140 | 152 | 106 |

次にSゾーンの暖房負荷を計算する。

窓面積率22.5→30％，外壁の熱通過率1.2W/m²・Kを用いて，図7—7から外皮断熱は［高］とする。

表7—11の［室奥行き］は次のようになる。

　　　室奥行き＝床面積/外壁長さ＝18×7.5/（18＋7.5）≒5.3m

「外皮断熱高」「最上階」「室奥行き8m」「南」の数値q＝121W/m²を使用する。

表7—12より，外気量の補正$\triangle q_3$＝8W/m²，室温の補正$\triangle q_4$＝0W/m² となる。

予熱時間を1.0時間としたので，表7—14より$C_2$＝1.0となる。

式（7−8）より

　　　$q_R = C_1 C_2 (q_0 + \triangle q_3 + \triangle q_4) = 1.0 \times 1.0 \times (121 + 8 + 0) = 129 \text{W/m}^2$

同様の計算でW，Iゾーンの負荷を求めると表7—16のようになる。

表7—16 暖房負荷集計表
(単位 W/m²)

|  | ゾーン | | |
|---|---|---|---|
|  | S | W | I |
| $\triangle q_0$ | 121 | 142 | 127 |
| $\triangle q_3$ | 8 | 8 | 8 |
| $\triangle q_4$ | 0 | 0 | 0 |
| $C_1$ | 1.0 | 1.0 | 1.0 |
| $C_2$ | 1.0 | 1.0 | 1.0 |
| $q_R$ | 129 | 150 | 135 |

以上により求めた冷房，暖房負荷に各ゾーンの面積を掛けると，ゾーンごとの必要空調機の容量が得られる。結果を表7—17に示すが，この例では冷・暖房能力5～6kWのマルチパッケージ型エアコンディショナ室内機をSゾーンに2台，W，Iゾーンに各1台配置すればよいと考えられる。

表7—17　冷暖房負荷一覧

|  | S | W | I |
|---|---|---|---|
| 面　積 | 77.5m² | 25m² | 32.5m² |
| 冷　房 | 10.9kW | 3.8kW | 3.5kW |
| 暖　房 | 10.0kW | 3.8kW | 4.4kW |

## 第3節　空気調和機器の選定

### 3.1　空気調和機の種類

　室内空気の温度・湿度・清浄度を調整する空気調和機には大別して冷・温水を使用するものと冷媒を使用するものとがあり，表7—18に代表的な機種を示す。

表7—18　空気調和機の種類

```
                  ┌─ 冷・温水使用 ─┬─ エアハンドリングユニット
                  │                └─ ファンコイルユニット
空気調和機 ───────┤
                  │                ┌─ ルームエアコンディショナ ─┬─ 一体形
                  │                │                              └─ セパレート形
                  └─ 冷媒使用 ─────┼─ パッケージ型エアコンディショナ ─┬─ 水冷形
                                   │                                    └─ 空冷形
                                   └─ マルチパッケージ型エアコンディショナ
```

　最近の一般住宅，小店舗ではルームエアコンディショナ，事務所，中・大形店舗ではマルチパッケージ型エアコンディショナの採用例が多い。エアハンドリングユニットは歴史が古く，空気調和機の代名詞となっている。システムがやや大がかりとなるため最近は出荷数が少なくなっている。外気を取り入れて冷・暖房を行うため換気設備を兼用できる利点があり，容易に大容量のシステムを構築できるなど，利点も多い。

## 3.2 エアハンドリングユニット

図7—11に横形エアハンドリングユニットの構造，図7—12にシステム構成例を示す。各室からの還気と外部から取り入れた外気は図7—11の混気箱で混合されてエアフィルタへ送られ，ここで粉じんが取り除かれる。その後，コイルを通過させ，混合空気を冷却又は加熱するが，冷房用の冷却コイルと暖房用の加熱コイルが別になっているものと，夏冬で切替え，同一コイルを兼用するものとがある。フィンの付いた銅管が使用される。冬季に空気中の湿度が低下した場合は次段の加湿器で水をスプレーし，余剰の水滴はエリミネータで捕捉する。このようにして調整された空気は送風機によって各室に送風される。

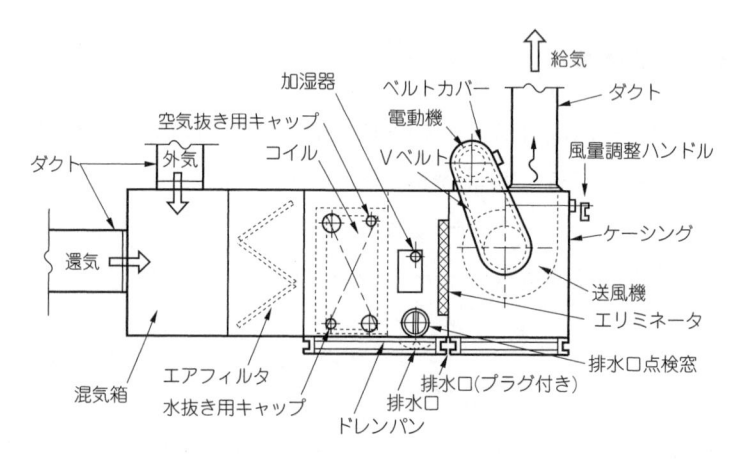

図7—11 横形エアハンドリングユニット

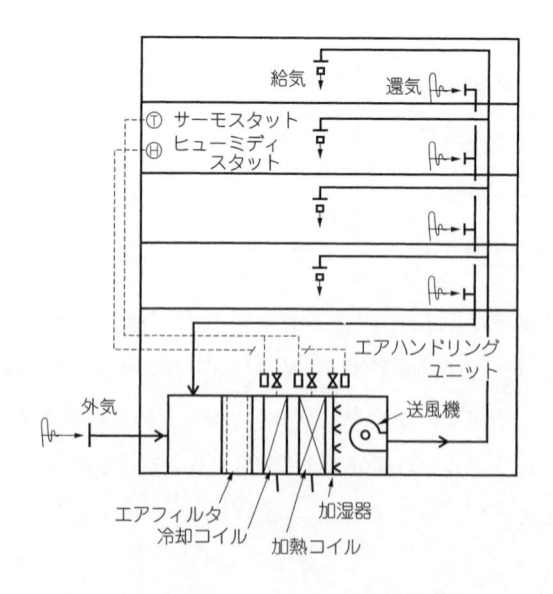

図7—12 エアハンドリングユニットの構成例

目的，能力によって種々の形式があり，横形のほかに立て形，天井埋込み形，薄形などがある。図7—13に各種エアハンドリングユニットの外観を示す。

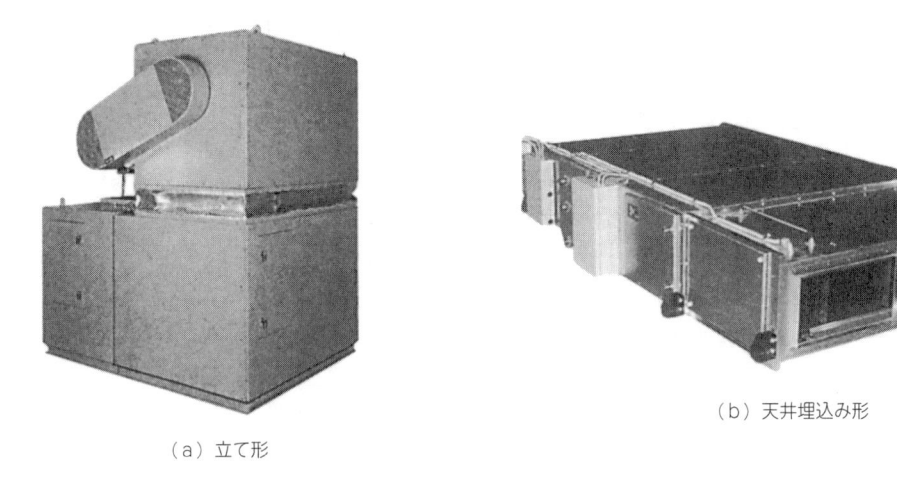

（a）立て形

（b）天井埋込み形

（c）薄　形

図7—13　各種エアハンドリングユニット

エアハンドリングユニット選定表の一例を表7—19に示す。工場製作のものは冷房能力400kW，暖房能力500kW程度までで，これ以上大型のものは現地で組み立てることがある。前節で求めた室内負荷・外気負荷の合計である冷房負荷，暖房負荷にダクト損失などを約10％程度加算して形式を定めるが，風量とは還気と外気の合計であり，また入口空気温度，冷水・温水温度で能力kWが変化するから，風量・温度が選定表と異なる場合はメーカと協議を要する。

エアハンドリングユニットは，その構造上，他から冷水・温水の供給を受けなければならないので，加熱源となるボイラと冷熱源となる冷凍機について以下に述べる。

表7—19　エアハンドリングユニット選定表（例）

| 空調機型式 | 風量範囲<br>(m³/h) | 冷却コイル | | 加熱コイル | |
|---|---|---|---|---|---|
| | | 能力<br>(kW) | 水量<br>(ℓ/min) | 能力<br>(kW) | 水量<br>(ℓ/min) |
| 40A | ～2400 | 17.44 | 50 | 16.86 | 48 |
| 60A | 2400～3600 | 26.16 | 75 | 25.35 | 73 |
| 80A | 3600～4800 | 35.93 | 103 | 34.07 | 98 |
| 100A | 4800～6000 | 45.70 | 131 | 43.02 | 123 |
| 120A | 6000～7200 | 56.51 | 162 | 52.56 | 151 |
| 150A | 7200～9000 | 64.77 | 186 | 62.67 | 180 |
| 200A | 9000～12000 | 90.12 | 258 | 85.00 | 244 |
| 40B | ～2400 | 18.37 | 53 | 17.44 | 50 |
| 60B | 2400～3600 | 26.51 | 76 | 25.47 | 73 |
| 80B | 3600～4800 | 36.51 | 105 | 34.42 | 99 |
| 100B | 4800～6000 | 48.02 | 138 | 44.53 | 128 |
| 120B | 6000～7200 | 53.49 | 153 | 53.84 | 154 |
| 150B | 7200～9000 | 67.33 | 193 | 64.07 | 184 |
| 200B | 9000～12000 | 91.63 | 263 | 85.81 | 246 |
| 100C | ～6000 | 45.35 | 130 | 45.47 | 130 |
| 120C | 6000～7200 | 55.35 | 159 | 52.56 | 151 |
| 150C | 7200～9000 | 68.72 | 197 | 64.77 | 186 |
| 200C | 9000～120000 | 92.21 | 264 | 86.05 | 247 |

※冷却・加熱能力は下記条件での値を示す。
・冷　　却：入口空気 D.B.27℃ W.B.20℃
　　　　　　冷水温度7℃→12℃　コイル列数　6列
・加　　熱：入口空気 D.B.19℃
　　　　　　温水温度50℃→45℃　コイル列数　4列

### （1）ボイラ

空調用として使用されるボイラを表7—20に示す。

　鋳鉄ボイラ（図7—14）はセクショナルボイラとも呼ばれ，鋳鉄製のブロック（セクション）を組み合わせてボルトで固定したもので，ガス又は油だき，下部は燃焼室，上部は煙道となる。セクションの数は20個程度以下，比較的小型で安価であるため小規模の暖房設備に多く使用される。

表7−20 空調用ボイラの種類と適用

| 種類 | 熱媒体 | 容量範囲 | | 適用 |
| --- | --- | --- | --- | --- |
| | | 圧力又は温度 | 蒸発量又は熱出力 | |
| 鋳鉄ボイラ | 蒸気<br>温水 | 0.1MPa以下<br>0.5MPa以下 | 0.3〜4t/h<br>30〜2500kW | 小・中規模建物用，給湯用 |
| 炉筒煙管ボイラ | 蒸気<br>温水 | 1.6MPa以下<br>170℃以下 | 0.5〜20t/h<br>350〜9500kW | 中・大規模建物用，地域冷暖房 |
| 立てボイラ | 蒸気<br>温水 | 0.7MPa以下<br>0.1MPa以下 | 0.1〜0.5t/h<br>10〜50kW | 住宅用，小規模建物用，給湯用 |
| 水管ボイラ | 蒸気 | 0.7MPa以下 | 5t/h以上 | 地域冷暖房 |
| 真空式温水機 | 温水 | 80℃以下 | 50〜3000kW | 一般建物用，給湯用 |

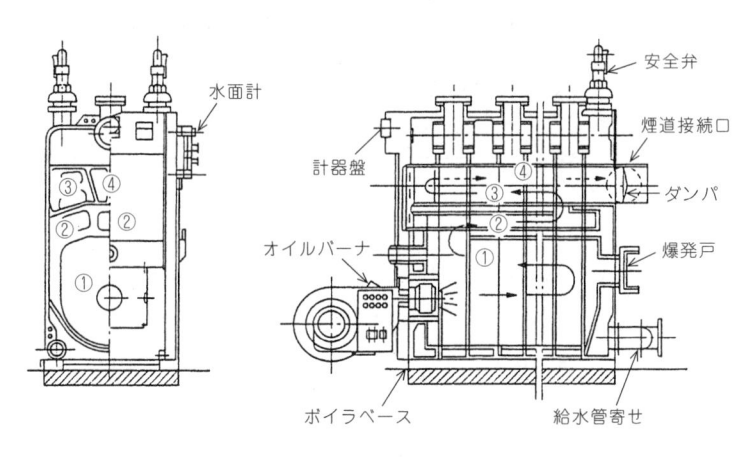

図7−14 鋳鉄ボイラ

炉筒煙管ボイラは，多数の煙管が燃焼室に接続されており，バーナで加熱された空気がこの煙管を通過するとき周囲の水を加熱する。製作・取扱いが比較的容易で，中・大規模暖房用に多く用いられる（図7−15）。

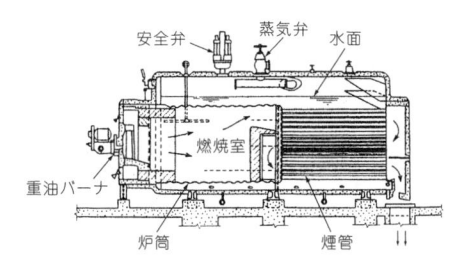

図7−15 炉筒煙管ボイラ

立てボイラは，垂直に立てた鋼板製円筒の中に燃焼室と煙管を設け，周囲の水を加熱する小型ボイラで，給湯用，小規模暖房設備に用いられる（図7—16）。

水管ボイラは，ドラムと多数の水管で構成されたもので，水の流動方式により自然循環式，強制循環式及び貫流式に分けられるが，図は自然循環式のものである。炉筒煙管ボイラより水の保有量が少ないので，始動時間は短いが負荷変動により水位や圧力が変動しやすいため細かい調整を必要とする。大容量機が製作できるので，地域冷暖房など大規模システムに向いている（図7—17）。

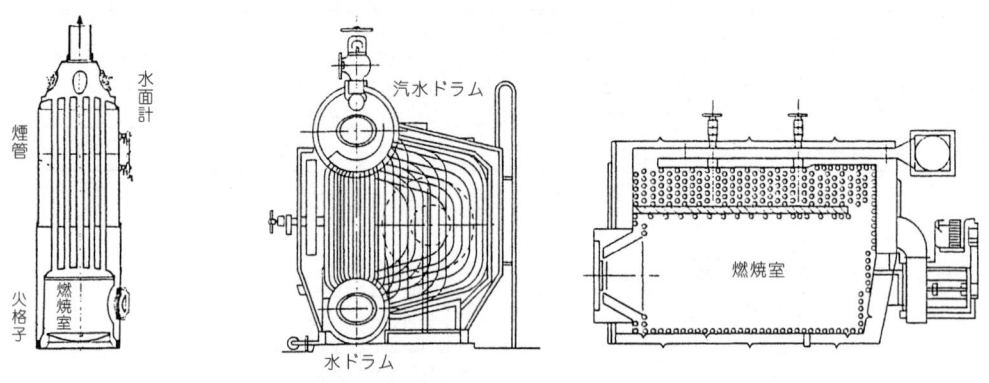

図7—16 立てボイラ

図7—17 水管ボイラ

真空式温水機は，真空ポンプで胴内を大気圧以下とし，バーナの燃焼熱で周囲の水を加熱し，発生した100℃以下の蒸気で給湯・暖房コイルを加熱するもので，運転が大気圧以下であることから労働安全衛生法施行令による取扱資格者が不要であるという利点がある（図7—18）。

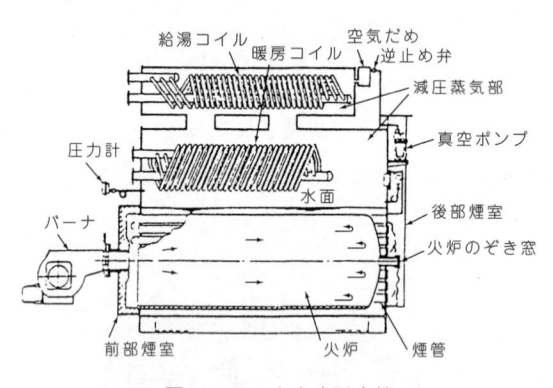

図7—18 真空式温水機

## （2） 冷凍機

冷凍機は表7—21に示す圧縮式と吸収式のほか，吸着冷凍機，空気サイクル冷凍機，電子冷凍機などがある。

表7—21　空調用冷凍機の種類と適用

| 冷凍方式 | 種類 | 容量範囲〔kW〕 | 適用 |
|---|---|---|---|
| 圧縮式 | 往復動冷凍機 | 1〜600 | ルームエアコン，パッケージ型空調機，小・中規模建物用 |
| | ロータリ冷凍機 | 1〜10 | ルームエアコン，カーエアコン |
| | スクロール冷凍機 | 5〜50 | 小型パッケージ型空調機 |
| | スクリュー冷凍機 | 100〜5000 | ヒートポンプ，中・大規模建物用 |
| | 遠心冷凍機 | 300〜35000 | 大規模建物用，地域冷暖房 |
| 吸収式 | 吸収冷凍機 | 150〜10000 | 中・大規模建物用，工場用，地域冷暖房 |
| | 直だき吸収冷温発生機 | 50〜5000 | 一般建物用 |

圧縮式冷凍機の冷凍サイクルを図7—19に示す。圧縮機で圧縮された高温・高圧の冷媒ガスは凝縮器に送られ，ここで空気（又は水）により冷却され液体となり，このとき凝縮熱が発生する。

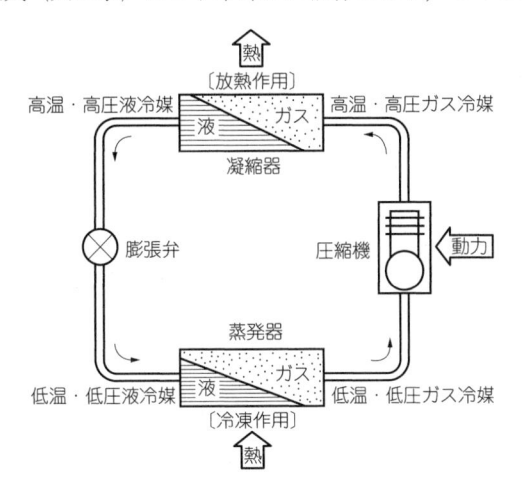

図7—19　圧縮式の冷凍サイクル

液体となった冷媒は膨張弁によって減圧され蒸発器に送られ，ここで周囲から熱を奪って蒸発し，再び圧縮機に戻される。蒸発器の吸熱を利用するのが圧縮式冷凍機で，凝縮器の放熱を利用して暖房するのをヒートポンプという。

圧縮機は往復動圧縮機が多く使用され，蒸発器・凝縮器・膨張弁と一体化したものをチリングユニットと称している。図7—20に往復動冷凍機（チリングユニット）の外観を示す。また図7—21に遠心冷凍機の外観を示す。

図7—20　往復動冷凍機（水冷チリングユニット）　　　図7—21　遠心冷凍機

　圧縮式冷凍機に使用する冷媒はほとんどがフロンで，まれにアンモニアが用いられる。フロンには，

　ふっ素と塩素を置換基にもつクロロフルオロカーボン（CFC）

　ふっ素，水素，塩素を含むハイドロクロロフルオロカーボン（HCFC）

　ふっ素，水素を含むハイドロフルオロカーボン（HFC）

などがあり，CFCは塩素がオゾン層を破壊するため1996年（発展途上国は2010年）以降製造が禁止された。HCFCは化学式$CHClF_2$のR—22が従来使用されており，塩素量はCFCより極めて少ないが皆無ではないため2004年から漸次削減され，2020年まで（ただし補充などのため2030年まで0.5％許可）に生産中止される。現在はHFCのR407Cという，化学式$CH_2FCF_3$のほか2種の混合冷媒が使用され，代替フロンと呼ばれる。

　吸収式冷凍機の冷却サイクルを図7—22に示す。冷媒は水で，別に吸収液と称する臭化リチウム（LiBr）を使用する。臭化リチウムは水に対する溶解度が大きく（20℃において63.9wt％），この性質を利用する。装置は再生器，凝縮器，蒸発器及び吸収器の4個の容器からなり，水は蒸発器→吸収器→再生器→凝縮器→……を循環し，吸収液は吸収器と再生器の間を往復する。冷媒の水は蒸発器の中で絶対圧力0.9kPaの真空状態にされて蒸発し，周囲の熱を奪って冷水を作りだした後吸収器で吸収液に吸収される。水で薄められた吸収液は，次の再生器で加熱され，水蒸気を分離して濃縮液に変化し吸収器に戻される。分離した水蒸気は凝縮器で冷却されて水に戻り，再び蒸発器で冷却作用を行う。

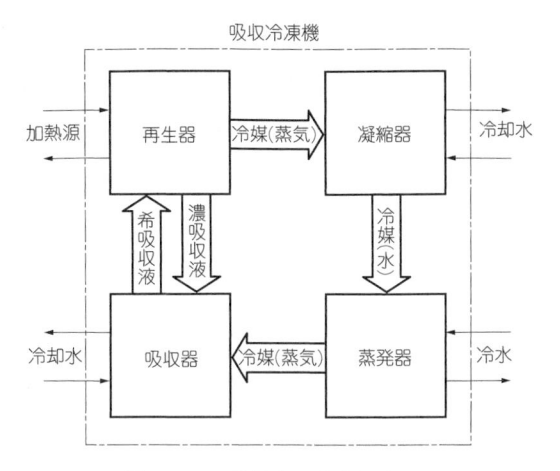

図7—22 吸収式の冷凍サイクル

　再生器を高温再生器，低温再生器の2段として熱効率を向上させた機種を二重効用吸収冷凍機といい，図7—23にその外観を示す。

　直だき式吸収冷温水発生機は，吸収冷凍機の再生器内でガス又は油を直接燃焼させるもので，暖房時には回路を切り替え温水を取り出す。図7—24にその外観を示す。

図7—23　吸収冷凍機（二重効用型） 　　　　図7—24　吸収冷温水発生機（ガスだき）

## 3.3 ファンコイルユニット

　ファンコイルユニットは，エアハンドリングユニットの小型のもので，冷温水コイル，送風機，エアフィルタで構成され，加湿器は一般に付属していない。冷房能力・暖房能力は約10kW以下で，ペリメータなどの局所冷暖房に多く使用される。種々の形式の製品があるが，図7—25に床置き形，図7—26に天井つり埋込み形の構造を示す。

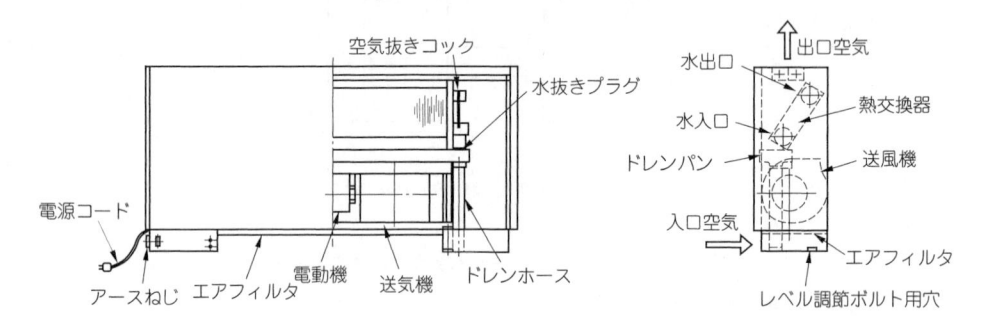

図7—25　床置き形ファンコイルユニット

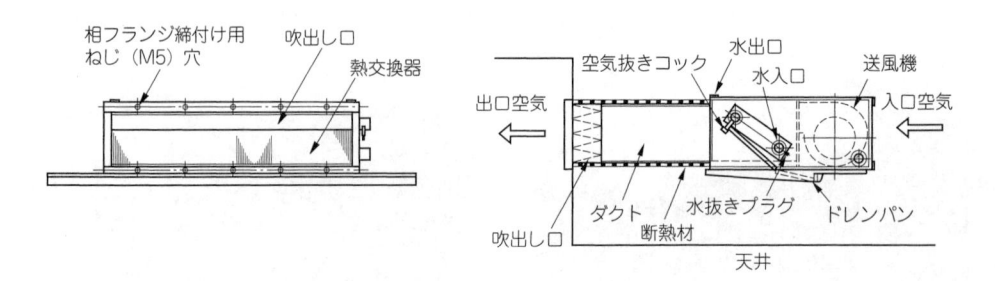

図7—26　天井つり埋込み形ファンコイルユニット

## 3．4 ルームエアコンディショナ

　一般の電気店で販売されている家庭用・業務用エアコンのことで，一体形とセパレート形があり，通常はセパレート形が用いられる。動作原理は前出の圧縮式冷凍機と同じであるが，図7—27に示すように四方弁を切り替えることにより冷媒の流れ方向を変え，冷房と暖房を行うことができる。設備の配置を図7—28に示す。能力は家庭用で冷房5kW，暖房6kW程度以下で，14畳～20畳用などと表現される。用途によって壁掛け形，天井カセット形，壁埋め形，床置き形などがある。

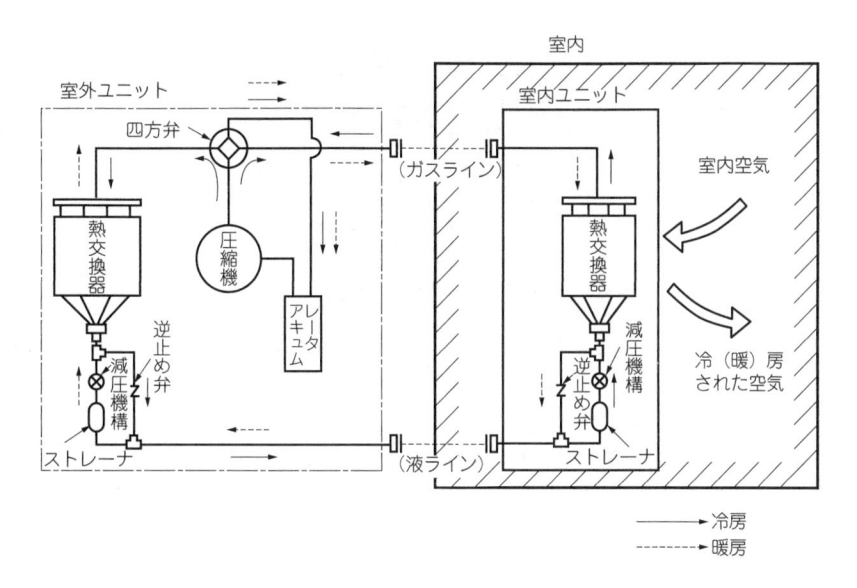

図7—27　ルームエアコンディショナのサイクル

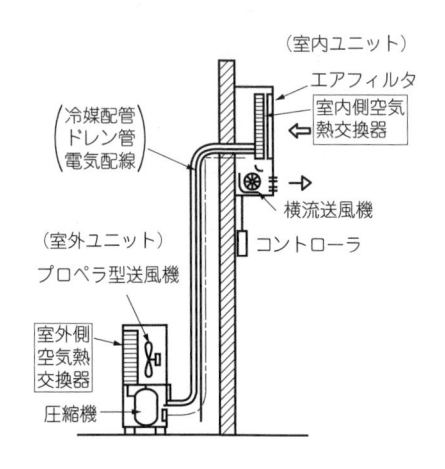

図7—28　セパレート型ルームエアコンディショナ

## 3.5 パッケージ型エアコンディショナ

　動作原理はルームエアコンディショナと同じであるが，主として事務所，商店など業務用に使用される冷房能力50kW，暖房能力60kW程度以下のものである。機器からの発生熱は空気又は水で空冷・水冷される。図7—29は水冷式構造の一例である。空冷式の場合は図7—30に示すように機器の収納場所によって種々の形態があり，セパレート型の場合は上述のエアコンディショナと同一システムとなる。

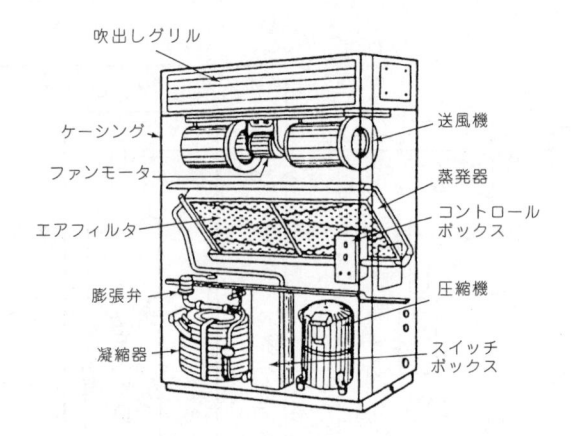

図7—29　パッケージ型エアコンディショナ（水冷式）

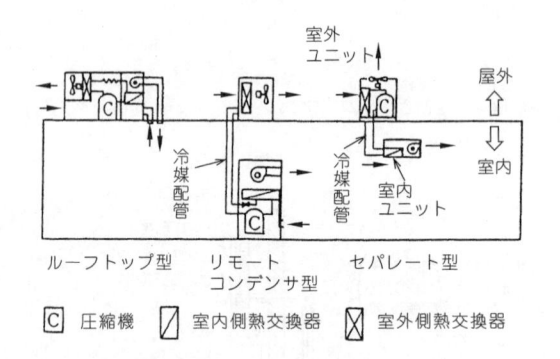

図7—30　空冷式パッケージ型エアコンディショナの種類

## 3．6　マルチパッケージ型エアコンディショナ

通称「ビル用マルチ」と呼ばれ，中・大規模の店舗，事務所建物に多用されている。冷房能力100kW・暖房能力120kW程度以下の室外機に冷暖房能力2～10kW程度の室内機を10台ほど接続できる。図7―31に示すように，専用の分岐管又は分岐ヘッダを用いて冷媒用の管2本を室内機へ分岐する。大規模店舗などでは各階ごとにブロック分けを行って，各ブロックごとの室外機を設け，これをまとめて屋上などに設置して1箇所で集中制御するようにしたものが多い（図7―32）。

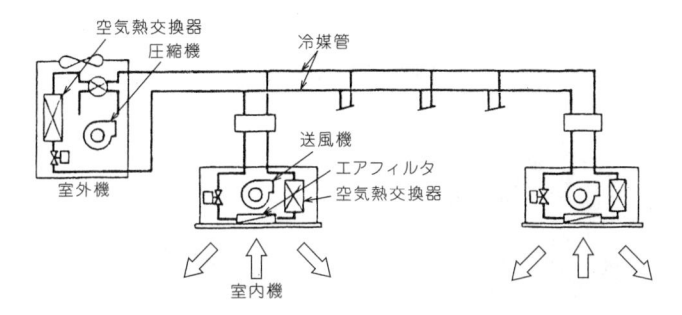

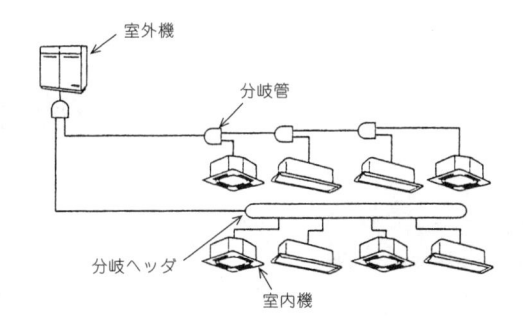

図7―31　室外機・室内機の接続

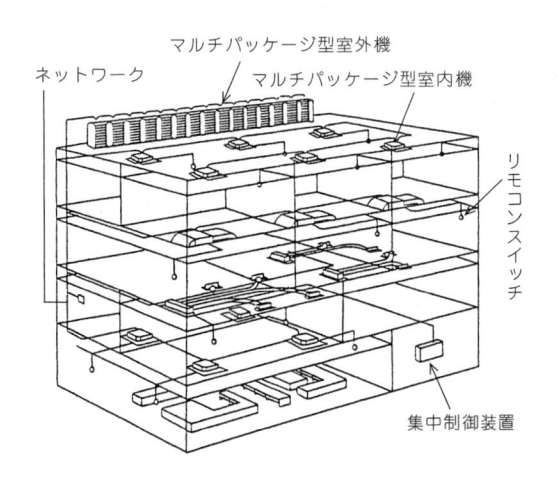

図7―32　多数の室外・室内機構成

室外機の外観を図7—33に，各種室内機の外観を図7—34に示す。

図7—33　室外機外観

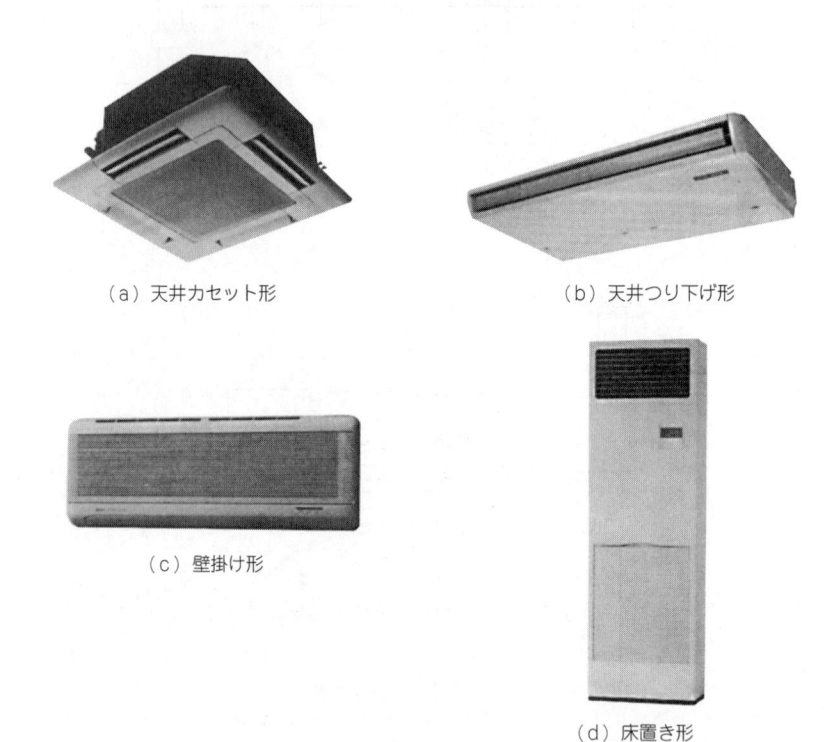

(a) 天井カセット形

(b) 天井つり下げ形

(c) 壁掛け形

(d) 床置き形

図7—34　各種室内機外観

最近，経済的な夜間電力で氷をつくっておき，昼間にこの冷熱を利用して冷房を行う氷蓄熱空調システムを併用することが増加している。このシステムのサイクルは図7—35のとおりで，暖房時にも利用される。図7—36は氷蓄熱槽の一例で，槽内に冷却コイルを多数配置して伝熱面積を大きくし，氷ができやすいような構造となっている。

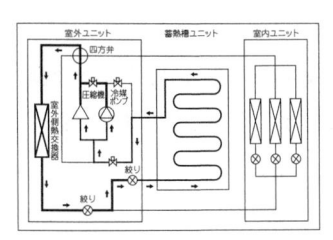

## (a) 冷房時

■冷房蓄熱運転
夜間に蓄熱槽ユニットで氷をつくる。

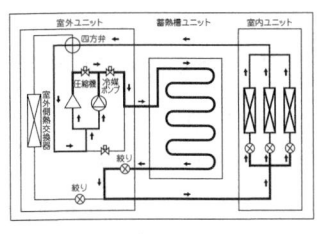

■放冷冷房運転
軽負荷時の場合，外気を使わない100％氷利用による冷房運転にて冷房負荷に対応することができる。

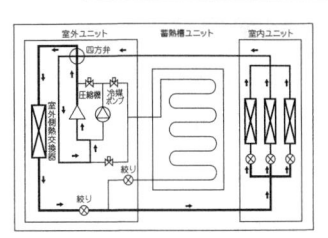

■圧縮機冷房運転
（蓄冷利用放冷冷房終了後）
通常の圧縮機冷房を行う。

高圧 ―――
低圧 ―――

## (b) 暖房時

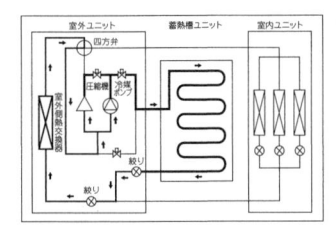

■暖房蓄熱運転
夜間，蓄熱槽ユニットで湯をつくる（蓄熱）。

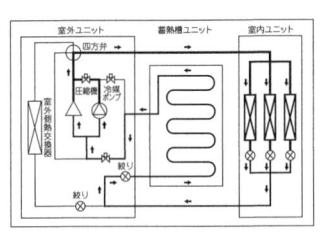

■蓄熱利用放熱暖房運転
蓄熱利用による暖房運転。

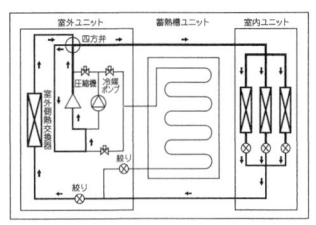

■圧縮機暖房運転（蓄熱利用放熱暖房終了後）
外気を熱源として通常の圧縮機暖房を行う。

高圧 ―――
低圧 ―――

図7－35　氷蓄熱空調システム

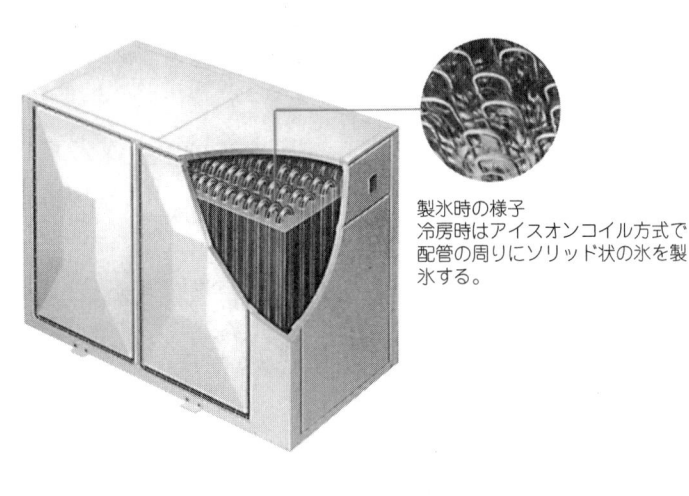

製氷時の様子
冷房時はアイスオンコイル方式で配管の周りにソリッド状の氷を製氷する。

図7－36　氷蓄熱槽

## 第7章の学習のまとめ

　空気調和設備の初歩的知識について述べたが，事務所建物の年間エネルギー消費量は空調動力用27％，冷暖房用23％，合計50％であるという報告があり（東京都環境保全局：1995年），また，最近では一般家庭の冷房用電力量が激増しているという現状から，空気調和設備のエネルギー消減は大きな問題となっている。氷蓄熱方式も省エネルギー対策の一例であるが，このほかに廃熱回収，太陽熱利用，地域冷暖房など，様々な提案が実行に移されつつある。今後はこれらも理解する必要がある。

【練 習 問 題】

次の各問に答えなさい。
（1） 図7―37に示す壁の熱通過率を計算しなさい。
（2） 空気調和設備に現在使用されている「代替フロン」について説明しなさい。

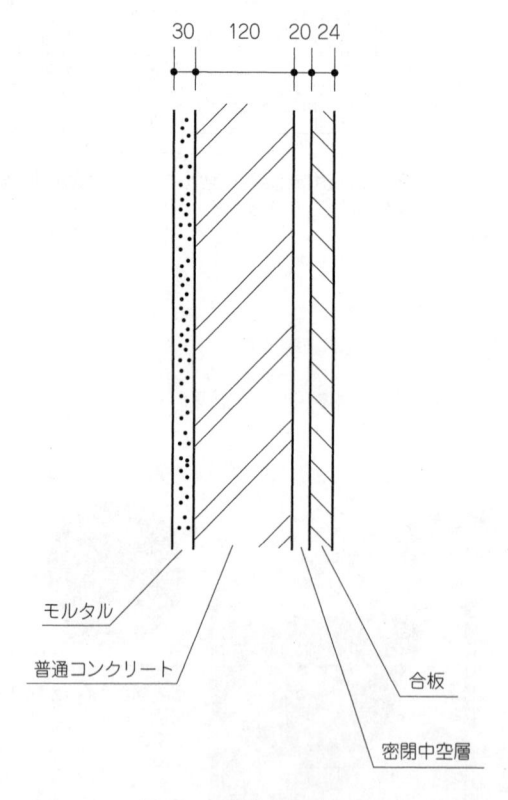

図7―37　壁の熱通過率

# 【練習問題の解答】

## 第1章

（1） まず，1階のe1～a1間の管径を求め，次に2階，3階，4階と進めていく。結果を表1-1に示す。

表1-1　練習問題（1）の解答

| 区　間 | 器具数 | 器具管径 (mm) | a 15 mm管相当本数 | b aの集計 | c 同時使用率（％） | 15 mm管相当本数 b×c | 管　径 (mm) |
|---|---|---|---|---|---|---|---|
| e1～d1 | 1 | 25 | 5.2 | 5.2 | 100 | 5.2 | 25 |
| d1～c1 | 2 | 25 | 5.2 | 10.4 | 100 | 10.4 | 32 |
| c1～b1 | 3 | 15 | 1 | 11.4 | 80 | 9.1 | 32 |
| b1～a1～a2 | 4 | 15 | 1 | 12.4 | 75 | 9.3 | 32 |
| a2～a3 | 8 | — | 9.3 | 18.6 (9.3×2) | 60 | 11.2 | 40 |
| a3～a4 | 12 | — | 9.3 | 27.9 (9.3×3) | 51 | 14.3 | 40 |
| a4～at | 16 | — | 9.3 | 37.2 (9.3×4) | 48 | 17.9 | 50 |

（2） 4階のat～e4間の圧力損失（kPa）を表1-2の要領で計算する。器具給水負荷単位は表1-10を用いる。流量線図は図1-28を用いる。

高置水槽と点e4との高低差Ha（ヘッド）は，

$Ha = 8 + 2 - 0.3 - 0.3 = 9.4$ m

圧力Pa（kPa）に換算すると，

$Pa = \rho g h$
$= 1000 \times 9.8 \times 9.4$
$= 92 \times 10^3$ 〔Pa〕$= 92$ 〔kPa〕

表1-2で，at～e4間の圧力損失合計8.64kPaを差し引き，

点e4の圧力Pは，

$P = 92 - 8.64 = 83.36$ kPa

教科書表1-5から，大便器洗浄弁の最低必要圧力は70kPaであるため，必要圧力は確保される。もし，不足する場合は高置水槽の位置を上げるか管径を大きくする。

表1－2　練習問題（2）の解答

| 区　間 | 器具給水負荷単位 | 同時使用流量*(ℓ/min) | 配管長さ(m) | a 相当管長(m) | b 単位圧力損失(kPa/m) | a×b 圧力損失(kPa) |
|---|---|---|---|---|---|---|
| at～a4 | 10×2+1×2=22 | 60 | 3+2.5+8=13.5 | 20.3 | 0.08 | 1.62 |
| a4～b4 | 10×2+1×2=22 | 60 | 0.3+2+0.7+1=4.0 | 6.0 | 0.60 | 3.60 |
| b4～c4 | 10×2+1=21 | 55 | 0.8 | 1.2 | 0.50 | 0.60 |
| c4～d4 | 10×2=20 | 55 | 1.0 | 1.5 | 0.50 | 0.75 |
| d4～e4 | 10 | 35 | 0.8+0.3+0.1+0.3=1.5 | 2.3 | 0.90 | 2.07 |
| | | | | | 圧力損失合計 | 8.64 |

＊　同時使用流量は，教科書図1－27の②曲線を用いた。

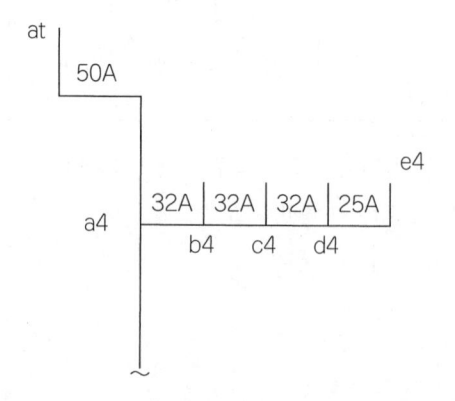

```
       at
       │
       50A
       │
       │                              e4
       │        32A  32A  32A  25A
    a4 ├────┬────┬────┬────┤
            b4   c4   d4
       │
       ～
```

## 第2章

（1）　溢水口の口径100Aで配管を立ち下げる。排水口からの配管65Aは，途中に弁を設けて100A管と接続させる。溢水口，排水口は同時に水を流出することはないので，そのまま100Aの配管で排水口空間150mmを設けた排水ますに流出させる（図2－1参照）。

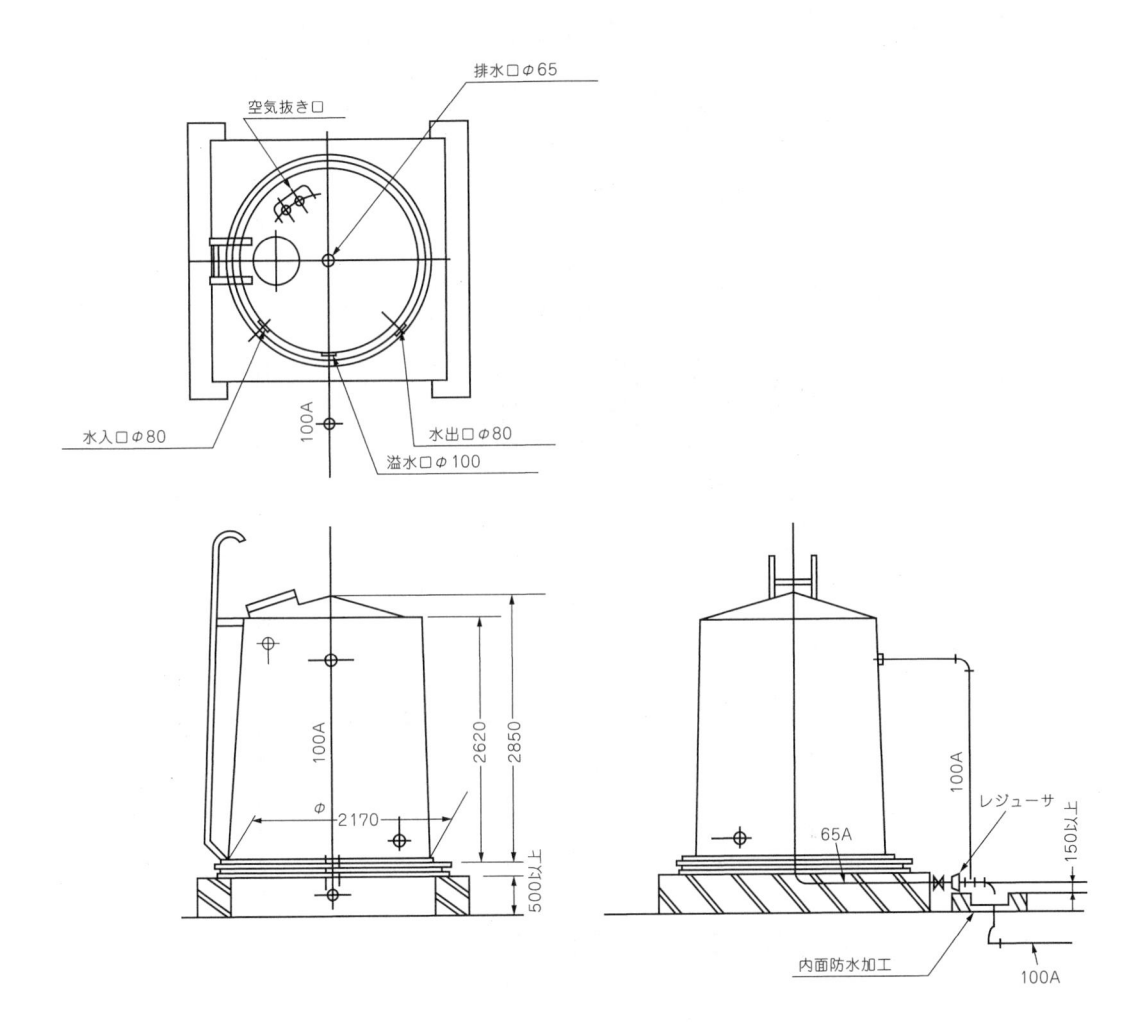

図2—1　溢水口，排水口配管

（2）　教科書表2—4より，A≦130の場合に相当するので，1戸当たりのn＝5となる。8戸では，5×8＝40，したがって40人槽の合併浄化槽となる。

## 第3章

（1）　教科書表3—5より，屋内2号消火栓の警戒範囲は15mであるから，全域をカバーするのに消火栓2基が必要である。通常，階段の踊り場，廊下の人目に付きやすい場所に設置する。図3—1に配置例を示す。

（2）　劇場，映画館，公会堂などの舞台部に設置する。閉鎖型スプリンクラでは，スプリンクラヘッドが感熱作動してから放水が開始されるため，舞台部のような開放空間では時間遅れが生じ，初期消火に間に合わないので開放型スプリンクラで一斉放水させる。

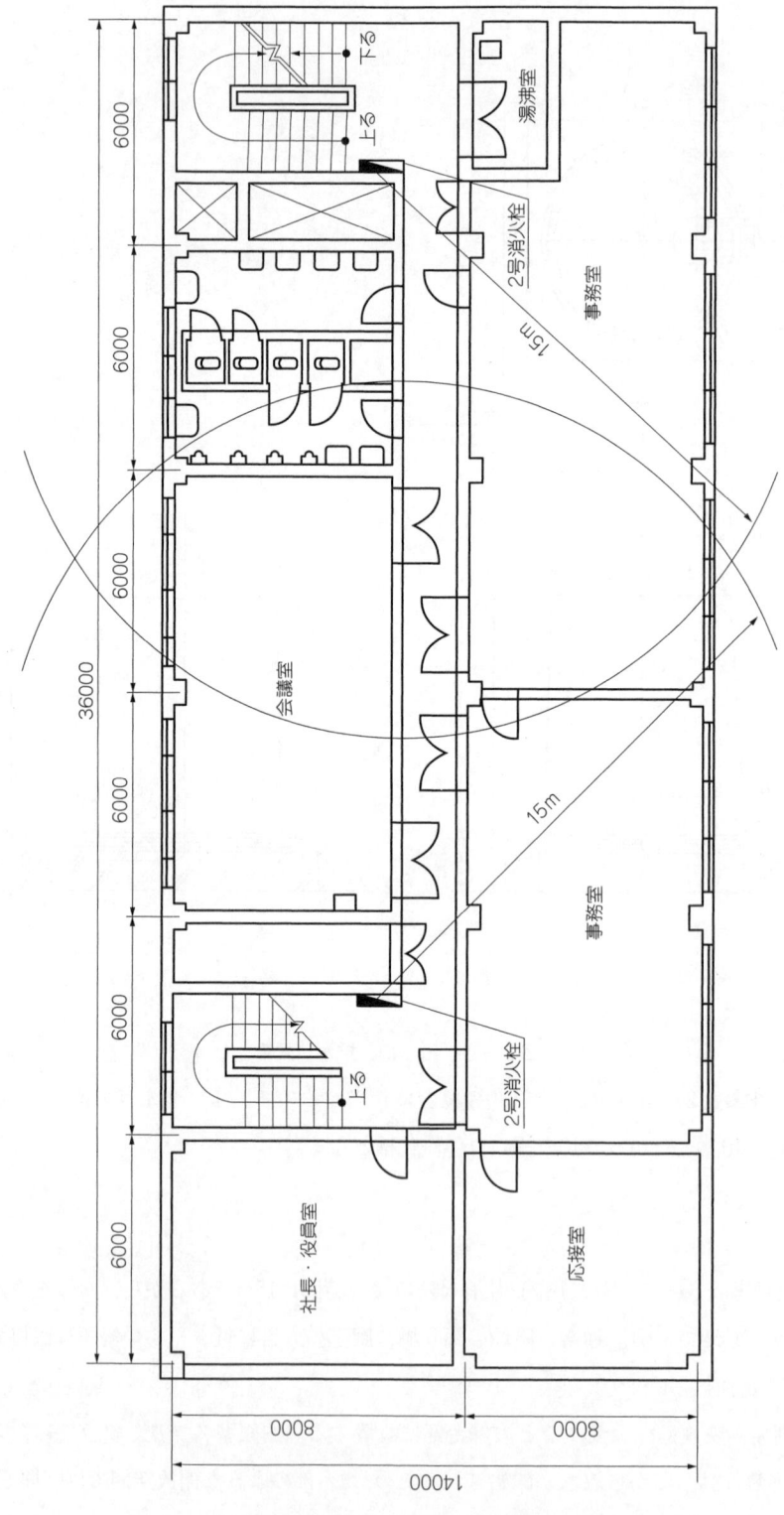

図3−1 屋内2号消火栓配置図

# 第4章

(1) 表1—4から，事務所の場合は0.2人/m²であるから，

$0.2 \times 2000 = 400$ 人

表4—1から，給湯量は，

$10\,\ell/人 \times 400 = 4000\,\ell$

時間最大給湯量は，

$2.5\,\ell/h \times 400 = 1000\,\ell/min$

式（4—1）より，加熱器能力Hは，

$$H \geq \frac{1.163 \times \left\{ \left(\frac{(60+55)}{2} - 5\right) \times 1000 \times 2 - (60-55) \times 1000 \right\}}{2} = 58150\,W$$

貯湯槽の有効容量は，V＝Qとして，

$V = 1000\,\ell$

実際の容量V′は，

$V' = 1000/0.7 \fallingdotseq 1.43\,k\ell \fallingdotseq 1.5\,k\ell$

(2) 1号＝104.65kJ/minであるから，20号の湯沸器能力Hは，

$H = 20 \times 104.65 = 2093\,kJ/min$

式（4—2）を変形して，

$$\frac{Vb}{t} = \frac{H}{4.186\,(t_h - t_0)}$$

ここに，

　　　Vb ：湯張り量

　　　t　：湯張り時間（min）

　　　H　：湯沸器の能力（kJ/min）

　　　$t_h$ ：供給温度（℃）

　　　$t_0$ ：給水温度（℃）

題意により，$t_h = 40\,℃$

　　　　　　$t_0 = 10\,℃$

したがって，

$$\frac{Vb}{t} = \frac{2093}{4.186 \times (40-10)} = 16.7\,\ell/min$$

## 第5章

（1） 緩速ろ過池と急速ろ過池

（2） 合流式：雨水と汚水・雑排水を合流し，同一の管で輸送する方式。

分流式：雨水を1系統，汚水・雑排水を他の1系統とし，2系統の管で輸送する方式。

## 第6章

（1） 6—2式より，

$Q=150\text{m}^3/\text{h}$　$L=300\text{m}$　$H=0.2\text{kPa}$　$S=0.6$　$K=0.707$　$g=9.81\text{m/s}^2$

$$D^5=\left(\frac{Q}{K}\right)^2\frac{SLg}{1000H}=\left(\frac{150}{0.707}\right)^2\times\frac{0.6\times300\times9.81}{1000\times0.2}=397425$$

$10^5=100000$，$15^5\fallingdotseq760000$であるから，

$15^5>397425>10^5$

よって，管径は15cmとする。

答15cm

（2） 6—3式より，

$$Q=52.31\sqrt{\frac{10000(P_1^2-P_2^2)D^5}{SLg^2}}$$

C点のガス量　$Q_c=0.5\times3000=1500\text{m}^3/\text{h}$

B点における圧力$P_B$は，

$$4500=52.31\sqrt{\frac{10000\times[(0.2+0.101)^2-(P_B+0.101)^2]\times20^5}{0.5\times1500\times9.81^2}}$$

$P_B=0.17\text{MPa}$

BC間の導管管径Dは，

$$1500=52.31\sqrt{\frac{10000\times[(0.17+0.101)^2-(0.15+0.101)^2]\times D^5}{0.5\times1060\times9.81^2}}$$

$$D^5=\left(\frac{1500}{52.31}\right)^2\times\frac{0.5\times1000\times9.81^2}{10000\times(0.271^2-0.251^2)}=378984$$

$D=13.1\text{cm}$

導管規格管径　$10\text{cm}<D<15\text{cm}$から15cmとする。

答15cm

なお，C点の新規需要によりAB間の圧力損失が大きくなりD点の圧力が降下するので，D点の圧力もチェックしておく必要がある。

# 第7章

（1） 教科書表7-13を参照して，次の表を作成し，式（7-9）に従って計算する。

|  | $\alpha_0$ | L(m) | $\lambda$ | R | $\alpha_1$ |
|---|---|---|---|---|---|
| 外表面 | 23 | | | | |
| モルタル | | 0.03 | 1.5 | | |
| 普通コンクリート | | 0.12 | 1.4 | | |
| 密閉中空層 | | | | 0.15 | |
| 合板 | | 0.024 | 0.19 | | |
| 内表面 | | | | | 9 |

$$K = \frac{1}{\frac{1}{23} + \frac{0.03}{1.5} + \frac{0.12}{1.4} + 0.15 + \frac{0.024}{0.19} + \frac{1}{9}}$$

$= 1.865 \text{W}/(\text{m}^2\text{K})$

（2） HFC（ハイドロフルオロカーボン）などの水素と結合したフロンのことである。オゾン層の破壊を回避するため国内で平成3年から生産が開始された。ただし，温室効果が二酸化炭素以上に大きいため，欧州では温室効果のないイソブタン，シクロペンタンなどの炭化水素を使用した冷蔵庫が市場の4割以上を占めている。炭化水素は可燃性があるので，国内ではこれを使用した冷蔵庫・空調機は製作されていない。現状は，代替フロンの回収を義務づけることと，新しい冷媒の技術開発を進めることに議論が集中している。

<参考文献>

(1) 都市ガスの知識：東京ガス
(2) ガス設備とその設計：東京ガス
(3) 液化石油ガス設備士講習テキスト：高圧ガス保安協会

# 索　引

## あ

R型火災受信機・・・・・・・・・97
圧縮式冷凍機・・・・・・・・・199
圧力計・・・・・・・・・・・13, 37
圧力式下水道・・・・・・・・・146
圧力式バキュームブレーカ・・・50
圧力スイッチ・・・・・・・・・13
圧力損失・・・・・・・・・・・173
圧力タンク・・・・・・・・・・13
圧力調整器・・・・・・・・・・167
洗落とし式・・・・・・・・・・53
洗出し作用・・・・・・・・・・47
洗出し式・・・・・・・・・・・53
泡消火設備・・・・・・・・72, 87
安全弁・・・・・・・・・・・・167
安全率・・・・・・・・・・・・171
イオン化式スポット型煙感知器・・95
い号・・・・・・・・・・・・・162
1号消火栓・・・・・・・・・・76
一次減圧機能・・・・・・・・・166
一次用調整器・・・・・・・・・166
一般消費者・・・・・・・・・・166
一般配管用ステンレス鋼管・・・24
インテリア・・・・・・・・・・181
インバータ方式・・・・・・・・17
ウォーターハンマ・・・・・12, 22
ウォッベ指数・・・・・・・・・150
雨水・・・・・・・・・・・・・39
雨水ます・・・・・・・・・・・132
雨水流出量・・・・・・・・・・131
渦巻ポンプ・・・・・・・・・・32
エアコンディショナ・・・・・・204
エアハンドリングユニット・・・176, 194
エアレーションタンク・・・・・139
A効率・・・・・・・・・・・・35
衛生器具・・・・・・・・・22, 52
衛生水栓・・・・・・・・・・・55
衛生陶器・・・・・・・・・・・53
衛生フラッシュ弁・・・・・・・55
液化・・・・・・・・・・・・・161
液化石油ガス（LPG）・・・・・148
液化石油ガス器具・・・・・・・165
液化石油ガス法・・・・・・・・148
液化天然ガス（LNG）・・・・・148
易操作性1号消火栓・・・・・・76
液面リレー・・・・・・・・・・12
液流出防止装置・・・・・・・・167
FRP・・・・・・・・・・・10, 12
LPガス・・・・・・・・・・・161
LPガス容器・・・・・・・・・163
LPG・・・・・・・・・・・・・161
遠心式脱水機・・・・・・・・・141
遠心脱水機・・・・・・・・・・144
遠心力鉄筋コンクリート管・・・132
塩素注入機・・・・・・・・・・123
往復動冷凍機・・・・・・・・・199
オキシディションディッチ法・・136
屋外消火栓設備・・・・・・73, 92
屋外排水設備・・・・・・・・・61
屋外用ガス機器・・・・・・・・161
屋内消火栓設備・・・・・・・・72
屋内排水設備・・・・・・・39, 61
汚水・・・・・・・・・・・・・39
汚水ます・・・・・・・・・・・132
汚水量・・・・・・・・・・・・130
オゾン処理・・・・・・・・・・125
汚泥かき寄せ機・・・・・・・・138
汚泥処理施設・・・・・・・・・137
汚泥引抜き設備・・・・・・・・138
汚物流し・・・・・・・・・・・56
オレフィン系炭火水素・・・・・161

## か

加圧脱水機・・・・・・・・・・144
開放式ガス機器・・・・・・・・161
開放型スプリンクラ設備・・・・82
加温源・・・・・・・・・・・・167
化学的酸素要求量・・・・・・・63
各個通気方式・・・・・・・・・44
火災受信機・・・・・・・・・・97
過剰空気・・・・・・・・・・・159
ガス加熱・・・・・・・・・・・167
ガス事業法・・・・・・・・・・148
ガスホルダ・・・・・・・・・・152
ガスメータ・・・・・・・・・・157
活性汚泥・・・・・・・・・・・139
活性炭処理・・・・・・・・・・125
合併浄化槽・・・・・・・・・・66
加熱装置・・・・・・・・・・・104
可燃成分・・・・・・・・・・・159
壁掛け形・・・・・・・・・・・55
渦（か）流ポンプ・・・・・・・33
簡易水道事業・・・・・・・・・2
簡易専用水道・・・・・・・・・5
換気・・・・・・・・・・・・・160
間接加熱方式・・・・・・・104, 167
間接排水・・・・・・・・・・・49
緩速ろ過池・・・・・・・・・・121
感知・・・・・・・・・・・・・163
感知器・・・・・・・・・・・・95
管網・・・・・・・・・・・・・126
管路・管きょ・・・・・・・・・132
機械式排水・・・・・・・・・・50
機械脱水・・・・・・・・・・・144
気化器・・・・・・・・・・・・167
気化装置（ベーパライザ）・・・167
気化筒・・・・・・・・・・・・167
器具給水負荷単位・・・・・・・26
器具排水管・・・・・・・・・・42
逆止め弁・・・・・・・・・・・12
逆流防止装置・・・・・・・・・18
吸収式冷凍機・・・・・・・・・200
給水管・・・・・・・・・・・1, 22
給水装置・・・・・・・・・・・1
給水装置工事事業者・・・・・・7
給水立て管・・・・・・・・・・22
給水ポンプ・・・・・・・・・・31
給水量・・・・・・・・・・・・19
急速ろ過池・・・・・・・・・・122
給湯循環ポンプ・・・・・・・・107
給湯設備・・・・・・・・・・・100
給湯量・・・・・・・・・・・・100
給排気方式・・・・・・・・・・161

| | | |
|---|---|---|
| 供給圧力 ……………… 151 | | 受水槽 ……………… 1, 8, 9 |
| 供給管 ………………… 151 | **さ** | 瞬間最大予想給水量 …… 21 |
| 供給規程 ……………… 151 | | 瞬間湯沸器 …………… 100 |
| 供給区域 ……………… 151 | 最終沈殿池 …………… 139 | 初圧 …………………… 14 |
| 凝集剤 ………………… 118 | 最初沈殿池 …………… 138 | 消化 …………………… 143 |
| 強制気化装置 ………… 167 | 最大ガス消費率 ……… 169 | 消火設備 ………………… 70 |
| 局所給湯方式 ………… 100 | 最大ガス消費量 ……… 168 | 浄化槽 ………………… 64 |
| 均等表 …………………… 23 | 最大給湯量 …………… 101 | 浄化槽設備士 …………… 67 |
| 空気調和 ……………… 176 | 最大需要日 …………… 168 | 小規模集団供給方式 … 168 |
| 空気調和機 …………… 193 | サイホン式 ……………… 53 | 浄水施設 ……………… 110 |
| 空気調和設備 ………… 176 | サイホンゼット式 ……… 53 | 上水道 ………………… 109 |
| 空調負荷 ……………… 179 | サイホンボルテックス式 … 53 | 上水道設備 …………… 109 |
| 管トラップ ……………… 40 | サクションユニット …… 76 | 使用水量 ………………… 18 |
| グラインダポンプ …… 146 | 雑排水 …………………… 39 | 消毒設備 ………… 123, 140 |
| 計画排水量 …………… 130 | 差動式スポット型熱感知器 … 95 | 蒸発 ……………………… 42 |
| 傾斜板式 ……………… 120 | 差動式分布型熱感知器 … 95 | 蒸発器 ………………… 167 |
| 軽量容器 ……………… 164 | 酸化反応 ……………… 159 | 消費者群 ……………… 168 |
| 下水道 ………………… 127 | 散気装置 ……………… 140 | 小便器 …………………… 55 |
| 煙感知器 ………………… 95 | 次亜塩素酸ナトリウム … 123 | 小便水栓式 ……………… 59 |
| 減圧 …………………… 151 | GR型火災受信機 ……… 97 | 消防設備士 ……………… 73 |
| 嫌気性分解 ……………… 64 | 紫外線式炎感知器 ……… 96 | 除鉄・除マンガン …… 125 |
| 嫌気ろ床接触ばっ気方式 … 66 | 直だき式吸収冷温水発生機 … 201 | 処理場内ポンプ場 …… 134 |
| 嫌気ろ床槽 ……………… 66 | 時間平均予想給水量 …… 21 | 真空式温水機 ………… 198 |
| 建築基準法 …………… 160 | 自己サイホン作用 ……… 41 | 真空式温水発生器 …… 105 |
| 顕熱 …………………… 179 | 自主検査 ……………… 165 | 真空式下水道 ………… 146 |
| 高圧ガス取締法 ……… 163 | 止水栓 …………………… 3 | 伸頂通気方式 …………… 45 |
| 鋼管 …………………… 116 | 止水バルブ ……………… 37 | 真発熱量 ……………… 149 |
| 好気性分解 ……………… 64 | 自然気化方式 ………… 167 | 新有効温度 …………… 178 |
| 公共下水道 ………… 39, 127 | 実験流し ………………… 57 | 吸上げ高さ ……………… 32 |
| 工業用無臭 …………… 163 | 実測式 ………………… 157 | 水管ボイラ …………… 198 |
| 硬質塩化ビニル管 … 4, 24, 132 | 実揚程 …………………… 34 | 吸い込み実揚程 ………… 34 |
| 硬質塩化ビニルライニング鋼管 … 4, 23 | 指定下水道工事店 ……… 62 | 水蒸気加熱 …………… 167 |
| 高速凝集沈殿池 ……… 120 | 自動火災報知設備 … 70, 94 | 水洗便器 ………………… 39 |
| 高置水槽 ………………… 8 | 自動切替え機能 ……… 166 | 吸出し作用 ……………… 41 |
| 光電式スポット型煙感知器 … 96 | 自動切替え式一体型調整器 … 166 | 水道事業 ………………… 2 |
| 光電式分離型煙感知器 … 96 | 自動切替え式分離型 … 166 | 水道事業者 ……………… 2 |
| 合流式 ……………… 62, 128 | 自動切替え式分離型一次用調整器 … 166 | 水道直結増圧方式 ……… 18 |
| 氷蓄熱空調システム … 206 | 自動警報弁 ……………… 79 | 水道直結方式 …………… 7 |
| 氷蓄熱槽 ……………… 206 | 自動サイホン式 ………… 59 | 推量式 ………………… 157 |
| 個別感知洗浄方式 ……… 61 | 自動洗浄方式 …………… 59 | スカート ……………… 163 |
| 戸別供給 ……………… 164 | 斜走配管 ……………… 171 | スカム除去装置 ……… 138 |
| 混合比率 ……………… 162 | 終圧 ……………………… 14 | ステンレス鋼管 ………… 4 |
| 混入比率 ……………… 163 | 集合感知洗浄方式 ……… 61 | ストール形 ……………… 55 |
| 混和池 ………………… 118 | 集団供給 ……………… 164 | ストレーナ ……………… 37 |
| | 終端抵抗 ………………… 94 | スプリンクラ設備 ……… 72 |
| | 取水施設 ……………… 110 | スプリンクラヘッド …… 79 |

索　引 219

整圧器（ガバナ）・・・・・・・・ 151
生物化学的酸素要求量 ・・・・・ 64
政令指定・・・・・・・・・・・・ 165
赤外線式炎感知器 ・・・・・・・ 96
設計流量・・・・・・・・・・・・ 153
接触ばっ気槽 ・・・・・・・・・ 66
節水小便器洗浄方式 ・・・・・・ 60
赤火式・・・・・・・・・・・・・ 160
セミブンゼン・・・・・・・・・・ 160
全一次空気・・・・・・・・・・・ 160
洗浄式・・・・・・・・・・・・・ 59
洗浄弁（フラッシュ弁）・・・・・ 57
洗濯流し・・・・・・・・・・・・ 57
全窒素濃度・・・・・・・・・・・ 64
潜熱・・・・・・・・・・・・・・ 179
全熱交換器・・・・・・・・・・・ 185
洗面器・・・・・・・・・・・・・ 56
洗面化粧台・・・・・・・・・・・ 56
専用水道・・・・・・・・・・・・ 4
全揚程・・・・・・・・・・・・・ 35
掃除流し・・・・・・・・・・・・ 57
総発熱量・・・・・・・・・・・・ 149
ゾーニング・・・・・・・・・・・ 181
阻集器・・・・・・・・・・・・・ 43

### た

耐圧試験圧力・・・・・・・・・・ 165
大気温利用方式 ・・・・・・・・ 167
台数制御方式・・・・・・・・・・ 17
台所流し・・・・・・・・・・・・ 103
大便器・・・・・・・・・・・・・ 53
ダイヤフラム・・・・・・・・・・ 15
多階層式・・・・・・・・・・・・ 120
ダクタイル鋳鉄管 ・・・・・・・ 116
脱窒ろ床接触ばっ気方式 ・・・・ 66
脱窒ろ床槽・・・・・・・・・・・ 66
立てボイラ・・・・・・・・・・・ 198
炭化水素・・・・・・・・・・・・ 161
タンクレス方式・・・・・・・・・ 16
単段減圧・・・・・・・・・・・・ 166
単段減圧式調整器 ・・・・・・・ 166
単独浄化槽・・・・・・・・・・・ 65
地下水・・・・・・・・・・・・・ 109
着臭・・・・・・・・・・・・・・ 163
着水井・・・・・・・・・・・・・ 116
中圧供給・・・・・・・・・・・・ 151
中圧調整器・・・・・・・・・・・ 166
中央給湯方式 ・・・・・・・ 100,107
中間圧・・・・・・・・・・・・・ 165
中規模集団供給方式 ・・・・・・ 168
中継ポンプ場 ・・・・・・・ 132,134
鋳鉄管・・・・・・・・・・・・・ 116
鋳鉄ボイラ・・・・・・・・・・・ 196
調整・・・・・・・・・・・・・・ 144
調整器・・・・・・・・・・・・・ 165
直接加熱方式・・・・・・・・・・ 104
貯湯槽・・・・・・・・・・・・・ 104
チリングユニット ・・・・・・・ 199
沈砂池・・・・・・・・・・・・・ 115
沈殿汚泥・・・・・・・・・・・・ 66
沈殿池・・・・・・・・・・・・・ 117
沈殿分離槽・・・・・・・・・・・ 66
通気管・・・・・・・・・・・・・ 44
手洗い器・・・・・・・・・・・・ 55
低圧・・・・・・・・・・・・・・ 173
低圧供給・・・・・・・・・・・・ 151
定温式スポット型熱感知器・・・・ 95
ディフューザポンプ ・・・・・・ 32
電気加熱・・・・・・・・・・・・ 167
電極棒・・・・・・・・・・・・・ 37
電極保持器・・・・・・・・・・・ 37
伝導熱・・・・・・・・・・・・・ 179
灯外内管・・・・・・・・・・・・ 152
陶管・・・・・・・・・・・・・・ 132
導管効率・・・・・・・・・・・・ 151
同時使用率 ・・・・・・・・ 24,153
導水管・・・・・・・・・・・・・ 116
導水きょ・・・・・・・・・・・・ 116
灯内内管・・・・・・・・・・・・ 152
特殊排水・・・・・・・・・・・・ 40
特定液化石油ガス器具 ・・・・・ 165
特定環境保全公共下水道 ・・・・ 127
特定公共下水道・・・・・・・・・ 127
都市ガス・・・・・・・・・・・・ 148
都市下水路・・・・・・・・・・・ 127
トラップ・・・・・・・・・・・・ 40
ドラムトラップ・・・・・・・・・ 40

### な

2号消火栓・・・・・・・・・・・ 76
二酸化炭酸消火設備 ・・・・・・ 88
二次用調整器・・・・・・・・・・ 166
二段減圧式・・・・・・・・・・・ 166
二段減圧式一体型調整器 ・・・・ 166
二段減圧式分離型一次用調整器・・ 166
二段減圧式分離型二次用調整器・・ 166
熱交換器・・・・・・・・・・・・ 167
熱通過率・・・・・・・・・・・・ 188
熱伝導率・・・・・・・・・・・・ 188
熱媒温度・・・・・・・・・・・・ 167
熱媒温度制御装置 ・・・・・・・ 167
熱媒過熱防止装置 ・・・・・・・ 167
熱量・・・・・・・・・・・・・・ 153
燃焼・・・・・・・・・・・・・・ 159
燃焼器・・・・・・・・・・・・・ 165
燃焼速度（MCP）・・・・・・・・ 148
燃焼熱・・・・・・・・・・・・・ 153
燃焼範囲内・・・・・・・・・・・ 159
燃焼方式・・・・・・・・・・・・ 159
濃縮・・・・・・・・・・・・・・ 141

### は

配水管・・・・・・・・・・ 1,2,126
排水口空間・・・・・・・・・・・ 49
配水支管・・・・・・・・・・・・ 126
配水施設・・・・・・・・・・・・ 110
排水槽・・・・・・・・・・・・・ 51
排水立て管・・・・・・・・・・・ 49
配水池・・・・・・・・・・・・・ 126
配水本管・・・・・・・・・・・・ 126
排水用ポンプ・・・・・・・・・・ 51
排水ポンプ場・・・・・・・・・・ 134
排水面積・・・・・・・・・・・・ 131
ハイタンク式・・・・・・・・・・ 57
吐出し実揚程・・・・・・・・・・ 34
バキュームブレーカ ・・・・・・ 50
は号・・・・・・・・・・・・・・ 162
パッケージ型エアコンディショナ・・ 193,204
発熱量・・・・・・・・・・・・・ 148
羽根車・・・・・・・・・・・・・ 31
はね出し作用・・・・・・・・・・ 41
パネル水槽型・・・・・・・・・・ 10
パラフィン系・・・・・・・・・・ 161
ハロゲン化物消火設備 ・・・ 73,90
ハンドシャワー・・・・・・・・・ 103

| | | |
|---|---|---|
| 半密閉式ガス機器 ······· 161 | 膨張管 ············ 107 | 理論空気量 ·········· 159 |
| 避圧口 ··········· 89, 90 | 防犯設備 ············ 71 | ループ通気方式 ········ 45 |
| P型1級火災受信機 ······· 97 | ボールタップ ·········· 1 | ルームエアコンディショナ ·· 193, 203 |
| P型2級火災受信機 ······· 97 | 炎感知器 ············ 95 | 冷凍機 ············· 199 |
| B効率 ·············· 35 | ポリエチレン管 ········ 146 | 連成計 ··········· 13, 37 |
| 引込み管 ··········· 173 | ポリエチレン粉体ライニング鋼管 ··· 4 | ロータンク式 ········· 57 |
| ヒューム管 ·········· 132 | ポリ塩化アルミニウム ···· 118 | ろ過池 ············· 121 |
| 標準活性汚泥法 ······· 136 | ポンプ回転数制御方式 ····· 17 | ろ号 ·············· 162 |
| 標準発熱量 ·········· 153 | ポンプ始動用圧力水槽 ···· 81 | 炉筒煙管ボイラ ······· 197 |
| 表流水 ············ 110 | ポンプ効率 ··········· 35 | |
| ビル管理法 ········ 6, 10 | ポンプ軸動力 ········· 35 | |
| ファンコイルユニット ··· 193, 202 | ポンプ直送方式 ········ 16 | |
| 封水 ·············· 41 | **ま** | |
| 封水深 ············· 40 | | |
| フート弁 ············ 13 | 膜式ガスメータ ······· 157 | |
| 不活性ガス消火設備 ··· 73, 88 | マルチパッケージ型エアコンディショナ ·· 193, 205 | |
| 普通沈殿池 ·········· 117 | マンホール ·········· 132 | |
| 不燃性 ············ 159 | 水噴霧消火設備 ····· 72, 86 | |
| 浮遊物質 ············ 63 | 密閉式ガス機器 ······· 161 | |
| ブラダ ············· 15 | 無圧式温水器 ········ 105 | |
| フレキシブル管 ········ 37 | 毛管現象 ············ 41 | |
| フレキシブル継手 ······ 10 | **や** | |
| プレストレストコンクリート管 ··· 116 | | |
| ブローアウト式 ········ 53 | 薬品沈殿池 ·········· 118 | |
| フロック ··········· 118 | 有臭 ············· 163 | |
| フロック形成池 ······· 118 | ゆう（湧）水 ········· 39 | |
| プロテクタ ·········· 163 | 遊離残留塩素 ········ 123 | |
| 分水栓 ·············· 3 | 湯張り時間 ·········· 102 | |
| ブンゼン ··········· 160 | 容器用バルブ ········ 165 | |
| 粉末消火設備 ······ 73, 91 | 揚水管 ·············· 12 | |
| 分離接触ばっ気方式 ····· 66 | 揚水ポンプ ··········· 12 | |
| 分流式 ·········· 62, 128 | 溶存酸素 ············ 64 | |
| 平均ガス消費量 ······· 168 | 揚程 ··············· 34 | |
| 平均降雨強度 ········ 131 | 浴槽 ·············· 102 | |
| 閉鎖型乾式スプリンクラ ··· 81 | 横流式沈殿池 ········ 118 | |
| 閉鎖型湿式スプリンクラ ··· 79 | 予作動弁 ············ 81 | |
| 閉鎖型予作動式スプリンクラ ·· 81 | **ら** | |
| pH ··············· 63 | | |
| ペリメータ ·········· 181 | 流域下水道 ·········· 127 | |
| ベルトプレス脱水機 ···· 144 | 硫酸アルミニウム ······ 118 | |
| ベルトラップ ········· 40 | 硫酸ばん土 ·········· 118 | |
| 返送汚泥 ··········· 139 | 流出係数 ··········· 131 | |
| 防火・排煙設備 ········ 70 | 量水器 ·············· 3 | |
| 放射熱 ············ 179 | | |
| 防振装置 ············ 13 | | |
| 放水型スプリンクラ設備 ··· 83 | | |

配管〔Ⅰ〕　　　　　　　　　　　　　　　　　　　　　　　　　　©

平成 8 年12月10日　　初 版 発 行
平成17年 3 月18日　　改訂版発行
令和 6 年 4 月 1 日　　 8 刷 発 行

編集者　　独立行政法人　高齢・障害・求職者雇用支援機構
　　　　　職業能力開発総合大学校　基盤整備センター

発行者　　一般財団法人　職業訓練教材研究会

〒162-0052
東京都新宿区戸山 1 丁目15－10
電　話　03（3203）6235
https://www.kyouzaiken.or.jp/

編者・発行者の許諾なくして本教科書に関する自習書・解説書もしくはこれに類するものの発行を禁ずる。

ISBN978-4-7863-1023-2